LE GOÛT DE LA TERRE.
RENCONTRES AVEC DES
ÉCOLOGISTES REMARQUABLES
de René Vézina
est le quatre cent quatre-vingt-treizième ouvrage
publié chez
VLB ÉDITEUR
et le troisième de la collection
«Science et conscience».

LE GOÛT DE LA TERRE.
RENCONTRES AVEC DES ÉCOLOGISTES REMARQUABLES

René Vézina

Le goût de la terre

Rencontres avec des écologistes remarquables

Préface de Julos Beaucarne

vlb éditeur

VLB ÉDITEUR
Une division du groupe
Ville-Marie Littérature
1000, rue Amherst, bureau 102
Montréal, Québec
H2L 3K5
Tél.: (514) 523-1182
Télécopieur: (514) 282-7530

Maquette de la couverture:
Christiane Houle

Illustration de la couverture:
Louis Montpetit

Distribution:
LES MESSAGERIES ADP
955, rue Amherst
Montréal, Québec
H2L 3K4
Tél.:   à Montréal: (514) 523-1182
        interurbain sans frais: 1 800 361-4806

Pour la France et les autres pays:
INTER FORUM
Immeuble ORSUD, 3-5, avenue Galliéni,
94251 Gentilly Cédex
Tél.: (1) 47.40.66.07
Télécopieur: (1) 47.40.63.66
Commandes: Tél.: (16) 38.32.71.00
Télécopieur: (16) 38.32.71.28
Télex: 780372

Dépôt légal: 4e trimestre 1993
Bibliothèque nationale du Québec
ISBN 2-89005-557-4

Préface

René Vézina m'appelle, il veut m'associer à l'aventure de ce livre. Il sait mon souci permanent et mon amour et mon goût pour la Terre et pour nous, hommes et femmes, nés d'Elle. Le nouveau-né, quoi qu'il fasse, est aussi vieux que la Terre, et la Terre existait déjà dans le rêve de l'Univers, et l'Univers est si tant vieux que c'est peu de le dire. Que c'est beau ce monde si antique et si nouveau: et nous qui remontons les boulevards et qui nous agenouillons pour regarder pousser les herbes sauvages dans les fissures du béton.

Il sait aussi René Vézina que j'ai le goût du Québec, qu'un lien secret me relie à cette terre immense où tout le monde déménage souvent pour mieux occuper l'espace en tous sens, comme l'explique Gilles Vigneault. Quel bonheur pour moi de rencontrer les interlocuteurs et interlocutrices de ce livre; leurs noms pour la plupart zonzonnaient déjà à mes oreilles pour les avoir rencontrés jadis soit avec Michel Jourdan, soit à CKRL, soit dans des articles de Québec-Science, auquel je suis abonné depuis si longtemps. C'est vrai que mon propos rejoint le propos du livre, parler de la Terre, cet immense jardin qui est hélas plus que jamais un jardin de barbarie dans le mauvais sens du terme. Je pense à ces hommes que l'on a décapités à la hache en Bosnie-Herzégovine. On joue au ballon avec leurs têtes. Ces têtes avec lesquelles jouent ces footballeurs de cauchemar, c'est ma tête, c'est la tienne. Je pense aux viols collectifs, à cette négation même de la vie; cette jeune fille violée, c'est ma propre sœur, c'est ma bien-aimée, et le violeur est aussi mon frère. Comment en est-on arrivé là? «Aujourd'hui chaque mot d'amour est un pigeon blessé aux pattes prises dans le *béton des villes», dit Raôul Duguay. Ce serait tellement original de renverser la vapeur, de faire en sorte que l'homme ait enfin le prix de l'originalité sur la Terre au lieu d'avoir à ce jour le premier prix de la cruauté. Il faudrait quitter notre cerveau archaïque pour aborder enfin le néo-cortex. L'homme moderne est encore au berceau; que vienne le jour où nous serons assez grands pour nous faire naître nous-mêmes, pour devenir les sages femmes et les sages hommes de notre propre conscience. C'est le contraire qui se passe, car la femme, l'homme, l'enfant sont au bout de toutes les mires. Comme si les catastrophes naturelles n'étaient pas suffisantes, l'homme a créé de toutes pièces des catastrophes, la science s'est faite complice de la destruction, l'homme fait hara-kiri, on tue pour apprendre à vivre. Si l'homme tue l'homme, il se tue lui-même. Si toute l'énergie déployée dans la haine était utilisée pour l'amour, la Terre deviendrait vite un paradis terrestre, un éden. C'est l'esprit qui mène la danse, il y a aujourd'hui absence de repères. Le plus difficile, c'est d'unifier les points de vue. Le souhait serait que les êtres humains appartenant à toutes les religions, à toutes les disciplines scientifiques s'accordent sur le fait que la vie avec un grand V est première, que c'est Elle qu'il faut sauvegarder par-dessus tout sur la planète Terre, il faut que la Vie passe à travers tout le vivant, que l'énergie coule entre les six cent cinquante-sept points d'acupuncture de chaque être humain.*

Chaque personne qui meurt à cause de la guerre, de la haine sans avoir pu aller au bout de sa propre histoire est un échec pour toute l'humanité. René Vézina est ici un rassembleur; mettant les uns à côté des autres les points de vue de vingt-deux travailleurs de l'esprit de la Nouvelle-France, il permet au lecteur de se faire sa propre opinion, il travaille à l'élaboration d'un consensus global, il participe à la construction de la grande cathédrale mentale, il pose les bases d'un langage commun comme ce langage de geste qui, au-delà des dialectes, était commun, paraît-il, à tous les Amérindiens. Pierre Dansereau dit que nous faisons le tour du monde chaque soir avec la télévision; à cause ou grâce au petit écran, il est devenu évident que chaque action positive ou négative a une répercussion mondiale. Tant d'arbres coupés de mes Amazonies, à chaque arbre qu'on coupe, on me coupe en dedans, un vaisseau, une veine, c'est un peu de mon sang. Nous sommes devenus plus que jamais des sismographes vivants, les bruits du monde, le tohu-bohu de la planète nous parviennent avec de plus en plus d'insistance et de précision. Nous ne sommes plus, comme le disait McLuhan, les voyageurs, les touristes de la planète, mais les membres de l'équipage du vaisseau spatial Terre. Toi et moi, toutes et tous, nous sommes une seule et même personne, la Terre est toile d'araignée, chaque action est répercutée. Il ne dépend que de nous, il dépend de tout un chacun que la planète Terre tourne plus rond, que l'eau soit plus pure, que l'air soit plus propre afin que la plante humaine puisse continuer à fleurir une fois tournée la page de ce siècle. Il nous reste sept ans avant l'an 2000 pour retrousser nos manches et laver la maison pour accueillir le XXIᵉ siècle.

Le monde sera neuf ou veuf.

JULOS BEAUCARNE,
Tourinnes-la-Grosse-Belgique,
3 juin 1993

Introduction

Le goût de le dire

Il y a quelques années, le journaliste et écrivain américain Jonathan Schell a publié un livre terrifiant sur les dangers associés à une guerre nucléaire. Intitulé *Le destin de la Terre*, cet ouvrage concluait qu'à part les scorpions et quelques autres créatures particulièrement coriaces, la vie, telle que nous la connaissons, ne résisterait pas à l'hiver nucléaire. L'apaisement des tensions internationales, du moins entre les superpuissances, nous permet aujourd'hui d'imaginer d'autres lendemains qui chantent.

L'horizon est-il vraiment bleu clair? Le destin de la Terre est-il assuré tous risques? De toute évidence, non. La menace a revêtu un vieux costume. Au lieu de l'effroyable collision brutale, nous sommes exposés au cancer insidieux de la pollution. La Terre n'explosera pas sous la violence d'une réaction en chaîne. Nous avons gagné du temps. L'important est maintenant d'utiliser ce sursis à notre avantage.

Par un curieux paradoxe, nous percevons aujourd'hui toute la richesse de ce fabuleux écosystème au moment même où son capital s'effrite. Il s'agit maintenant de reconquérir la Terre, la seule dont nous disposions dans l'immensité de l'Univers. Hasard? Chance? Dessein sacré? Peu importe. J'y suis, j'y reste, d'autant plus que le radeau cosmique n'a pas encore été inventé.

Sorte de pays de cocagne environnemental, le Québec fait l'envie de bien des visiteurs avec ses grands espaces miraculeusement préservés. L'illusion fait plaisir, mais les faits sont troublants. Nous n'avons pas échappé à la dégradation de notre environnement malgré ce fabuleux capital. Voici que des voix originales se lèvent depuis quelques années pour comprendre et questionner notre façon d'être et de faire. Des gens agissent, en toute honnêteté, et leur pratique intègre des valeurs essentielles pour la suite du monde.

Ce recueil de témoignages s'apparente donc à une galerie, une galerie de belles têtes pensantes préoccupées, à leur manière, par le destin de la Terre. Loin de moi l'idée de les enchâsser dans une sorte de Panthéon figé avec lettres de noblesse. J'aimerais simplement, par ce livre, proposer une tournée avec des gens remarquables par leur pensée et leur action. Des modèles? L'idée me rend mal à l'aise. Eux et elles aussi, j'imagine. Nous n'en sommes pas à ériger des statues, bien que l'exemple, parfois... L'important, pourrait-on dire, est de constater que le chœur doit se nourrir de toutes les voix pour bien interpréter la grande cantate de la vie. Tant mieux si les solistes chantent juste.

J'ai rencontré tous ces gens dans leur milieu, le temps de partager avec eux leur vision d'une société où la complicité avec la Nature deviendrait un point de ralliement. Un trait commun me permet de les rassembler: ils ont tous défilé au micro de la seule série radiophonique qui ait jamais été consacrée à l'environnement au Québec, *La Terre en question*. Sur un mode plus large, voici leur propos, leurs interrogations, voici leurs espérances.

Des salutations s'ajoutent à ceux et celles qui ont permis la réalisation de ce projet. Merci à Julos Beaucarne, le plus québécois des Wallons, qui m'a fait l'honneur de signer la préface, Julos qui a aussi participé à *La Terre en question* lors d'une émission où nous avions entre autres choses discuté de la qualité comparative des pommes belges et québécoises, en souvenir du Front de libération des arbres fruitiers... Merci aussi, du côté de Radio-Canada, à André Lemelin, le concepteur de cette série, et à Pierre Lambert, qui en auront tour à tour assuré la réalisation entre 1990 et 1992. Mille mercis, surtout, à Monique Lord, qui aura effectivement tenu durant deux ans le gouvernail de la série tout en m'aidant par la suite pour ce livre. Merci aussi à Danielle Ouellet, la directrice de la collection «Science et conscience», qui n'aura eu de cesse pendant tout ce temps de me soutenir et même — eh oui! — de me bousculer pour faire avancer les choses. Merci enfin à Marie-Claude Ducas, ma blonde, pour sa patience et sa compréhension, particulièrement durant les derniers efforts.

... Sans oublier, évidemment, ceux et celles qui ont partagé avec moi le goût de la Terre, ces invités à qui je laisse maintenant la parole. Musique!

René Vézina

Un mot aux amis
D'ailleurs ou d'ici
Fidèles, et à qui
J'écris et je dis:
«Maintenant, je devrais bien
avoir le temps de vous téléphoner!»

L'écologiste aux pieds nus

Pierre Dansereau:
l'austérité joyeuse

es soldats chiliens de la base militaire de Punta Arenas n'en croyaient pas leurs yeux. D'ordinaire, à part quelques coriaces oiseaux de mer, rares sont les créatures vivantes qui folâtrent de leur plein gré dans les eaux glacées du détroit du Beagle. Or voici qu'un homme, un brave, s'y baignait joyeusement. Cet aventurier, qui avait soixante-dix-sept ans bien comptés, c'était Pierre Dansereau. «Et j'étais à poil!» dit-il avec un clin d'œil, fier de son coup. L'anecdote décrit déjà le personnage, légende vivante de la science environnementale québécoise. Le maître écologiste québécois aime trop la vie pour ne pas l'embrasser avec fougue en toute occasion.

Écouter parler Pierre Dansereau demeure de toute façon un régal pour le cœur comme pour les oreilles. Il a de ces intonations chantantes qui nous rappellent le temps où même les savants cultivaient l'élégance dans la conversation, ce temps où le savoir était chose trop précieuse pour être livré grossièrement. Nous entendons encore ces voix, légèrement grasseyantes, issues des collèges où l'on formait les humanistes de la société canadienne-française. Plusieurs se sont tues. Pas celle de Pierre Dansereau. La sienne continue de s'élever paisiblement au-dessus du tumulte, étonnante et rassurante à la fois. À quatre-vingt-deux ans accomplis, il demeure un de nos plus authentiques intellectuels, convaincu de l'importance de la cause qu'il défend et bien armé pour la défendre.

On associe tellement Pierre Dansereau à l'éveil écologique québécois qu'il semble en avoir toujours été la figure de proue, objet de référence et de révérence. La vérité est différente. Comme d'autres, il a dû s'exiler avant d'obtenir une légitime reconnaissance de ses mérites. Il n'a pourtant jamais renié ses origines, heureux de ses racines québécoises et montréalaises. Racines urbaines, mais pensée voyageuse, grande ouverte sur les différentes cultures.

«Quand j'étais jeune, grandissant dans la ville d'Outremont où j'habite toujours, les enfants des environs étaient tous des anglophones. De sorte que j'ai participé au folklore anglophone, lequel est beaucoup plus chargé de rapports avec la Nature que le folklore francophone. Il faut dire que la Nature s'épanouissait généreusement derrière la maison, sur la rue Maplewood, avec la forêt et ses oiseaux, ses animaux, ses écureuils... J'en ai largement profité, même si c'est beaucoup plus loin que j'ai eu un choc, décisif, à bien des égards, lors d'un séjour en Gaspésie. J'y suis allé pour la première fois à l'âge de cinq ans et je me suis identifié à ce paysage. J'y suis retourné plus tard pour étudier scientifiquement les plantes, les animaux, les oiseaux, les poissons... Tout jeune, je les appelais par leurs couleurs, leurs chants, j'avais déjà des élans, des intuitions, j'identifiais à ma façon toute cette belle Nature. Cette communion me vient véritablement de ma première enfance, et elle s'est affirmée lorsque je me suis adonné à une carrière scientifique, à l'enseignement et à la recherche.»

Les appels de la jeunesse... On les juge souvent avec condescendance, comme les rêves qui s'évanouissent plus tard avec le triomphe du réalisme et de la maturité. Pierre Dansereau, lui, savait. Sa découverte de la Nature était magique, comme l'enfance. Ce lien très subjectif, très personnel, s'est-il modifié avec le temps, est-il devenu plus formel?

«Bien entendu, dans la pédagogie scientifique, on met l'accent sur l'expérimentation et l'émotion doit s'effacer au nom de la grande objectivité. Il en découle une froideur que j'ai toujours refusée. Je pense que la lucidité suffit. Adopter la méthodologie scientifique, comprendre les phénomènes, oui, c'est important. J'ai été, par exemple, amené à me demander combien de temps le sol des érablières prend à se renouveler par la chute des feuilles qui se décomposent. Il a fallu des calculs précis, qui ne m'ont pas pour autant conduit à abandonner mon émerveillement vis-à-vis des différences de couleurs entre les feuilles des chênes, des hêtres ou des bouleaux, à l'automne! Cette intuition poétique, cette possession du paysage par la poésie plutôt que par la science, je ne me suis jamais senti tenu d'y renoncer.»

À savourer le rythme de son récit, la finesse des images, la spontanéité de la prose, l'auditeur se désole qu'on n'en fasse plus comme ça... de ces savants sensibles aux beautés de la langue. Pierre Dansereau ne se pose pas de telles questions. Il sait ce qui lui convient. «Le scientifique doit être vigilant, ses annotations et ses affirmations reposent sur des critères précis. Mais vivre dans différents mondes, vivre de l'échange entre l'intuition, l'observation et l'expérimentation produit un bien meilleur homme de science, à mon avis.»

Je le revois encore en pleine action, dans une des plus extraordinaires forêts qu'on trouve au Québec, s'extasiant au pied d'un arbre plusieurs fois centenaire. Nous nous trouvions dans la vallée des Hautes-Gorges de la rivière Malbaie, où une falaise abrupte abrite dans un repli une érablière vigoureuse parsemée d'ormes vénérables dont certains, dit l'histoire, s'y trouvaient avant Jacques Cartier. Hélas, leur isolement ne les a pas protégés de la cupidité humaine puisque des marques de haches et de scies mécaniques sont bien apparentes. En nous montrant ces blessures, nos guides n'avaient pas caché leur inquiétude, même si les bûcherons en avaient été quittes pour leur misère. N'abat pas un orme qui veut, surtout quand son diamètre atteint deux mètres!

Mais les ormes ne sont pas à l'abri des monstres mécanisés qui déchiquettent les forêts, et Pierre Dansereau ne s'était pas fait prier pour intervenir. Les journalistes réunis pour l'occasion notaient fébrilement dans leur carnet les élans mi-lyriques, mi-batailleurs du vieux maître au milieu d'une somptueuse symphonie de couleurs automnales. Sa contribution fut-elle décisive? Peu de temps après, l'UNESCO consacrait la région Réserve de la biosphère, et le gouvernement québécois l'élevait au rang de parc provincial.

Pierre Dansereau n'en est pas à un contact magique près avec la Nature. Et il serait bien en peine d'établir un classement des expériences qui ont confirmé sa vocation d'environnementaliste. «Il y a bon nombre d'années, quand j'étais étudiant en France, je lisais régulièrement une revue littéraire, *Les Annales*. On avait demandé à des écrivains célèbres de dire quel était le rêve dont ils se souvenaient avec le plus d'acuité. Colette avait répondu: "Que ferais-je d'un seul rêve!" Et je suis tenté de répondre la même chose.»

Mais encore, répond l'écho. Faites-nous partager votre sens de l'émerveillement pour que nous sachions nous aussi reconnaître la part de magie au fil de notre expérience quotidienne... «Eh bien, ma pensée proprement scientifique a été nourrie par des expériences-chocs, comme ma première vision du rocher Percé à cinq ans, au lever du soleil, assis dans une charrette tirée par des chevaux! J'ai été ébloui par tout ce paysage, l'île Bonaventure, ces falaises rouges, ces pâturages verts, ces belles plages, ce ballet de goélands et de mouettes... Je songe aussi à mon premier contact avec les érablières d'Oka, lors de mes études à l'Institut agricole, où j'ai pu voir l'explosion biologique du printemps lorsque le soleil touche le plancher de la forêt et que surgit une infinité de plantes toutes plus belles les unes que les autres, les trilles, les sanguinaires, les uvulaires... C'est là un phénomène éphémère, mais déterminant dans la construction de cet écosystème fascinant et complexe qu'est une érablière, où chaque espèce joue un rôle déterminant. Pensez aussi à cette immense collaboration des mousses avec les plantes herbacées, les arbustes et les arbres. Oui, on peut bien parler d'un choc important.»

Pierre Dansereau parle et raconte. La nuance est subtile, mais elle témoigne du respect qu'il porte à ses interlocuteurs. La transmission des idées y gagne en efficacité lorsqu'elle est bien soignée. De là l'élégance de la langue. Sans affectation. Pourquoi s'inquiéter du pli de son pantalon si les mots sont débraillés? Ce qui n'empêche pas le vieil écologiste de troquer la lavallière pour une chemise kaki lorsqu'il s'aventure dans ces chères forêts, qu'elles soient peuplées de lièvres ou de serpents.

«Il y a plusieurs années, après mon arrivée à Rio de Janeiro, je suis entré dans la forêt tropicale pour la première fois. Je ne la connaissais que par le cinéma, avec Tarzan qui se balançait à une liane. Et je vous l'avoue, je n'ai pas résisté au plaisir de jouer de la liane moi aussi... sans nécessairement pousser le cri de la jungle! Cela se passait en 1945. Et quarante ans plus tard, j'ai recommencé, lors d'un autre séjour, du côté du Pérou cette fois. À soixante-quatorze ans! Un journaliste qui accompagnait notre groupe m'a alors baptisé Pedro de la Silva, ou Pierre de la Forêt. Ce sont des expériences inoubliables, qui permettent au scientifique de se détendre, mais aussi d'apprendre. Car je me demandais en même temps quel était le rapport organique entre la liane et la jungle.»

Un peu plus et je m'exclamerais, irrévérencieux: «Sacré Dansereau!» Je l'imagine, pendu à sa branche, s'émerveillant là où d'autres auraient plutôt le vertige, et tout ça à un âge où, quand on se balance, c'est généralement en chaise berçante. Quel phénomène! À mille lieues d'une connaissance cérébrale, c'est par les sens qu'il appréhende son environnement.

«Oui, c'est l'évangile que je prêche à mes étudiants. Mouillez-vous les pieds, ayez soif, ayez faim, ayez peur, allez-y, immergez-vous dans la Nature, autrement vous ne comprendrez rien. J'ai eu affaire au cours de ma carrière à deux catégories de scientifiques. Il y a ceux qui fonctionnent par les chiffres, que je ne méprise d'ailleurs pas, comme ce collègue américain qui a largement contribué à la science de l'écologie végétale. Une fois ses données recueillies, il perdait le sens de la feuille de l'arbre, de l'enracinement, de la chaleur, il jonglait avec des unités qu'il confiait à un ordinateur et en arrivait à d'impressionnants résultats par des simulations. Bravo, mais ce n'est pas ma voie. Je ne suis pas un simulateur. Je m'immerge dans le paysage, quel qu'il soit.»

Et le professeur de montrer par sa fenêtre son environnement immédiat, coin Sainte-Catherine et Beaver Hall, grisaille urbaine animée par des néons fatigués, l'inévitable flot de voitures et quelques arbres engourdis. Une désolation, apparemment. Mais... il n'y a pas pire aveugle que celui qui ne veut pas voir. Lui seul, vais-je bientôt apprendre en me faisant rabrouer, pèche ainsi par jugement téméraire. Autour du pavé se dissimulent en fait des trésors.

«Nous nous trouvons ici dans le Faubourg Québec, bien loin de la forêt amazonienne, mais dans un milieu complexe et intéressant. Au printemps il me tarde d'aller observer les conséquences du dégel, de constater l'apparition de lézardes dans les murs parce que la bâtisse est construite sur des argiles de la mer de Champlain. Pour un environnementaliste, ces manifestations sont au moins aussi captivantes que celles d'Outremont, malgré ses parcs et ses bosquets. Outremont demeure un quartier terriblement homogène qui réserve moins de surprises parce qu'il est uniquement résidentiel. Dans le Faubourg Québec, vous avez tout, des restes de nature, de l'horticulture, de l'urbain, de l'industriel, des églises, des couvents, des stations de radio-télévision... L'intérêt de l'observateur est bien servi par cette diversité.»

Si l'on ne connaissait pas le personnage, on pourrait presque croire à une moquerie. Quoi, oser comparer les rues de Montréal aux splendeurs de l'Amazonie? Mais Pierre Dansereau a raison et sa vision est généreuse. Elle appelle à la tolérance. Faut-il que l'image idyllique de la Nature nous ait été imposée si étroitement qu'on ne puisse la révérer autrement qu'en vert, au mépris de toute autre couleur? C'est là un panneau dans lequel tombent plusieurs écologistes bienpensants, mais mal inspirés. Pour élever sa conscience, il faut l'ouvrir toute grande au monde, pas la rapetisser. C'est de ce bois et de cet asphalte que sont faits les pionniers.

«Pourquoi négliger ce qui nous entoure? Ces études sur le Faubourg Québec, je les ai menées en réponse à des professeurs d'université qui me disaient: "Moi, je ne peux pas enseigner l'écologie à mes étudiants, nous n'avons pas de forêts, de marécages ou de rivières." Je leur ai dit: "Mais vous avez des pavés, des édifices, il faut vous interroger avec vos étudiants sur les matériaux qui les composent. Il y a du granit, de la brique, du verre. D'où viennent-ils? Dans ce même faubourg, on trouve quelques vieilles maisons paysannes, construites par des hommes qui ont tout récolté autour d'eux pour les construire, artisanalement, en autosuffisance, des maisons capables de durer des siècles. Certaines bâtisses ont survécu à l'époque manufacturière et d'autres témoignent de l'époque moderne dans laquelle l'individu est devenu plus dépendant. Vous avez donc là des problèmes écologiques intéressants. Sans oublier les mauvaises herbes." En effet, rien de plus fascinant, et souvent de plus beau, que ces mauvaises herbes qui devraient nous inspirer par leur opiniâtreté et dont on devrait se servir pour border les rues de Montréal! Ce sont des découvertes que j'invite mes étudiants à faire, en se mettant à genoux pour rejoindre les plantes ou alors en grimpant le long des maisons pour observer les fissures ou bien en creusant dans le sol pour rejoindre la fameuse argile salée de la mer de Champlain.»

Les seules limites sont celles que nous impose la faiblesse de notre imagination. Telle est la leçon à retenir de cette envolée souriante du professeur Dansereau, caractéristique d'une œuvre pédagogique qui s'étend sur plus de six décennies. Il peut bien se permettre de juger l'évolution de nos rapports avec la Nature, surtout si on lui en fait la demande expresse. Qui se priverait de requérir pareil avis?

«Il y a bien des raisons d'être pessimiste parce que nous sommes bien enfoncés, comme l'a si bien démontré Denis Arcand, dans son film *Le confort et l'indifférence*. Notre solidarité avec le tiers-monde, par exemple, est très incertaine, malgré le dévouement de petits groupes. Oui, la protection immédiate de l'environnement, la dépollution et d'autres enjeux majeurs sont passés au premier plan. Beaucoup de gens s'en préoccupent. Montréal est une ville incontesta-

blement beaucoup moins polluée que Mexico ou Tokyo, où je
ne voudrais jamais vivre plus que quelques journées à la fois.
Des progrès ont été accomplis, mais la vision globale que
nous propose le rapport Bruntland nous échappe encore.
Nous continuons à réfléchir *ad hoc*, de façon segmentaire, en
réglant les problèmes un à la fois. C'est insensé. On se
retrouve avec des cas dramatiques comme celui d'Hydro-
Québec, qui a raté le bateau à la baie James en ne développant que l'hydroélectricité.»

Le ton monte d'un cran. Pierre Dansereau conserve son
allure de gentleman, mais il n'entend pas à rire. D'autres
s'attiédissent avec le temps et entonnent volontiers le refrain
du pouvoir. Pas lui. Il distribue encore les louanges et les
blâmes au mérite. C'est ainsi qu'il est remonté au front à
l'hiver 1993 pour défendre en commission parlementaire les
avantages de l'hydroélectricité. Certains écologistes lui en ont
tenu rigueur. Des mots méchants ont été entendus, qui
évoquaient le «grand âge» du savant. Il ne faisait pourtant
que rappeler les vertus de la nuance à ceux qui perdent dans
leur emportement le bébé avec l'eau du bain. On peut
préférer l'hydroélectricité aux centrales thermiques, sans
prendre nécessairement cause et parti pour les promoteurs.
Et Hydro-Québec n'échappe pas à son regard critique.

«Voyez-vous, à la baie James, on a commis l'erreur de
tout négliger sauf l'hydroélectricité. La construction de routes
aurait par exemple permis la mise en valeur de la chasse, de
la pêche et du tourisme. Pensez aussi aux contrats que l'on a
signés pour pacifier les aborigènes au lieu de les associer au
projet, à la recherche scientifique qui ne s'est pas ancrée sur
place, au moment où l'on constate une poussée vers le nord
partout au Canada. Autant de chances que nous n'avons pas
saisies. Ce fléau de la pensée cloisonnée ne frappe d'ailleurs
pas que chez nous. Il suffit de se rappeler la guerre du Golfe,
lorsqu'on a invoqué la nécessité de libérer le Koweït, tout en
continuant d'ignorer les revendications des Palestiniens qui
aspirent aussi à la libération. C'est illogique, c'est historique-
ment condamnable, ça ne marche pas.»

Pierre Dansereau s'échauffe, le regard de l'écologiste se
porte au loin et rejoint de grandes causes qui préoccupent

tout autant l'humaniste. L'environnement, c'est aussi l'humanité souffrante, victime d'une pollution qui ne se règle pas avec l'installation de filtres. Mais par où commencer? Évidemment, lorsqu'on a fait le tour du monde, qu'on parcourt la planète depuis un demi-siècle, ne serait-ce que par les relations qu'on y a tissées, la sensibilité est plus grande, l'acuité plus vive. Pour les autres, simples mortels, la marche paraît haute. À moins que...

«Vous faites le tour du monde chaque soir avec la télévision. Naturellement, il est préférable d'expérimenter par soi-même ce qui se passe au Sahel, au Brésil ou ailleurs, et les Québécois ne se font pas faute de voyager. Mais de première ou de seconde main, on ne peut pas ignorer le sort du peuple kurde, comme on ne pouvait oublier les enfants brûlés au napalm pendant la guerre du Viêt-nam.»

Pierre Dansereau jouant les commentateurs politiques? L'étude de l'environnement mène à tout puisqu'elle engage essentiellement un regard sur le monde; mais comment le scientifique, soucieux de rigueur, aborde-t-il ces phénomènes si éloignés de son champ d'action premier? Je ne disqualifie pas l'opinion du vieux professeur, dont j'applaudis la vision humaniste et globale, mais... pour avoir vu trop souvent des gens brillants se perdre dans des digressions assassines, je questionne. Des feux jaunes s'allument. Le point de vue est éminemment valable, mais nous venons de changer imperceptiblement de niveau, passant de l'expérience commentée au commentaire tout court. Après tout, les Kurdes et les Vietnamiens nous emmènent bien loin du rocher Percé et des érablières. Faut-il croire que les enjeux naturalistes sont finalement négligeables face aux drames de notre temps?

Pierre Dansereau ne se formalise pas de la perfidie de l'insinuation et il relève le gant. «Ce n'est pas ça. Je vous répondrais que c'est parce qu'on a mis au point des méthodes de recherche, la plongée dans le passé avec le rocher Percé, les perspectives d'avenir pour les érablières, on a mis au point une façon de s'attaquer à ce qu'Edgar Morin appelle la *complexité*. Nous vivons dans un monde complexe, nous sommes perdus, mêlés. Et les méthodes écologiques qui dérivent d'humbles travaux locaux sur les arbres ou les oiseaux nous ont permis d'établir un répertoire capable d'englober des problématiques comme celle du peuple palestinien.»

Tout cela exposé doucement, à la manière de ces vieux sages qui ne doutent plus. Pierre Dansereau ne court plus après les honneurs et les acclamations; ses convictions sont toujours aussi vives et il se fait fort de les défendre. Sa voix ne s'éteindra pas. Je le soupçonne même de prendre plaisir à ces passes d'armes qui le regaillardissent. Comme s'il en avait besoin! Pas plus tard qu'en 1988, il débarquait aux Galapagos, paradis des naturalistes, et s'élançait avec ardeur sur les traces de Cook et autres grands découvreurs. Messieurs les iguanes, vous avez de la visite du Québec!

«Les Galapagos, c'est véritablement un lieu de pèlerinage, c'est là que Darwin a eu ses éclairs de génie sur l'évolution des espèces, une théorie capitale pour tous les humains. C'était donc pour moi particulièrement émouvant. Ce qui ne l'était pas moins, c'est que ce pays pauvre se paie le luxe de ne pas exploiter abusivement ses ressources terrestres et marines. Il se montre très hospitalier envers les groupements internationaux comme la fondation Darwin, solidement implantée sur place et responsable de recherches de la plus grande valeur. C'est donc un endroit stratégique pour mettre à l'épreuve des programmes de protection des espèces menacées, domaine où il faut que nous progressions. Encore qu'il est d'autres espèces menacées dont on parle moins, et je fais ici référence à des groupes humains dépourvus.»

Et Pierre Dansereau enfile à nouveau ses habits de défenseur par-dessus sa froque de biologiste, tellement les combats sont désormais interreliés. Il remonte aux barricades pour combattre l'injustice. Ces mots différents, injustice ou pollution, englobent au fond une même réalité: un mal né du déséquilibre.

«Je suis allé au Nicaragua en 1987 avec un de mes étudiants qui faisait une thèse sur la réforme agraire. Voilà un pays qui a cherché à sortir du carcan de la dette extérieure. La dette extérieure oblige les pays du tiers-monde à rembourser des sommes faramineuses en produisant des matières d'exportation qui sont, plus souvent qu'autrement, des matières premières et non pas des produits finis. Au Nicaragua, par exemple, on cultive le coton. Comme il n'y existe pas de filatures, on exporte le coton brut, et la rentabilité pour les producteurs est extrêmement faible. Sous le régime Somoza, c'était la règle, on n'étendait pas l'éducation, sauf pour les enfants riches qui partaient à l'extérieur, et c'était la même chose pour la santé. Arrive le régime sandiniste qui renverse la vapeur, modernise l'agriculture, améliore les services de santé et d'éducation, mais... il devait dépenser 46 p. 100 de son budget pour résister aux contras subventionnés par Reagan. Il y avait là une situation explosive, mais aussi une démonstration de courage et d'intelligence qui pourrait bien nous servir d'exemple.»

La contamination des érablières ou la malnutrition des enfants? Le fossé n'est-il, après tout, qu'affaire de sémantique? Les slogans du genre «Sauvons la planète» ne concernent-ils que les bébés phoques? Pour Pierre Dansereau, ces questions ne se posent pas. Si vous voulez en débattre, dirait-il avec un sourire narquois, allez-y. J'ai mieux à faire. La promotion des causes sociales n'est pas une activité. C'est un devoir. Mais peut-être préférez-vous débattre de l'avenir des baleines? Il faut y songer. Faites cependant attention aux faux dieux! La rigueur et la connaissance demeurent d'indispensables balises. Pour le reste, écologie et société sont des branches maîtresses du même tronc: la vie.

«Je pense que je ne cesse pas de parler en environnementaliste. Ce que je constate, c'est que la crise écologique a pris des dimensions planétaires. Supprimer la pollution, c'est très bien, mais il faut passer de la pollution à la pauvreté. On a d'ailleurs commencé à parler de pollution à partir du moment où elle a affecté les riches. Quand elle ne faisait mourir que les pauvres, personne ne s'y intéressait. Il a fallu que les habitants de New York ou de Tokyo éprouvent des misères pour que le problème s'inscrive à l'agenda des puissants. Vaincre la pollution, oui, mais que fait-on après? C'est en quelque sorte un objectif négatif. Il faut passer aux inégalités sociales, à l'injustice, aux mésententes à l'échelle planétaire. Si on ne se rend pas aux causes déterminantes du désordre qui existe sur la Terre, l'exercice est vain.»

Un feu brille dans les yeux du vieux professeur dont la mise impeccable résiste toujours à l'impétuosité des élans. Mais il n'est plus ici question d'élégance. Pierre Dansereau plaide pour que ses frères humains, qui après lui vivront, témoignent d'une plus grande compassion envers leur monde. Et des gestes concrets pourraient être accomplis sans plus attendre. Je l'ai observé dans de grandes conférences internationales, secouant par moments la tête devant ces incessants palabres. Et je te congratule, et tu me félicites... Agir, vite, bien, et généreusement, pour que l'arbre ne meure pas sous le poids de l'acidité et du mépris.

Pierre Dansereau en tremble d'indignation, et sa voix se fait plus vibrante. «Nous sommes responsables de la spoliation des ressources naturelles des pays du tiers-monde. Il faudrait annuler leur dette, c'est nous qui leur devons quelque chose. Le redressement s'impose à l'échelle planétaire. Combien payez-vous une tasse de café? Pourquoi ne coûte-t-elle pas plus cher? Parce qu'il y a des esclaves en Colombie qui travaillent pour rien à la culture du café!»

Ah, les combats qu'il mènerait! On l'imagine aux côtés de Pancho Villa, pourfendant les vilains d'une main, cueillant une plante rare de l'autre. Mais ce n'est pas là son fantasme. L'homme vit de paix, non de guerre. S'il faut faire reculer une frontière, que ce soit la sienne, intérieure. Et le feu se radoucit alors qu'il évoque ce besoin de dépassement personnel. Pour prouver quoi? Rien. Mais pour vivre. Et pour s'amuser. «J'ai pensé à Darwin quand je me suis jeté à l'eau pour sentir la froidure du détroit du Beagle. Voilà une expérience qu'il n'avait pas tentée! Un bon rhum m'a réchauffé, mais j'en avais vu d'autres dans ma vie. Voyez-vous, je me suis baigné toute ma vie dans les eaux de la Gaspésie ou encore dans celles de Tadoussac qui sont parmi les plus froides au monde. Je me croyais donc aguerri pour la Terre de Feu. Que voulez-vous, on a des fanfaronnades à tout âge...» Sacré Dansereau!

Pierre Dansereau est né le 5 octobre 1911 à Outremont. Du Faubourg Québec aux Galapagos, en passant par New York, la Nouvelle-Zélande et le Brésil, Pierre Dansereau a parcouru la Terre et l'a admirée, comme le voyageur du poème d'Apollinaire. Sa vie aura elle-même été un poème au service de l'environnement, et c'est son désintéressement envers une cause si passionnément défendue qui lui aura valu cet éloquent surnom, «l'écologiste aux pieds nus».

Pierre Dansereau se destinait d'abord au droit, et sa jeunesse a été marquée d'engagements sociopolitiques aux côtés de gens comme André Laurendeau. Il change cependant d'orientation au début de la vingtaine, inspiré par l'exemple du frère Marie-Victorin. Sa décision est prise: il étudiera la Nature pour mieux la faire connaître et la protéger.

Commence alors un nouvel apprentissage, soutenu par une formation en taxonomie végétale, marqué par la volonté d'intégrer les activités humaines dans l'étude de l'environnement. En tout, Pierre Dansereau enseignera dans une vingtaine d'universités sur cinq continents. Et c'est précisément à l'étranger qu'il obtiendra la notoriété. Actif aux États-Unis, le professeur revient au Québec, au milieu des années cinquante, dans un climat d'immobilisme qui ne convenait pas à sa fougue. Reparti vers le Sud, il devait revenir pour de bon au début des années soixante-dix, pour être ensuite auréolé du titre de «père de l'écologie québécoise».

À quatre-vingt-deux ans accomplis, Pierre Dansereau est présent chaque jour à son bureau de l'Université du Québec à Montréal, où il continue de diriger des étudiants et de préparer des articles scientifiques, au service de toutes les causes qui mettent en jeu la Terre et les gens qui l'habitent.

Goûter la Terre,
par la science

Claude Hillaire-Marcel:
Il était une fois la Terre

L'accent chantant de la Provence n'a pas complètement disparu, mais il s'est émoussé avec le temps. Ce n'est certes pas le premier relief que le temps nivelle sur son passage,

Claude Hillaire-Marcel est bien placé pour le savoir. Depuis un quart de siècle, il traque les indices révélateurs des transformations de notre univers où la pérennité est toute relative. Les montagnes durent plus longtemps que les civilisations, mais elles aussi finissent par courber l'échine. Voilà pourquoi, peut-être, Claude Hillaire-Marcel a les yeux comme perdus dans une rêverie intérieure lorsqu'il parle, posément.

L'échelle du géologue est graduée en millions d'années. Le temps devient un vieux complice qui remet toutes choses en perspective, passions comme errances. «Avec le temps va, tout s'en va», chantait Léo Ferré dans les années soixante-dix. La chanson était poignante, un jour, on ne s'en souviendra plus.

Le temps... Voilà au moins une dimension qui échappe au contrôle des humains! C'est heureux, pourrait-on dire, quoique nos agitations ne soient finalement que des accidents de parcours dans la lente, très lente histoire de l'évolution planétaire. L'âpreté de la discussion environnementale pourrait dès lors paraître futile, mais pas aux yeux de Claude Hillaire-Marcel. Oui, nous crions souvent «Au loup» sans que le danger soit significatif. Non, nous n'avons pas le droit de rester insensibles devant les risques. La Terre, elle, peut fort bien s'accommoder de nos pires malversations, mais nous sommes responsables de toutes les espèces vivantes. Il faut demeurer conscient, dans le sens ancien du terme: il faut connaître.

Le globe, il l'a parcouru du nord au sud, cherchant dans le Sahara aussi bien que dans le Grand Nord canadien des traces des soubresauts climatiques et géologiques de la planète. «La Terre va mal, c'est vrai, si nous la regardons avec nos yeux d'êtres humains. Mais elle a connu de sérieuses crises par le passé, des crises parfois plus violentes que celles qui sont liées aux effets anthropiques, aux activités humaines. Il y a environ soixante-dix millions d'années, une grande partie des espèces qui vivaient sur le globe a disparu. Tous les dinosaures, par exemple. À l'échelle géologique des temps, cette crise a été bien plus catastrophique que celle que nous appréhendons avec le réchauffement du climat ou la pollution de l'environnement.»

Est-ce un appel au calme, au stoïcisme et au détachement? Pas réellement. «On tend à isoler une vision particulière, celle du scientifique derrière son microscope, qui regarde le globe terrestre un peu comme un objet. Pour moi, géologue, la Terre est effectivement un domaine d'analyse. Mais j'ai de la difficulté à dissocier cette observation du quotidien, de mon environnement montréalais par exemple, depuis les problèmes de l'enlèvement des ordures ménagères jusqu'à la qualité de l'eau du Saint-Laurent, en passant par les problèmes de pollution industrielle... Les deux regards ne sont pas faciles à séparer. Je dois dire que j'ai quand même tendance, comme scientifique, à superposer à la notion de *crise instantanée* celle d'évolution à plus long terme du système terrestre.»

Claude Hillaire-Marcel est lancé. Le débit s'accélère. Le Méridional n'a donc pas succombé au flegme nordique! Surtout lorsqu'il aborde un de ses thèmes de prédilection qui a d'ailleurs contribué à sa réputation de chercheur émérite, c'est-à-dire la lecture et l'analyse des grandes tendances de l'évolution géologique.

«Au cours des dernières centaines de milliers d'années, nous avons connu par exemple l'alternance des périodes glaciaires/interglaciaires. Il y a eu des périodes où le climat du nord-est de l'Amérique était beaucoup plus chaud que celui d'aujourd'hui.» Faut-il en déduire, preuves scientifiques en main, que le réchauffement de la planète qui provoque tant d'émoi n'est que broutilles dans la marche inéluctable de la Nature? «Sur une période de dix mille ans, nous devrions plutôt nous diriger vers une nouvelle période froide, une nouvelle phase glaciaire. L'effet de serre se manifeste dans un laps beaucoup plus court, vingt, trente ou cinquante ans. Nous féliciterons-nous, dans un siècle, d'avoir expédié du gaz carbonique dans l'atmosphère pour nous protéger du froid? Je ne suis pas porté à le croire parce que nous introduisons ainsi un effet pervers, une modification qui n'était pas prévue par la Nature et nous ne savons pas trop comment cela va évoluer.»

Je me rappelle les discussions de collège, les dichotomies que l'on établissait entre les gens sérieux qui se dirigeaient en sciences, et les autres, plus fous ou moins doués — c'était selon —, qui prenaient la clé des champs des sciences humaines... Il est entendu, bien évidemment, que les premiers n'auraient jamais accès, du fond de leurs éprouvettes, à cette ivresse que provoquaient les grandes interrogations métaphysiques! Certains maniaques de laboratoires, certains administrateurs de programmes ont sûrement renforcé le cliché. Mais la recherche scientifique pluraliste n'a que faire de ces ridicules appellations plus ou moins contrôlées. Sourire en coin, éternel nœud papillon un peu de travers, Claude Hillaire-Marcel fait résolument partie du clan des vivants.

Parfois, on sent un peu de lassitude — ou d'impatience? — dans le propos du savant qui voit les mêmes schèmes se répéter, comme si l'opinion publique était maniaco-dépressive. C'est l'affolement médiatique touchant les BPC, les leçons oubliées de la crise de l'énergie de la fin des années soixante-dix... «L'agitation humaine est en partie irrationnelle, mais nous tenons à accroître notre bien-être. Nous voulons de l'air climatisé l'été, mais il faut bien trouver l'énergie quelque part. Nous voulons assez d'argent pour soutenir les aspirations de la collectivité, mais cela implique l'industrialisation, l'exploitation des richesses naturelles... La satisfaction de nos besoins signifie des agressions sur l'environnement, ce qui soulève parallèlement des inquiétudes. C'est peut-être l'absence de pondération qui cause problème.»

Le cas du pétrole est révélateur du paradoxe de nos agissements. «Oui, c'est étrange», poursuit Claude Hillaire-Marcel, qui constate la disparité entre la frénésie de notre appétit et la lenteur avec laquelle la Nature manufacture les hydrocarbures. «Après les chocs pétroliers, nous avons laissé tomber plusieurs habitudes qui limitaient notre consommation et l'émission de gaz carbonique dans l'atmosphère. Par contre, il est normal que les sociétés cherchent à obtenir plus d'énergie. C'est encore là un des éléments les plus importants de notre structure économique. Regardez le produit national brut d'un pays, il est directement lié à sa consommation d'énergie.»

Est-ce que cette voracité à piller le patrimoine géologique le choque? «Pas réellement. Nous ne sommes pas les premiers à être gourmands! Les dinosaures de la préhistoire ont aussi eu une certaine propension au gigantisme. Les herbivores voulaient impressionner les carnivores, les carnivores devaient s'adapter à la taille de leur proie. Ils avaient également tendance à prendre beaucoup de place, comme le fait l'espèce humaine aujourd'hui. Mais ils ont probablement causé moins de mal à leur environnement que nous!»

La comparaison fait tiquer, mais le regard de Claude Hillaire-Marcel est assez large pour qu'il ne discrimine pas *a priori* les êtres vivants et leur relation avec le milieu. La vie d'autrefois n'avait pas moins d'importance. Pourtant, le milieu était inhospitalier, semble-t-il: les films de science-fiction plongent leurs voyageurs temporels en pleine période jurassique, devant un tyrannosaure rex grimaçant, pendant que les volcans grondent à l'horizon... Le cauchemar, en somme! Notre Terre est quand même plus accueillante aujourd'hui, non?

Le scientifique hésite, soupire faiblement pendant qu'il cherche la meilleure réponse à cette interrogation pressante. «Je crois que... le système climatique que nous connaissons aujourd'hui offre de larges zones tempérées, ce qui a sans doute contribué au développement des sociétés humaines. Les climats anciens, tels qu'on peut les reconstituer, n'étaient pas aussi variés ou tempérés.» À ce chapitre donc, les humains ont un avantage sur les diplodocus. Mais... «il ne faut pas oublier que notre espèce est la seule qui ait modifié considérablement son environnement. Il n'existe aucun exemple comparable d'intervention sur le milieu chimique, biologique, physique, sur le milieu naturel. C'était inévitable, j'imagine, parce que le premier mouvement des sociétés humaines a été d'exploiter les ressources pour en tirer un maximum de bien-être. Nous avons commencé récemment à prendre conscience du fait que cette façon d'atteindre le bien-être peut conduire au mal-être.»

Le mal-être issu du bien-être... Une façon fulgurante de résumer le paradoxe périodique de l'aventure humaine, à la fois géniale, audacieuse et suicidaire. Nous jouons avec des forces dont l'ampleur nous échappe, transformant la Terre en laboratoire global, échafaudant théories et hypothèses dont la validité demeure problématique. Les incertitudes entourant l'effet de serre en sont une bonne illustration.

«Nous ne savons pas très bien comment tout le système climatique du globe est régi. En particulier, nous ne connaissons pas tous les mécanismes qui contribuent à émettre du gaz carbonique dans l'atmosphère. Or le lien entre la concentration de ce gaz et le climat est indiscutable. On le sait depuis les forages dans les grandes calottes glaciaires, en particulier dans l'Antarctique. Ces travaux ont permis d'établir des corrélations directes entre les variations des températures du globe et la présence de gaz carbonique dans l'atmosphère depuis cent soixante mille ans. Mais nous parlons ici d'échelle géologique, mesurée en milliers d'années. Comment cela s'applique-t-il en termes de décennies? Qu'arrivera-t-il en l'an 2000? Nous pouvons imaginer des scénarios, mais nous nous perdons en conjectures. Ce n'est plus la même chose.»

Pour d'autres, la tentation serait forte d'arrondir les coins, d'y aller d'une prédiction maison nappée de l'auréole du savoir, mais Claude Hillaire-Marcel ne joue pas aux dés. Comme bien d'autres, il préfère manier les «peut-être», ce dont il se moque lui-même, gentiment. «Les scientifiques ont le don d'énerver les politiciens parce qu'ils ont rarement des réponses claires à leur fournir. Avec eux, c'est plus souvent qu'autrement ni oui ni non… Vous voyez, même si la relation est nette entre la quantité de gaz carbonique dans l'atmosphère et le climat, on ne peut trancher de façon radicale en affirmant que l'augmentation récente des températures est directement liée aux activités industrielles polluantes des dernières décennies. C'est probable, oui, mais je n'en ai pas encore la preuve. Est-ce que tout cela aura un effet sur notre environnement? Là, oui, j'en suis sûr.»

Il prend une seconde pour redresser son nœud papillon, le temps de trouver la formule exacte, et poursuit. «Nous ne sommes pas des voyants. Mais comme le risque est grand, il faudrait prévoir des mesures correctives sans être absolument certains des faits. Vous comprenez ce que je veux dire? On n'est pas sûr que la catastrophe va se produire, mais si elle est dramatique pour les humains comme pour les autres espèces, l'enjeu est trop grand pour qu'on reste passif.»

Même si les vérités sont évasives, Claude Hillaire-Marcel ne prône pas l'attentisme, bien au contraire. Et il ne jette pas la pierre aux groupes écologiques qui dramatisent de temps à autre, dans leur volonté d'alerter l'opinion publique. «Leur rôle est décisif et les luttes *idéologiques* doivent toujours être un peu extrémistes. Ces groupes, ces gens, ont prêché dans le désert pendant longtemps avant qu'on daigne les écouter. Nous avons au Québec un précurseur, Pierre

Dansereau. Tout le monde le connaît aujourd'hui. Qu'en était-il, il y a vingt ans?»

La question est juste et, en l'étirant un peu, on pourrait l'appliquer à toutes les personnalités du milieu environnemental québécois. Pierre Dansereau demeure, il est vrai, dans une classe à part. Mais Claude Hillaire-Marcel lui-même, par exemple, reste largement méconnu du public. L'homme n'est pas sous les feux de la rampe, il se sait spécialiste d'un domaine «étroit», selon ses propres termes. Un domaine qui le rapproche organiquement des environnementalistes, même si ses méthodes sont plus formelles. Son apport relève d'une indomptable volonté de savoir.

«Les disciplines auxquelles je fais appel, la géologie et la chimie isotopique, sont plus arides, elles sont moins naturalistes, plus inhumaines, pourrait-on même dire. Ce sont de grosses machines qui nous portent à regarder l'environnement comme un objet d'étude, un objet qui nous est extérieur. Mais dès que j'en sors, je redeviens un citoyen facilement choqué, scandalisé par ce que je vois.» L'âme du Midi n'a donc pas été subjuguée par un rationalisme à tout crin. Cœur et tête font bon ménage, et la ferveur du propos en témoigne.

«En fait, ce qui me déplaît le plus, c'est l'inconscience qui transparaît lorsque les actions sont accomplies délibérément sans prise en compte des conséquences environnementales. En voulant soutenir le développement économique des pays du tiers-monde, par exemple, on peut imposer des procédés industriels avec une ignorance totale des répercussions qu'ils auront sur des écosystèmes fragiles. L'inconscience m'irrite, c'est vrai. Par contre, je dois ajouter que les dix dernières années ont été le théâtre d'une remarquable évolution du côté des pouvoirs publics, des entreprises et du public en général. La situation n'est peut-être pas aussi critique qu'on pourrait le croire, à partir du moment où l'action corrective accompagne la montée de la conscience.»

Montée de la conscience, oui, démagogie non. Voilà un aspect moins glorieux de la grande saga environnementale. L'excès fait de la bonne copie, de bonnes affaires, mais il maquille les réalités. Et il agace tous les scientifiques soucieux de séparer le bon grain de l'ivraie. «Je comprends la dynamique de l'information, la recherche de primeurs, la nécessité de jouer sur les cordes sensibles et le fait de passer d'un sujet environnemental à un autre. Cependant, le problème n'est pas réglé lorsque les titres disparaissent des journaux.»

Irait-il aux barricades, lui, s'il constatait de dangereuses incuries? Se jetterait-il dans la bataille avec tout le poids de sa crédibilité scientifique? «Les barricades, peut-être pas, mais intervenir avec toute mon influence, si elle existe, oui. La communauté scientifique est déjà éveillée, elle agit auprès des instances politiques, économiques.» Encore faut-il qu'elle accepte de partager ses connaissances, et mes souvenirs de journaliste sont meublés de quelques fins de non-recevoir... La tendance Hillaire-Marcel, heureusement, est dominante, mais l'autre contribue à obscurcir l'image. On peut également s'interroger sur l'à-propos de certaines études fondamentales alors que des questions immédiates demeurent mal cernées. C'est là un reproche qu'émettent fréquemment plusieurs critiques de la pratique scientifique contemporaine.

Recherche fondamentale donc, ou dirigée vers le front où se déroulent les bagarres pressantes? «Le choix est rarement aussi simple», réagit Claude Hillaire-Marcel en plaidant le mérite de la première. «Il faut bien que quelqu'un s'occupe de cette recherche qui, dans dix ou vingt ans, au besoin, va permettre de lancer une nouvelle alarme. Mais on ne peut pas rester indifférents devant ce qui se passe à plus court terme. C'est encore et toujours une question d'équilibre.»

Depuis le début, Claude Hillaire-Marcel a distribué bons comme mauvais points, même s'il ne se voit pas comme le préfet de discipline chargé de faire régner l'ordre. Au contraire, sa participation est toute discrète, voire effacée. «La force tranquille», disait un slogan. Quelle lecture fait-il donc de l'air du temps, celui qui déterminera le calme ou la tempête? «Je suis modérément optimiste, en général. La prise en compte par les pouvoirs politiques des questions environnementales, dans les pays développés, m'encourage même s'il s'agit d'un phénomène récent. Les grosses industries entrent aussi dans la danse avec des études qui concernent l'environnement, avec des budgets que les pouvoirs publics ne peuvent pas souvent se permettre. La variable environnementale est devenue omniprésente. Le tournant est pris. Ma modération vient du fait que les progrès scientifiques sont lents. Il n'est pas certain, par exemple, qu'on puisse bien résoudre les conséquences du possible réchauffement de la planète.»

Voilà quelques années, il déclarait au magazine *Interface*: «La planète, notre maison, est en mauvais état, on ne sait plus très bien si on est en train de la démolir...» Et son opinion n'a pas changé depuis. «L'humain a employé ses habiletés pour contrôler le globe terrestre à ses propres fins, en le considérant comme son propre bien. Il a mis à profit ce petit territoire immédiat sans trop se soucier des lendemains. Il m'arrive aussi d'être pessimiste, ce qui transparaissait dans cette réflexion. Nous avons cherché à exploiter notre environnement pour notre bien-être, oui, mais sans en mesurer les conséquences. Notre myopie est mauvaise conseillère.»

Claude Hillaire-Marcel, lui, a de bons yeux. Ou de bons verres. Il en faut lorsque le regard plonge aux confins du temps. Vanité des vanités, et tout est vanité, etc.? Non. Au lieu de théâtraliser, le savant reprend son parti premier, celui de la Terre. «Au fond, le globe terrestre ne s'inquiète pas de nos agissements. Pour lui, ce n'est ni une bénédiction ni une malédiction. Il évolue, et l'action humaine fait partie de son évolution. Il n'y a pas de déterminisme *a priori* dans son comportement. Que notre système de valeurs et notre morale, en particulier dans les pays de tradition judéo-chrétienne, nous portent à réprouver cette action humaine, c'est autre chose. C'est notre conscience qui est mal à l'aise. À partir d'ici, le choix est personnel.»

Le sien? Le temps d'une pause, Claude Hillaire-Marcel ajoute de sa voix douce, comme à regret, cette douloureuse phrase: «Personnellement, il m'arrive parfois de ne pas me sentir très heureux d'appartenir à l'espèce humaine.» Et conclut: «Mais ce n'est pas une raison pour se laisser aller. Il y a encore tant à faire, et tant à apprendre.»

Claude Hillaire-Marcel est né le 1ᵉʳ avril 1944 à Salies-de-Béarn, dans le sud-ouest de la France. Il a parcouru beaucoup de chemin de la France vers le Québec, mais c'est à travers le temps que ses voyages auront été les plus importants.

Tout en poursuivant des études qui lui permettront finalement d'obtenir un doctorat d'État en sciences naturelles de l'Université de Paris VI, il est entré à l'Université du Québec à Montréal, en 1969, comme professeur de géologie. À l'enseignement il devait bientôt ajouter la recherche, et cette vocation a pris un essor important au début des années quatre-vingt. Tout en accomplissant de nombreuses missions sur le terrain, du Sahara à la terre de Baffin, il a mis sur pied le Centre de recherche en géochimie isotopique et en géochronologie (GEOTOP), à l'UQAM, dont il assume toujours la direction. Le professeur demeure cependant disponible comme directeur de thèse pour de nombreux étudiants québécois et français.

La chimie isotopique et la géochronologie ont un élément essentiel en commun: le temps. Claude Hillaire-Marcel y a consacré sa carrière pour percer le secret du comportement de notre planète. Le temps lui pose un autre défi, celui d'en trouver assez pour écrire ou pour livrer les résultats de ses recherches. Il a à ce jour publié plus d'une centaine d'articles spécialisés dans les principales revues scientifiques internationales, tout en participant à un nombre quasi équivalent de conférences et symposiums à travers le monde.

Albert Nantel:
Et un grand verre d'eau avec ça?

L e bateau se prélasse paresseusement au milieu du fleuve, près de Cap-Rouge, par un bel après-midi de mai étonnamment chaud. Les passagers s'amusent à

observer la danse des mouettes qui se posent sur l'eau et virevoltent, attirées par on ne sait trop quel butin. «Vous savez ce qu'elles fabriquent là?» demande une dame intriguée par le manège. Elle n'aurait pas dû. Une réponse suit, qui enlève toute idée de féerie. «Oui, elles tournent autour du diffuseur des eaux usées de la Communauté urbaine de Québec qui aboutit par là. De la m..., pour être plus précis!» Albert Nantel sourit, enlève sa casquette de marin, s'éponge le front et poursuit malicieusement. «Et ce n'est pas tout: la prise d'eau potable de Sainte-Foy est située juste un peu plus loin!»

La scène se passait il y a quelques années, avant qu'on s'entende enfin pour dépolluer les eaux usées de la région de Québec à coup de centaines de millions de dollars. Dépense considérable, supportée en très grande partie par le gouvernement provincial, et qui avait malgré tout fait longtemps hésiter les honorables maires et mairesses de la Communauté urbaine de Québec. «Vraiment, vous dites, le fleuve ne peut pas se charger de disperser ces... he... déchets? Bon, ben, allons-y. Mais le compte de taxes va monter, c'est bien regrettable!» — «Et pendant tout ce temps, aurait pu rétorquer Albert Nantel, nous avons contaminé sans vergogne un de nos trésors les plus précieux, chargeant la Nature de corriger nos négligences.» L'homme n'est pas du genre à dorer la pilule. Le combat du médecin toxicologue contre la pollution est quotidien, sa croisade est sans répit.

Albert Nantel a longtemps prêché seul dans le désert. Il s'est joint au Centre hospitalier de l'Université Laval en tant que directeur du Centre de toxicologie du Québec, au moment où le concept de santé environnementale était encore perçu comme une chinoiserie. C'était avant que le Québec vive Saint-Basile et Saint-Amable, qu'il apprenne l'effrayante contamination de la baie des Anglais, à Baie-Comeau, et s'inquiète des révélations de la commission d'enquête Charbonneau sur les déchets dangereux... Et Albert Nantel est devenu une autorité incontournable en matière de toxicologie, celui qu'on invite automatiquement aux émissions d'information les soirs de catastrophe et que l'on écoute attentivement, navrés d'avoir fermé les yeux sur autant de négligences.

Est-ce un signe de progrès? Auparavant, on l'accusait d'être alarmiste. Son auditoire est aujourd'hui plus vaste, mais Albert Nantel ne se réjouit pas automatiquement de l'engouement du public pour les causes environnementales. «Même les grandes industries font maintenant de la publicité sur la protection de l'environnement... Le concert est unanime et nous avons l'impression, à l'écouter, que nous sommes véritablement parvenus à un tournant de notre évolution, que nous avons dépassé le stade du simple geste pour intégrer les valeurs environnementales dans notre mode de vie. C'est bien. Mais à y regarder de plus près, il s'agit trop souvent de beaux discours. Il y a dissociation entre la parole et l'action véritable. L'individu est plus déterminé que le groupe!»

Albert Nantel ne monte jamais le ton, mais l'ombre qui passe devant ses yeux bleu clair ne ment pas. Il est préoccupé. «L'industrie récupère le phénomène de sensibilisation à son avantage en se présentant comme un bon citoyen corporatif, soucieux de ses responsabilités. Nous sommes en droit de nous demander si c'est réel ou s'il ne s'agit que d'une mode. Il est possible que les décideurs soient bien intentionnés, sans plus. Je redoute la complaisance, l'intellectualisation de la discussion sur l'environnement, le rêve de petits oiseaux qui chantent, de rivières qui sont claires, de poissons qui nagent dans l'eau limpide, alors qu'il ne se passe finalement rien. C'est ce que j'appelle le fantasme de l'environnement, et j'ai peur qu'il ne prenne le dessus sur la réalité.»

Beaucoup d'images, quelques-unes suspectes, ont été employées pour parler de la vogue étourdissante que connaissent les questions environnementales. Albert Jacquard a même parlé d'une «manie». Mais à ma connaissance, c'est la première fois qu'elle est associée à une fabulation sexuelle. Le toxicologue emprunte le langage du psychologue et fouille l'inconscient.

«Un fantasme est par définition l'image mentale d'un désir qu'on aimerait assouvir ou d'un geste qu'on aimerait accomplir, mais on ne passe pas aux actes, à cause de la morale, à cause de l'ego ou à cause des interdits sociaux. Plusieurs vont quand même vivre ce fantasme lors d'une relation sexuelle pour augmenter leur plaisir. Le danger du fantasme, c'est qu'il peut être véritablement satisfaisant en lui-même, dans l'imaginaire, sans autre action. Et j'ai l'impression que la chose se produit actuellement à propos de l'environnement. Les gens ont tellement de satisfaction à en parler entre eux, à se poser en défenseurs de l'environnement, à participer à des fondations ou à donner de l'argent... Ils peuvent avoir l'impression que les gouvernements interviennent en profondeur, que les industries investissent énormément, alors qu'en pratique presque rien ne change. On peut ainsi faire une série de petits gestes sans importance, magnifiés par un fantasme, et le sentiment d'urgence s'émousse avec le temps. C'est un risque très sérieux.»

Comme toxicologue, Albert Nantel vit en bordure du risque environnemental. Environnement Canada estime à cent mille le nombre de produits chimiques sur le marché mondial, de ce nombre trente mille sont employés au pays. De cent à deux cents nouvelles substances font leur apparition chaque année. Tout ce qui est chimique n'est pas nécessairement dangereux, cela va de soi; mais sur ces cent mille produits, quatre mille ont été reconnus cancérigènes après des expériences sur les animaux. Et ce chiffre ne comprend pas ceux qui provoquent d'autres malaises, des maux de gorge aux maladies débilitantes. Comme les factures qui reviennent nous hanter après le temps des fêtes, la toxicité suit la courbe d'un certain progrès.

«Nous avons évidemment accompli des gestes majeurs au début des années cinquante, à la suite de la catastrophe environnementale qu'a connue Londres», rappelle Albert Nantel. Le mot *catastrophe* n'est pas trop fort. À l'époque, les Londoniens se chauffaient encore au charbon. Un phénomène d'inversion atmosphérique devait contribuer à la formation d'un smog très dense, une purée de poix toxique qui allait sévir trois jours sur la grande ville en empoisonnant les gens faibles. Bilan officiel: quatre mille morts, sans compter les affections à long terme. Les autorités n'avaient plus le choix. Le chauffage au charbon a été banni, l'électricité et le gaz ont fait leur entrée dans les foyers.

«Le message était facile à décoder, à Londres, à Tokyo ou ailleurs, puisque les salles d'urgence des hôpitaux se remplissaient lorsque le taux de pollution montait en flèche. Ainsi sont nées les premières lois sur le contrôle de la qualité de l'air. Un grand pas a été fait. Dans les grandes villes occidentales, la qualité de l'air est aujourd'hui meilleure qu'elle ne l'était il y a trente ans. Mais le gain est fragile. Les taux d'ozone au sol, les taux d'acide sulfurique, les taux de poussière en suspension redeviennent préoccupants. Et le phénomène ne touche pas que les grandes villes. Québec, par exemple, est affligée d'un des taux d'ozone les plus élevés au Canada, ce qui est incroyable puisqu'il s'agit là d'une ville moyenne bien peu industrialisée. Trop de routes, trop d'autos... La victoire paraissait bien facile, mais nous voilà en train de reculer.»

Albert Nantel présente ces faits froidement, d'une voix égale qui trahit peu d'émotions. À peine étire-t-il ses fins de phrases en créant un peu de suspense, comme il le faisait si bien dans le documentaire *Les quatre cavaliers de l'Apocalypse*, de l'ONF, où il venait régulièrement ponctuer le propos lu par Lise Payette de commentaires saisissants. Habitué à vulgariser, Albert Nantel est, pour le journaliste, un invité en or qui tient à se bien faire comprendre. Trop de scientifiques livrent une bataille si acharnée à l'ignorance qu'ils perdent de vue le gros des troupes. Pas lui. Il parle de l'air que nous respirons, de l'eau que nous buvons, avec des mots que nous comprenons.

«Nous nous sommes aussi attaqués à la détérioration de nos cours d'eau en construisant des usines d'épuration d'eaux usées. En passant, voilà une belle illustration de cette notion selon laquelle la technologie est en avance sur les mentalités. Nous venons à peine de comprendre qu'on ne peut pas tout rejeter impunément dans les rivières ou dans le fleuve, sans traitement, comme les gens des siècles passés. Pardon, c'est vrai, nous, nous avons inventé la chasse d'eau et un gros tuyau emporte tout un peu plus loin. En matière de progrès, c'est mince!»

Le Québec a à ce jour dépensé quelque six milliards de dollars pour son plan d'assainissement des eaux usées et déjà, il lui faut réinvestir des centaines de millions pour corriger les défauts relevés dans les usines existantes. «En pratique, nous avons fait un petit pas, alors qu'on voulait nous laisser croire que le problème de la pollution par les eaux usées allait être réglé de façon définitive. C'est une autre manifestation du fantasme. Il faut être plus rigoureux dans la lutte à la pollution.»

Albert Nantel pose un regard critique sur les gestes officiels, et je m'inquiète de l'effet démobilisateur que ses remarques pourraient provoquer. Partout au Québec, des gens trient soigneusement leurs déchets recyclables, limitent leur consommation d'énergie, refusent l'emballage supplémentaire que leur propose le vendeur, et il faudrait croire que ces manifestations d'intelligence sont vaines?

«J'applaudis les initiatives et les gestes conscients. Il est bon que les gens sachent qu'ils font autant partie de la solution que du problème. Je crains simplement que leurs actions ne soient récupérées et qu'on gaspille leur bonne volonté. Dans certaines municipalités, on demande aux gens de trier papier, verre, plastique et déchets organiques, sans infrastructure en bout de ligne pour les traiter séparément. Ces beaux efforts finissent parfois indistinctement au dépotoir ou à l'incinérateur! Rejeter sur l'individu la nécessité d'accomplir les gestes sans assumer collectivement les responsabilités est une grossière erreur, et c'est pourtant ce qui se passe plus souvent qu'autrement.»

Albert Nantel sent pourtant le besoin de nuancer. «Il ne faut pas revenir au paternalisme, à cette époque où l'individu attendait que l'État le tire d'embarras, mais le pendule s'emballe maintenant dans l'autre sens. On insinue que le citoyen est mauvais s'il ne met pas une brique dans le réservoir de sa toilette pour utiliser moins d'eau, s'il jette aux rebuts ses restes de peinture ou de solvant, mais où sont les organismes et les systèmes pour s'en débarrasser de façon efficace? La plupart du temps, ils n'existent tout simplement pas. On responsabilise les gens à outrance. Pendant ce temps, les gros pollueurs industriels, eux, gagnent du temps avec de belles campagnes de publicité. C'est un trompe-l'œil.»

Le propos est cinglant. Albert Nantel n'est d'ailleurs pas le seul à dénoncer ce renversement des responsabilités. D'autres, comme André Beauchamp, ex-président du Bureau d'audiences publiques sur l'environnement, plaident pour que l'on accorde un répit aux citoyens. Ils ont eu le dos large, ces dernières années, écopant plus souvent qu'autrement du blâme alors qu'industriels, scientifiques et politiciens esquivaient les reproches. Pour corriger l'inéquité, André Beauchamp demande qu'on intègre l'éthique au discours environnemental. Plus pratique, Albert Nantel aligne les faits.

Des exemples de cette culpabilisation plus ou moins volontaire? «Vous avez le choix. On demande aux gens de baisser le thermostat pour économiser l'énergie, on leur enjoint de calfeutrer leurs maisons au risque de voir augmenter la pollution intérieure. En même temps, vous vous apercevez que votre gouvernement n'a aucune politique globale de l'énergie. Il attire à tout prix des industries ultrapolluantes comme les alumineries sans leur imposer d'étude d'impact, il modifie les normes environnementales en leur faveur et leur vend de l'électricité à des prix ridicules quand il ne l'offre pas aux Américains.»

L'énergie sera donc le dernier volet de cette envolée qui friserait le cliché si elle ne provenait pas d'un militant qui n'a pas peur de monter au front. «Vous vous retrouvez avec une société parmi les plus importantes productrices d'hydroélectricité au monde qui ne s'en sert pas pour électrifier ses propres systèmes de transport urbain et interurbain. C'est un non-sens, et on est en droit de se poser des questions. La plus importante, j'y reviens, c'est de se demander pourquoi on fait porter le fardeau à l'individu? Pourquoi cet individu ne se tourne-t-il pas vers ses dirigeants politiques pour leur dire: Oui, je suis prêt à faire ma part, mais vous allez suivre en me permettant de participer à un débat global sur l'utilisation de l'énergie. Autrement, arrêtez de m'embêter avec vos belles histoires!»

Peu de flammes dans cet exposé pourtant implacable. Albert Nantel parle doucement, il sait qu'il est capable de convaincre malgré le scepticisme larvé des autorités. Patience et longueur de temps... Maintenant que les faits lui donnent raison, à coup d'accidents successifs, en tire-t-il un soupçon de satisfaction? «Je n'y trouve pas de satisfaction, sauf que je me sens moins seul dans mon camp. Sur le coup, il est certain que la conscience monte d'un cran. Mais les gens vont avoir tendance, pour des raisons psychologiques évidentes, à oublier ces leçons pour reprendre leur petite routine quotidienne. Les désastres environnementaux sont mauvais enseignants. Ils n'ont pas beaucoup d'effets durables, moins que les grandes conférences internationales, en tout cas, quand les décisions partent d'en haut pour descendre dans la vie courante.»

L'exemple de la conférence de Montréal sur la couche d'ozone vient à l'esprit. L'événement a débouché sur le protocole de Montréal, une convention internationale qui restreint l'usage des chlorofluorocarbones et des aérosols. Les populations s'inquiètent de l'augmentation des cancers de la peau et autres problèmes liés à la pénétration accentuée des rayons ultraviolets, mais c'est dans ces rencontres au sommet que des mesures concrètes sont adoptées, quoiqu'on puisse toujours discuter de leur sévérité effective.

«C'est curieux, dit-il pensivement, j'ai pu m'apercevoir que les citoyens ont davantage peur de ces grandes menaces très médiatisées, BPC et autres, que des risques quotidiens et réels. On l'a vu pendant la guerre du Golfe, en Israël, lorsque des gens se sont injectés en catastrophe un antidote pour se prémunir contre les armes chimiques que les Irakiens allaient peut-être utiliser. Il y a même eu une mort par intoxication à cet antidote, l'atropine. Ces grandes menaces qui planent au-dessus de nos têtes déclenchent souvent une peur panique qui ressemble à celle des gens mis au fait de l'existence d'un dépotoir de produits toxiques près de chez eux. C'est la peur de l'inconnu, je pense, une peur de ce qu'on ne peut pas mesurer. Le risque chimique, comme l'irradiation ou le cancer, est un ennemi invisible. Il peut vous frapper n'importe où, n'importe quand. Et c'est terrifiant.»

En bon éducateur populaire, Albert Nantel utilise des mots qui frappent pour faire passer ses idées. Il sait aussi prendre un ton plus léger selon les circonstances. Je me rappelle cette mise en scène au *Café Laurier*, à Montréal, organisée pour les besoins d'un enregistrement destiné à la Communauté des radios publiques de langue française. Albert Nantel, toxicologue devenu comédien pour l'occasion, s'asseyait et commandait le repas du jour. «Et pour boire, monsieur, ce sera?...» — «Apportez-moi de l'eau, s'il vous plaît, un Perrier, tiens.» L'intervieweur se glissait alors dans la conversation en s'étonnant qu'il ne se contente pas d'un verre d'eau du robinet, ici, au pays de l'eau douce. Le docteur Nantel commençait alors sa démonstration, précisant que sa prudence, excessive peut-être, était néanmoins bien répandue au pays de l'eau douce mais polluée!

«Il faudrait en arriver à convaincre les gens que l'on peut contrôler les risques chimiques plus facilement que les risques naturels comme les ouragans ou les tremblements de terre. Les produits chimiques ont été créés par des scientifiques, ils peuvent être neutralisés par des scientifiques. Cela permettrait d'éviter certaines situations. Par exemple, les gens ont peur des entrepôts de BPC, mais ils s'opposent farouchement à ce que l'on construise un incinérateur pour les éliminer. Peur plus peur égale inaction.»

Albert Nantel ouvre ici une porte qui grince un peu. Pour reprendre une expression tout aussi grinçante, le syndrome *pas dans ma cour* fait maintenant partie de la mythologie environnementale, et peu d'analystes se risquent à questionner ce réflexe viscéral de citoyens inquiets. Il en résulte souvent un immobilisme aussi dangereux, sinon plus, que l'action elle-même. «Comprenons-nous: la technologie a créé ces monstres, elle est également en mesure de les contrôler. Tout dépend du technologue et de l'idéologie scientifique.»

Mais lorsque les gens sont sous le choc, qu'ils ne veulent plus rien savoir, faut-il leur demander de raisonner froidement? «On doit en arriver à passer d'une perception purement émotive à une évaluation réelle des phénomènes. Cela se fera tranquillement sans doute. Je ne suis même pas certain que c'est notre génération qui y parviendra. Nous avons été trop imprégnés de certains mythes, de certains concepts. Heureusement, il y a les enfants. Lorsque je regarde les miens — j'en ai cinq, qui ont entre quatorze et trente ans —, je deviens beaucoup plus optimiste. Leur vision est neuve. Ils vont agir. Ils n'ont pas de blocage comme celui que ressentent les gens de mon âge à qui on impose soudainement un ordinateur, un monstre qui les terrifie. Vous en offrez un à un enfant et il se met à naviguer à travers les fichiers en un rien de temps. C'est pareil pour l'environnement. Nous sommes actuellement aux prises avec la machine. Ceux qui suivent sauront la faire fonctionner.»

Beau programme, rasserénant, mais étonnant compte tenu du tableau plutôt sombre que le toxicologue a jusqu'ici dressé. On sent venir le «mais». Il est inévitable. «Mais... il faudra que ceux qui ne sont pas capables de changer ne leur rendent pas la tâche impossible.»

Encore faudra-t-il également que ces jeunes sur lesquels il fonde tant d'espoir puissent grandir et atteindre leur plein potentiel. Le philosophe redevient toxicologue lorsqu'il énumère implacablement les poisons qui nous agressent insidieusement. Dans la liste, un mot frappe parce qu'on le connaît bien: *plomb.* «Voilà un bel exemple de notre inconscience. Oui, les gouvernements ont fini par supprimer certains usages courants du plomb, tels que son addition dans l'essence. Sauf qu'il a eu le temps de s'introduire partout. Il attaque le système nerveux, provoque l'anémie, altère la croissance. On commence à peine à comprendre l'étendue des ravages. Les normes étaient beaucoup trop larges, et on doit aujourd'hui admettre notre ignorance des effets à long terme. Le plomb est un ennemi familier et dévastateur.»

Le docteur Nantel n'aime visiblement pas évoquer les souffrances des enfants. Il s'indigne, par exemple, parce que les jeunes qui s'amusent dans des cours d'école ne devraient pas souffrir de l'inconscience des adultes qui ont enfoui des déchets dangereux à proximité, comme on l'a découvert en Abitibi. On a joué à la roulette russe avec la vie.

«J'ai malgré tout confiance. Nos enfants ne se contenteront pas de fantasmes. Ils vont prendre les moyens pour les vivre jusqu'au bout, ou bien ils les écarteront. Le surplace n'est pas leur fort. Tant mieux pour nous tous.»

L'eau chaude, l'eau froide... Le scientifique sait que rien n'est jamais réglé et que l'avenir tel qu'il l'entrevoit n'est finalement qu'une probabilité parmi d'autres. C'est bien dommage parce que sa vision présente un beau défi. «Une société où les valeurs vont enfin changer, où les gens feront la part entre les faux besoins et les vrais... Pourquoi trois voitures par famille, pourquoi devoir encore aujourd'hui débattre de l'importance du transport en commun? Il est vrai que la vie en ville privilégie encore l'individualisme, les *walkman* et autres inventions nées des cerveaux de solitaires, mais faut-il vraiment perpétuer ce modèle? Le transport en commun n'est pas utile que pour l'environnement, il peut même changer les mentalités. Bref, j'aimerais que l'on parvienne à refuser certaines tendances du développement économique en pensant aux ravages qui les accompagnent. Être capables de choix judicieux, en plaçant la qualité de vie au premier plan, voilà ce que je nous souhaite.»

Et... ce qui va advenir, en ramenant la boule de cristal aux considérations plus immédiates? «Je suis moins optimiste parce qu'il ne faut pas grand-chose pour rompre l'équilibre. Comment réagira l'environnement à long terme avec, par exemple, les incendies de puits de pétrole au Koweït? Quelles conséquences dramatiques sur des populations déjà éprouvées, quel jeu de dominos? L'édifice est tellement fragile. Sans parler de la banalisation des désastres. Nous avons survécu à la guerre du Golfe, aux déversements de pétrole en mer, aux accidents nucléaires... Le seuil de l'horreur monte d'un cran, alors que notre sensibilité, elle, baisse. Ça ne devait pas être si grave puisque notre planète s'en est tirée. Vous comprenez le danger? La technologie, comme l'accumulation de richesses, ne permet pas de tout régler. C'est difficile de voir dans la boule de cristal. Il y a beaucoup de buée à l'extérieur et beaucoup de brouillard à l'intérieur.»

Une phrase me revient, de Paul Verlaine: «Il ne faut jamais juger les hommes selon leurs fréquentations. Ne perdez pas de vue que Judas avait des amis irréprochables.» Albert Nantel côtoie depuis trente ans les produits les plus diaboliques que l'humain ait jamais conçus. Et je me dis, en le quittant, que le Québec est pourtant bien chanceux de pouvoir compter sur des humanistes de sa trempe.

Albert Nantel est né le 13 février 1939 à Montréal. Médecin, Albert Nantel demeure une figure de proue dans la lutte contre la pollution au Québec. Sa voix s'est élevée bien avant que le propos écologiste devienne populaire. D'abord reconnu pour sa contribution en toxicologie, il a également touché durant sa carrière à d'autres aspects de ce vaste domaine que l'on connaît aujourd'hui sous le nom de santé environnementale.

Diplômé en médecine de l'Université de Montréal en 1959, Albert Nantel décide quelques années plus tard de faire une maîtrise en pharmacologie, puis d'aller se spécialiser en médecine toxicologique à l'American Academy of Clinical Toxicology. Soucieux d'une vison plus globale de la santé — il sera, en 1971, président de l'Académie sportive du Québec —, il fera dès lors la lutte à tous les poisons. Déjà directeur du Centre de toxicologie du Québec et chef du service de pharmacologie et toxicologie clinique, à l'Université Laval, il préside en 1976 le comité antidopage des XXIᵉ Jeux olympiques, à Montréal. Sa réputation s'étend, ses engagements aussi, ce qui l'amène de Rouyn-Noranda à Ville LaSalle, dans les lieux les plus pollués du Québec. Les besoins sont également internationaux. Albert Nantel participe à des rencontres de l'OCDE, du Wildlife Toxicology Fund et vient en aide aux pays du tiers-monde en mettant sur pied le projet Intox pour mieux y diffuser les connaissances sur les produits toxiques. Cette initiative était, aux dernières nouvelles, compromise par un manque de soutien des autorités concernées, ce qui n'est pas nouveau pour le médecin militant qui a dû tout au long de sa carrière d'abord combattre l'inertie des décideurs avant d'en arriver à combattre la pollution.

Albert Nantel est toujours directeur du Centre de toxicologie du Québec et médecin consultant au Centre anti-poison du Québec.

Christian Roy:
Le rêveur immédiat

La rivière du Cap-Rouge est un joli petit cours d'eau paresseux, gonflé par le Saint-Laurent à marée haute, presque famélique à marée basse. Alternativement romantique et repoussant. Une fois perdu le camouflage de l'eau, l'étiage révélait autrefois la présence de nombreux squatters qui n'avaient rien à voir avec les poissons. Des divans, des réfrigérateurs ou des pneus… abandonnés par habitude d'insouciance. Un récupérateur avisé y aurait trouvé son compte. Mais voilà: le Québec était couvert de tant de dépotoirs, qui donc se serait soucié d'aller patauger pour récupérer des vieilleries!

Depuis, la municipalité de Saint-Félix du Cap-Rouge s'est réveillée, la rivière est devenue un objet de fierté, elle est bordée de parcs et les ordures sont disparues. Il arrive à l'occasion qu'un pneu oublié émerge de la vase, mais les autres sont allés finir leurs vieux jours aux paradis des pneus, à Saint-Amable, par exemple...

Le 16 mai 1990, le paradis s'est transformé en enfer. Les pneus qui s'empilaient depuis des années se sont embrasés pour produire un des plus impressionnants sinistres environnementaux de l'histoire du Québec.

La lave de ces montagnes de feu était noire. On avait bien nettoyé les rivières, mais le problème était allé se loger ailleurs. En langage familier, cela s'appelle pelleter sa neige dans la cour du voisin. Et pendant ce temps, Christian Roy, lui, doit se pincer pour se convaincre qu'il ne rêve pas tout éveillé: malgré ses suggestions pressantes, ses objurgations, les autorités ont préféré jouer avec le feu, et les vieux pneus ont noirci le ciel et le sol pendant des jours et des jours.

Christian Roy est ingénieur et environnementaliste. D'allure juvénile, au tournant de la quarantaine, il s'exprime avec des yeux pétillants qui n'ont pas souffert des affronts du temps. Une explication? Son air de jeune finissant lui a peut-être été conservé parce qu'il n'a pas renié ses rêves. La contemplation n'est pas dans sa nature. Christian Roy croit à l'engagement social des ingénieurs. Il y a des luttes plus poétiques, des mandats plus glorieux. Alors que d'autres rêvent de bâtir des ponts ou des barrages, que des écologistes partent en guerre pour sauver les baleines, il joue, lui, les éboueurs techniciens en cherchant à nous débarrasser de ce sous-produit mal aimé de notre société de consommation qu'est le pneu usé.

Trop souvent, nous déplorons l'absence de solutions aux malaises environnementaux. Nous avons appris à identifier les enjeux, à sensibiliser l'opinion publique. Nous savons par exemple que la production d'énergie hydroélectrique n'est pas sans taches. Les moteurs à combustion de nos véhicules, eux, émettent des oxydes de soufre et d'azote indésirables. Il vaudrait mieux recycler complètement les déchets organiques. Oui, mais... comment faire? Quelles sont les options? *No se*, répond l'écho en haussant les épaules. Et l'élan de la bonne volonté se brise sur le mur du silence.

Pourtant, il existe des solutions. Des gens imaginatifs se sont mis à l'ouvrage pour bâtir un monde meilleur. La technicité n'est peut-être pas le remède universel, mais bien employée, elle peut racheter des erreurs passées. La technique de Christian Roy s'appelle la pyrolyse. En gros, il s'agit de porter les pneus à très haute température pour en récupérer des composantes essentielles, huiles et noir de carbone, bonnes pour la réutilisation. Vu comme un déchet, le pneu est une nuisance dont personne ne veut. Vu comme une ressource, il reprend de la valeur. Tout dépend de l'angle et de la largeur de vues.

Le Québec produit à lui seul six millions de pneus usés par année. Croyez-vous vraiment qu'une fois les rayures effacées, leur vie utile est terminée? Croyez-vous que le débat vaut pour les seuls pneus? Les montagnes de carcasses de Saint-Amable et d'ailleurs trahissent notre choix. À l'époque cléricale, on aurait parlé de péché par omission. À d'autres le fardeau! Christian Roy, le croisé du recyclage, pense qu'il est temps d'agir autrement. Il sait cependant que la partie n'est pas facile.

«Le problème, en fait, n'est vieux que d'une quinzaine d'années et il est né d'une bonne idée: la radialisation des pneus, ces nouveaux pneus ceinturés d'acier. Avant, il était bien plus facile de déchiqueter les pneus pour refaire du caoutchouc. Mais les déchiqueteuses conventionnelles sont impuissantes devant l'acier, voilà pourquoi les pneus usés ont commencé à s'empiler. Des gens y ont trouvé une source de profits, d'abord en imposant des frais pour l'entreposage sur leur terrain et ensuite en rechapant certains pneus pour les remettre sur le marché. L'industrie n'est ni bien organisée ni bien contrôlée, la plupart des pneus ne sont pas récupérables et c'est ainsi que les montagnes finissent par s'élever. Les Européens, eux, préfèrent les incinérer ou les brûler dans les fours à ciment, ce qui leur fournit une source d'énergie à coût avantageux. Ils en exportent aussi beaucoup en Afrique.» En Afrique? «Eh oui, ce qui est considéré comme fini ici ne l'est pas nécessairement là-bas. Ils servent aussi, curieusement, à fabriquer des parois de maison.»

Christian Roy parle calmement, mais on sent dans sa voix une sorte de fébrilité. Il n'est pourtant question que de déchets, de vieilles *tripes*, comme on se plaît encore à les appeler. Rien de très sexy! Mais ces déchets se retrouvent au cœur d'une empoignade qui symbolise bien les limites de notre civilisation du prêt-à-jeter. Comment faire pour se débarrasser de cette engeance noire? Taxer, consigner, punir, encourager?

Quand il était petit, le futur ingénieur devait être du genre à démonter le grille-pain pour en comprendre le fonctionnement. Aujourd'hui, il perfectionne des méthodes qui exigent d'imposantes installations. Son Centre de recherche sur la pyrolyse, à l'Université Laval, est devenu le plus important au Canada. Christian Roy mentionne le fait en passant, sans prétention. Il lui importe de revenir à ses moutons. Enfin...

«Paradoxalement, c'est une percée technologique pour permettre aux voitures de rouler plus doucement, avec plus de sécurité, qui nous a légué cette nuisance. L'acier dans le pneu rend le recyclage problématique. Vous voyez, ajoute-t-il en souriant, les ingénieurs inventeurs ont tellement bien fait leur travail qu'il est difficile de le détricoter.»

Sa riposte a donc pour nom pyrolyse sous vide. Une solution technique à un problème issu de la technique. L'ingénieur pourrait s'emballer et expliquer avec force détails la combinaison pression/température nécessaire pour briser le mélange. Christian Roy, lui, préfère parler de philosophie d'action.

«Nous sommes à la recherche, aujourd'hui, de solutions technologiques en vue de l'élimination. L'incinération comporte des risques et entraîne aussi une perte de matière, d'ingrédients valables. Même chose pour l'enfouissement qui résulte en une cuve fermée d'où s'échappent des liquides et des biogaz toxiques. La pyrolyse est plus progressive dans son approche. Elle permet de fractionner le pneu à haute température, sous vide, pour en retirer les composantes d'origine, huile et noir de carbone. Des ressources parfaitement réutilisables.»

Un peu plus, il se dirigerait vers le tableau noir! Christian Roy, professeur à l'Université Laval, sait cependant adapter son langage à différentes situations de communication. L'important, à ce moment-ci, est de placer cette triviale question des pneus dans un contexte plus global.

«Nous vivons des jours difficiles. Certaines industries périclitent, les textiles, l'industrie maritime, mais d'autres secteurs émergent et annoncent des jours nouveaux, tels ceux qui s'appuient sur la nouvelle donne environnementale. La pyrolyse peut devenir un atout précieux, si elle peut vaincre les résistances.»

J'avais la question sur les lèvres. Voici un homme intelligent, convaincant, qui propose une réponse sensée à une question de taille, et son idée demeure confinée au laboratoire. Qu'est-ce qui cloche?

«Nous en sommes rendus aux essais à grande échelle, avec des usines de démonstration semi-industrielle. Et il faut beaucoup d'argent. Nous avons piloté le projet jusqu'à une étape qui dépasse le mandat habituel de la recherche universitaire. Or, qui va prendre le relais? Tout le drame est là. Quelle industrie? Beaucoup de firmes sont venues voir notre travail, mais elles préfèrent rester sur les lignes de côté et attendre la suite. Pour percer le marché, il faudrait s'assurer d'une rentabilité à toute épreuve. Mais…» La suite demeure en suspens et je crois deviner le non-dit. Le coût environnemental est rarement considéré comme un intrant dans le calcul du prix de revient de nos gestes. La facture du pneu au comptoir n'inclut pas ce qu'il faudra payer pour l'éliminer. L'individu achète, la société paie! Cette omission joue depuis longtemps contre les propositions environnementales jugées trop «onéreuses».

«Le gouvernement, de son côté, prétend que c'est le secteur privé qui doit s'occuper du développement économique. Mais il n'a pas compris que les pneus appartiennent à tout le monde, comme les déchets biomédicaux, comme les déchets urbains, et que le problème est collectif. Donc il attend, et les compagnies, elles, attendent la formulation de politiques gouvernementales claires, tandis que les législateurs regardent par-dessus leur épaule pour voir si quelqu'un est en train de bouger… C'est un peu la poule et l'œuf.»

Et pendant ce temps, le garagiste à qui vous laissez vos vieux «quatre-saisons» usés à la corde appelle la compagnie de cueillette machin, et commence une nouvelle odyssée pour ces pneus mal-aimés. Encore que les réutilisateurs commencent à voir une mine d'or dans le déchiquetage de ces pneus qui deviennent tapis, butoirs et autres petits objets utiles. Un gaspillage moindre, mais un gaspillage quand même, puisqu'on ne récupère ainsi que marginalement la matière et l'énergie investies dans le pneu d'origine. Pire, le gouvernement du Québec subventionnait, en 1993, les cimenteries pour qu'elles les brûlent purement et simplement!

Quand il le veut, Christian Roy a l'ironie mordante. «J'étais en Europe il y a quelques semaines, et le mot court là-bas que nous avons de fait trouvé une nouvelle façon d'éliminer les vieux pneus: nous les faisons brûler dans la campagne!»

Son laboratoire de recherches appliquées est-il donc en danger? Pas vraiment. «J'ai compris, il y a quelques années, qu'il vaut mieux, en recherche, ne pas mettre tous ses œufs dans le même panier. Je crois toujours à la pyrolyse sous vide et d'autres voies s'ouvrent pour démontrer ses mérites. Nous travaillons avec d'autres industries. La raffinerie Ultramar de Saint-Romuald, par exemple, doit éliminer comme les autres pétrolières les résidus huileux de ses activités qui sont maintenant classés *déchets dangereux*. Avant, on les brûlait à Sarnia, en Ontario. Cela coûte cher. Pour les soixante mille barils d'Ultramar, la facture s'élèverait à cinq millions de dollars! L'apport de procédés nouveaux pour l'élimination devient attrayant et la pyrolyse est bien placée pour intervenir. Le succès de l'opération devrait lui valoir ses lettres de noblesse.»

Ingénieur, administrateur, stratège, négociateur... Il en faut des qualités pour mener son bateau à bon port quand l'équipage est restreint! «Il n'y a de repos que pour celui qui cherche, il n'y a de repos que pour celui qui voit...» chantait à l'époque Raôul Duguay. Christian Roy pourrait accompagner à l'unisson. Il cherche et il voit. Et sa vision endosse de nouvelles formules qu'en d'autres milieux écologistes on trouverait suspectes, comme le partenariat avec la grande industrie.

«Il y a de plus en plus d'industriels qui viennent cogner à la porte des universités, qui veulent collaborer, qui ont des fonds disponibles. Nous avons eu chez nous la visite de trois ou quatre groupes qui sont venus nous rencontrer pour offrir leur soutien à différents projets, des gens de Colombie-Britannique, même d'Angleterre. C'est très actuel, à telle enseigne que l'Université Laval doit revoir ses politiques de partenariat pour encadrer les responsabilités, les retombées... Aux États-Unis, les universités vont jusqu'à former des corporations de recherche et de développement pour exploiter les technologies. Les temps changent, on ne peut pas se permettre d'exclure la bonne volonté, d'où qu'elle vienne.»

La flamme de Christian Roy n'a pas la même couleur que celle qui s'échappait du brasier de Saint-Amable. C'est la flamme de la conviction, la flamme de la décision. L'autre reflétait plutôt le je-m'en-foutisme. On dit que la pollution vole sur les ailes de l'indifférence. Et l'ingénieur doit par moments se demander quelle sorte de flamme préfèrent les décideurs qui encouragent par leur attentisme les bombes à retardement, comme celle de Saint-Basile. Sans être devenue la catastrophe appréhendée, l'affaire des BPC n'en a pas moins cruellement illustré l'inconséquence gouvernementale.

«Vous savez, les idées nouvelles prennent du temps à être implantées. Un chercheur vit une frustration indéniable lorsqu'il voit des désastres se produire et qu'il songe aux conséquences sur l'environnement. J'essaie quant à moi de prendre la chose avec philosophie. Vous savez, c'est un peu comme un courtier qui a plusieurs maisons à vendre. Il vit des déceptions quand un de ses acheteurs potentiels disparaît. Mais le roulement est tellement grand qu'il ne peut s'apitoyer longtemps. C'est identique pour un chercheur. On travaille en parallèle à de nombreux projets. Certains reculent, d'autres progressent. J'ai trop investi d'années de ma vie pour me laisser désarçonner. Il faut vaincre les obstacles.»

Le ton est égal, la respiration calme, Christian Roy n'est pas un sanguin. À d'autres les grandes manifestations publiques de colère. La défense de l'environnement n'exige pas de spectacle. Elle profite sans conteste des gens de science qui mettent leur savoir au service de solutions pratiques. C'est la résolution qu'a prise Christian Roy, qui ne rate pas une occasion de prêcher l'adhésion aux principes d'une pratique professionnelle responsable à tous égards. Il occupe la présidence du comité environnemental de l'Ordre des ingénieurs. Position délicate quand on connaît les contentieux qui accompagnent inévitablement les grands projets.

La partie n'est pas toujours facile. Au printemps 1993, il convainquait l'Ordre de donner une première conférence de presse en deux ans. Au programme: une prise de position claire et sans retour contre le mégaprojet de la Régie inter-municipale de gestion des déchets de l'île de Montréal, la RIGDIM, qui dessert l'ensemble des villes de la banlieue. Au centre du litige, un incinérateur de quelque trois cents millions de dollars dont la gestion doit être confiée à une société américaine. Les groupes environnementalistes, farouchement opposés à cette solution, ont soudainement trouvé un allié public de taille en Christian Roy. D'autres ingénieurs, mêlés de près ou de loin au projet, n'ont vraiment pas apprécié. («... En ces temps difficiles, torpiller un tel investissement qui va créer de l'emploi, vraiment...») Il y a eu de la grogne. L'homme n'est cependant pas du genre à modifier sa vision.

Les convictions de Christian Roy reposent sur un amour de la Nature et l'on ne s'étonne pas d'apprendre qu'il a fait du scoutisme dans sa jeunesse. «J'aime la forêt, les animaux, et j'aimerais que mes enfants puissent avoir la chance d'éprouver les mêmes sentiments un jour. J'ai décidé de devenir ingénieur parce que je voulais agir. Ma réponse à moi, c'était l'action, ce que le génie peut offrir. J'ai par la suite compris que les ingénieurs sont des artisans du bien-être de la société, mais aussi des gens à qui on pourrait reprocher des malaises environnementaux. Il faut choisir le bon camp parce que les solutions existent.»

J'ai touché une corde sensible. Le professeur qui prenait son temps pour expliquer déboule maintenant les phrases, avec une légère excitation que trahit sa main qui passe et repasse dans ses cheveux pour remettre en place une imagi-naire mèche rebelle. «Ce n'est qu'une question de temps, de technologie, d'efforts. Nous sommes capables d'envoyer des gens sur la Lune, nous sommes sûrement en mesure d'affronter les problèmes physiques, ici, sur Terre. Il faut faire appel à l'imagination et enrôler encore plus de gens. C'est d'ailleurs un drame, on manque cruellement d'ingénieurs — et de chercheurs — au Canada. Il manque aussi de femmes en génie. C'est pourtant une telle stimulation pour les gens doués d'une conscience morale, pour les gens qui sont près de leurs sentiments et qui ont un lien intime avec la Nature. Les ingénieurs peuvent et doivent travailler en collaboration avec les écologistes, les biologistes, ils doivent faire équipe.»

Candeur et réalisme. C'est là, apparemment, l'inaltérable nature de Christian Roy. Praticien actif, l'homme est aussi observateur. De partout fusent des indications, réelles ou illusoires, que la situation va s'améliorant, que les jours de la grande noirceur environnementale ne sont que mauvais souvenirs. Y voit-il, lui, une véritable matière à encouragement?

«J'y réfléchis souvent... et je pense que oui. Je sens, par exemple, que l'industrie est sur la bonne voie. Il y a des contritions imparfaites, question d'améliorer l'image corporative, mais de toute façon, c'est positif. Des technologies propres apparaissent, les lois sont respectées, je le vois, je le vis. Nos groupes écologistes ne lâchent pas, ils sont un peu les bouledogues de la protection. Des gens donnent de leur temps, de leur énergie. D'un autre côté, les problèmes que l'on doit affronter sont la résultante des politiques à court terme de nos dirigeants. Et ce serait bien dommage que leur vision en demeure là.»

Une admonestation méthodique, comme le reste. Christian Roy n'a pas encore rangé sa table à dessin. Il a encore quelques traits à esquisser, quelques angles à aiguiser. «Je crains l'accoutumance. Voilà le danger. Je pense parfois à New York, une ville excitante, mais violente, avec au moins deux mille meurtres par année. Les gens s'habituent à ne pas prendre le métro tard le soir, à ne pas se promener sur telle rue, et je me demande comment il se fait qu'on accepte, qu'on se résigne ainsi au rétrécissement de sa vie. Et ma crainte serait que la même situation se produise pour l'environnement. Des corrélations ont été établies entre certains cancers et la pollution. Si on considère acceptable, par exemple, que cette relation soit la cause de deux morts par cent mille personnes, on s'habituera peut-être à cinq morts, puis à dix, et puis on invoquera la fatalité.»

D'un homme qui se dit volontiers pragmatique, l'avertissement étonne. Saurait-il des choses que nous ignorons? Sûrement. Christian Roy est un savant, dans le meilleur sens du terme. Mais son inquiétude est plus le fait de l'humanisme que du savoir désincarné. Les ingénieurs ont pourtant contribué à édifier la société industrielle à laquelle notre prospérité est, en principe, redevable... mais qui comporte sa part de contrecoups. «Oui, cet héritage se double de revers environnementaux. Mais il faut aujourd'hui endiguer le flot, arrêter net les pertes, sans compromis, et mettre en chantier les réparations. Je pense à la génération qui vient, nous n'avons pas le droit de lui léguer une vie à rabais, moindre en qualité que celle que nous avons connue. Nous n'avons pas le droit. Le risque zéro est une cible lointaine, mais la lutte à l'hémorragie commence dès maintenant. On ne doit pas relâcher sa vigilance et abandonner l'idéal de la qualité de la vie. Sinon, il ne restera rien d'autre à troquer que la vie elle-même.»

Le credo est sorti d'un seul souffle, de la tête et du cœur. Christian Roy est ingénieur et il donne une belle image du génie. Une image progressiste, où la conscience vaut autant que les plans enroulés sous le bras, et où le prochain millénaire n'est pas d'abord affaire de contrats. Et on se plaît à souhaiter une légion de Christian Roy. «Je pense qu'une nouvelle vague de scientifiques surgit, avec une culture plus large, une sensibilité plus globale. Oui, les années qui viennent seront critiques, mais rien n'est encore perdu.»

Christian Roy est né le 28 février 1951 à Montréal. Il est, depuis 1989, président du comité permanent sur l'environnement de l'Ordre des ingénieurs. Cet engagement illustre bien la pensée de l'homme, au service de la technique, mais également conscient des obligations qui en découlent.

Spécialisé en génie chimique, Christian Roy a obtenu son doctorat de l'Université de Sherbrooke en 1981. Il y devient professeur la même année, avant de passer à l'Université Laval quelques années plus tard. L'enseignement ne lui suffit pas: il plonge dans la recherche et le développement, et ses mérites sont vite reconnus sur la scène nationale. On lui décerne, en 1989, le prix accordé au meilleur jeune ingénieur canadien, prélude à d'autres honneurs. Il s'acharne en même temps à perfectionner des techniques d'élimination des déchets en obtenant subventions et contrats, à tel point que les activités de son groupe de pyrolyse sous vide occupent aujourd'hui une bonne partie de l'espace réservé au département de génie chimique de l'Université Laval.

Parallèlement à sa carrière universitaire, Christian Roy est membre de plusieurs comités scientifiques, écrit dans les revues et périodiques internationaux et s'occupe quand il le peut de la société qu'il a mise sur pied pour promouvoir les mérites de la pyrolyse. Il a fait enregistrer à ce jour une quinzaine de brevets; trois de ses inventions sont d'ailleurs en utilisation. À ses yeux, la lutte à la pollution demeure un enjeu de société qui requiert la participation de tous, y compris de ceux qui ont érigé notre civilisation technicienne.

Michel Bouchard:
Aide-toi, la Terre t'aidera

«Vous savez, la Terre est probablement très heureuse de ce qui arrive: elle se réchauffe, elle qui a eu souvent très froid, et elle s'amuse de l'accélération de tous les cycles...» Rien de moins! Anathème ou sacrilège? Non, tout simplement un peu de provocation à la manière de Michel Bouchard. Une provocation toute relative, faudrait-il ajouter, teintée d'ironie mais aussi de science. Et la science ne devrait pas toujours être tenue d'afficher une gueule de bois: comme la *sapiens* des Anciens, elle peut conjuguer savoir et sagesse, avec, en prime, une solide dose d'ironie et de bon sens, sans pour autant se départir de sa légitimité.

Photo: Jean-Philippe Bouchard

Michel Bouchard est géologue et il n'aime pas qu'on s'arroge le droit de parler au nom de la Terre comme s'il s'agissait d'une orpheline sans défense. Notre planète a traversé de graves crises, elle a rôti, puis gelé, elle a été bombardée de météorites, secouée par des tremblements de terre... «J'ai toujours été étonné des appels du genre "SOS la Terre" ou "Sauvons la Terre". Corrigeons notre perspective: la Terre n'est pas en danger. Nous sommes en danger. Je préférerais que se recentre le débat, qu'on se dise: Nous n'avons qu'une seule Terre, un seul refuge, aménageons-le pendant qu'il est encore temps. Mais nous n'avons pas la mission de sauver la Terre. À la limite, nous pourrions la paver au grand complet qu'elle ne sourcillerait pas!»

Les écologistes purs et durs, eux, sourcilleront sûrement. Quel langage! Au moment où ils tentent de rallier l'opinion publique à leur grande cause, parler de la Terre de façon si désinvolte risque de déranger. Michel Bouchard n'est pourtant pas un amateur en termes de communication puisqu'il a reçu, en 1990, le prix de la revue scientifique québécoise des chercheurs *Interface* pour le meilleur article de l'année. Lorsqu'on connaît les difficultés, voire la répugnance des spécialistes à vulgariser leur message, cette reconnaissance donne déjà la mesure du personnage. Michel Bouchard ne se désintéresse pas de l'humanité, bien au contraire. Son plaidoyer est profondément humaniste, puisqu'il remet les choses en perspective. Si la planète se couvre un jour d'un voile empoisonné, le granit et le schiste n'en souffriront pas autant que les êtres vivants. Voilà ceux que l'on doit sauver, et que l'on doit apostropher, si besoin est.

Pour le reste, Michel Bouchard rit dans sa barbe en observant les réactions d'incrédulité à ses boutades. Paver la Terre! L'enfer aussi est pavé de bonnes intentions, et la remarque pourrait être mal comprise. Le scientifique, apparemment, ne s'en formalise pas outre mesure, mais devant le malaise, il précise immédiatement sa position. Indifférent? Non, mais fatigué de la confusion des genres, oui. «Une nouvelle Terre apparaîtrait, sans vie, et ce serait bien dommage pour nous. Mais la Terre, elle, s'en fiche. Si nous voulons nous porter à la défense de quelque chose, parlons en fonction de la vie. Voilà notre premier intérêt.»

À l'heure de Gaïa, des interactions globales, de l'écoute des roches et des cristaux, et d'une certaine inflation dans l'enthousiasme écologique, Michel Bouchard sait qu'il détonne. Et s'il le fait parfois moqueusement, c'est pour que ses mises en garde portent davantage... et pour ne pas que les gens bien intentionnés butent contre les fleurs de leur rhétorique.

«Le bonheur n'est pas nécessairement dans la préservation intégrale de ce qui nous entoure. L'histoire de la Terre s'étend sur une très longue période. Pendant plus de la moitié de cette période, des milliards d'années, l'atmosphère était pour nous irrespirable. Les immenses changements qui ont suivi peuvent être vus comme une forme de pollution. L'oxygène libre est apparu, cadeau des algues et de la photosynthèse. Qu'est-ce que l'oxygène libre? Un brûleur, un oxydant.» Et Michel Bouchard de reprendre le ton de l'ironie: «Les roches, qui étaient parfaitement heureuses à la surface de la Terre, dans un environnement réducteur, ont été confrontées à l'oxydation. Elles se sont mises à rouiller, à pourrir. Cette pollution a pourtant permis l'éclosion de la vie.»

Paradoxale mise en scène de la pollution, qui laisse songeur et qui permet au géologue de poursuivre plus à fond sa démonstration. «Si nous nous étions installés sur Mars en regardant le film de la Terre se dérouler en accéléré, nous aurions vu un beau globe rose se couvrir de moisissures vertes et nous aurions conclu qu'il était en train de pourrir! Tout est question de perspective, mais cette moisissure, c'est la vie elle-même, et nous en sommes les produits. C'est ce que nous cherchons à préserver à tout prix... à bon escient.»

Michel Bouchard réintègre doucement les rangs. Piquer, c'est voler les illusions, si on verse dans le cynisme. Telle n'est de toute façon pas sa nature. On peut fort bien analyser la croûte terrestre sans être desséché! Michel Bouchard est un géologue passionné par son métier, plus particulièrement par les cratères de météorites. Le Québec en compte deux, au Nouveau-Québec et au réservoir Manicouagan, et il les connaît mieux que quiconque. En 1991, il se rendait même en Mandchourie pour mener avec ses collègues chinois une étude sur les cratères d'impacts météoritiques qu'on retrouve dans cette région du nord-est de la Chine. Il suffit de voir ses yeux briller quand il raconte ses découvertes pour comprendre qu'au fond, l'asphalte n'est pas précisément sa tasse de thé!

«La géologie donne, comme toute histoire, une perspective, une juste mesure de certains phénomènes. Quelles conséquences tel bouleversement engendre-t-il sur la vie, sur les forêts, sur la faune marine? L'histoire de la Terre est pleine de ces enseignements, qui nous permettent de calibrer la grandeur des changements et la grandeur des effets.» Michel Bouchard revient alors sur sa demi-plaisanterie du début. «C'était bien une boutade, je ne voudrais pas donner l'impression que tout ça me laisse froid. Oui, je suis préoccupé par notre survie, mais la Terre existe en elle-même, c'est une planète qui a ses propres systèmes, sa propre dynamique, et nous en sommes les habitants. Il faut donc comprendre comment elle agit, et à quoi elle réagit, fondamentalement.»

Dessine-moi une planète, aurait dit le Petit Prince, une planète qui me plaise... Le conte est joli, mais le marché des planètes — et des dessinateurs de planètes — est plutôt restreint, ces temps-ci. Il nous faut donc nous accommoder de la nôtre, advienne que pourra, et tâcher de la mieux comprendre.

«On craint aujourd'hui le réchauffement du climat. Je crois que c'est là une crainte justifiée, dans l'ignorance que nous sommes des effets potentiels de ce phénomène. Allons-nous rôtir ou mourir de faim? Il faut à tout prix chercher des réponses, et certains indices se trouvent dans le passé. Avons-nous déjà connu des réchauffements de cette ampleur, des augmentations de la teneur en dioxyde de carbone dans l'atmosphère, et quelles en ont été les conséquences? Oui, la Terre a déjà vécu des variations, mais nous nous dirigeons vers des extrêmes qu'elle n'a pas connus dans un passé récent. En étudiant le passé, il devient possible d'établir des scénarios pour le futur.»

Dans ce cas-ci, l'expression «Notre maître le passé» prend toute sa dimension, et un sens moins nostalgique que celui auquel nous sommes habitués comme Québécois. Et pourtant, c'est plutôt en étudiant des collisions cosmiques et des impacts de météorites, que Michel Bouchard s'est distingué. Voici des agressions violentes d'une ampleur telle que nous avons peu de chances de les voir se répéter, Dieu soit loué, surtout maintenant que la folie du nucléaire guerrier tend à se dissiper.

«Si je succombe à la tentation de la personnifier, dans les bilans qu'elle dresse, la Terre doit tenir compte de certains agresseurs. L'humanité en fait partie, mais notre planète existe aussi à l'intérieur du système solaire où elle participe étroitement à la transformation de l'Univers, transformation qui n'est pas toujours paisible. Elle subit donc l'influence et parfois même les assauts des autres corps planétaires tels que les chutes de météorites, qui ont eu une importance considérable dans l'histoire de la Terre, de la vie sur Terre et dans l'évolution de cette vie. C'est là un élément majeur, qui échappe à la relation Terre-homme, étrangère au système terrestre fermé.»

Ah, les influences extraterrestres! Ces bactéries cosmiques dont nous serions en quelque sorte les descendants — à moins qu'il ne s'agisse véritablement de vie organisée, et pourquoi pas de visiteurs attendris qui seraient venus magnanimement nous apprendre à faire du feu ou à coudre un bouton. Est-ce qu'on a trouvé une preuve de leur existence? Sommes-nous un cadeau de l'espèce? Le chaînon manquant viendrait-il de Bételgeuse? L'analyse des fragments de débris extraterrestres recueillis au bord des cratères permet-elle de conclure? Que de mystères encore inexpliqués, et comme la science est lente à nous éclairer!

«Oui, ces théories existent, elles sont formulées avec prudence, et vous comprendrez pourquoi. Quand j'étais étudiant, on situait l'origine de la vie aux plus vieux fossiles connus, qui ne remontaient même pas à un milliard d'années. Nous avons depuis découvert des traces de fossiles vieux de deux milliards et demi d'années! Des bactéries, des unicellulaires qui confirmeraient que la vie est très ancienne, qu'elle a eu une période de latence et qu'elle a tout à coup explosé voilà cinq ou six cents millions d'années, avec une série de sauts évolutifs. Certaines théories conventionnelles de l'évolution s'appuient sur des produits de synthèse, des composés de chaînes de carbone qui se développent dans le laboratoire terrestre. Depuis quelques années, on s'est cependant aperçu qu'il y avait des composés carbonés qui chutaient sur la Terre et que certains de ces composés étaient déjà constitués en chaîne. Personne n'a mis en évidence des molécules de la vie elle-même, mais nous en sommes au stade du très proche cousin. Alors oui, la tentation est grande de conclure que la vie est d'origine extraterrestre.»

D'où un corollaire cher à Carl Sagan et à d'autres veilleurs de l'espace: Si la vie nous atteint, c'est qu'elle existe ailleurs, au loin, et que nous ne sommes pas tout seuls au monde! Perspective vertigineuse, à la fois terrible et stimulante, qui a toujours hanté les rêves de l'humanité. Les *Voyager* et autres vaisseaux spatiaux au long cours se promènent en envoyant des signaux à qui voudrait entendre. Le radiotélescope d'Arecibo attend toujours une réponse à son message envoyé en 1974 à travers la galaxie. Jusqu'ici, néant sur toute la ligne. Les reliques cosmiques trouvées sur Terre composent peut-être, elles, une sorte de carte au trésor qu'il faut maintenant déchiffrer avec l'appui des initiés.

«Pourquoi n'y aurait-il pas de vie, ailleurs?» demande-t-il en laissant la réponse en suspens. «Nous serons toujours tributaires de ce que l'on observe, et ce domaine reste pour l'instant celui des hypothèses. On verra bien, mais je pense que ce n'est pas du tout exclu.»

J'ose à peine évoquer ces mythes de science-fiction que Michel Bouchard emprunte déjà une autre voie, moins intrigante à première vue, mais tout aussi fascinante.

«Les impacts météoritiques peuvent avoir eu une autre influence déterminante sur la vie. La théorie des extinctions récurrentes sur Terre dit, en résumé, que vous n'avez pas besoin d'être sous la météorite pour être une victime. Les effets peuvent vous rejoindre même de l'autre côté de la Terre. Une très grande quantité de débris sont mis en circulation atmosphérique. Ils bloquent le rayonnement solaire, paralysent la photosynthèse et provoquent un refroidissement puisque les hautes couches atmosphériques réfléchiront le rayonnement solaire avant qu'il puisse nous atteindre. Le phénomène peut durer deux, trois, dix ans, selon l'importance du volume de débris qui circulent autour de la planète. En conséquence, tous les organismes qui dépendent directement ou indirectement de la photosynthèse finiront par mourir.»

On imagine déjà les hordes de dinosaures à la recherche de nourriture, marchant inéluctablement vers leur destin, comme l'ont superbement illustré les artistes qui ont créé les dessins animés du film *Fantasia* de Walt Disney. Vision dantesque de fin du monde... «Ce n'est qu'une théorie, reprend Michel Bouchard, mais elle a reçu énormément de soutien avec l'étude des phénomènes subcontemporains.»

«Par exemple, est-ce possible de mettre de la poussière en circulation atmosphérique globale? Bien sûr, les grandes éruptions volcaniques de la fin du XIXe siècle nous l'ont montré, celles du Krakatau et du Tambura, qui ont provoqué une année sans été en Europe. La poussière en circulation peut donc avoir une incidence sur le bilan de la radiation solaire. On sait que ce mécanisme est possible. Maintenant, est-ce qu'un choc météoritique peut causer le même brouillage de poussière atmosphérique? Forcément: les débris doivent bien aller quelque part et la physique d'un impact nous apprend que la météorite crée dans sa chute un vide derrière elle, qu'on appelle une zone d'appel. Les débris sont alors projetés très rapidement en haute atmosphère dans le sillage de la météorite. Le volume de débris est fonction de la quantité d'énergie que représente le choc. Il suffit enfin de calculer la taille de la météorite et la quantité de poussière nécessaire au bouleversement fatal du climat.»

Un *Big Bang* à l'échelle de la Terre, une démonstration impitoyable, auquel seul un silence méditatif peut répondre. Voilà un retour à la case départ, lorsqu'on supposait que la Terre était elle-même mieux en mesure de résister aux chocs que ses locataires. Remplacez un jour les dinosaures par les humains, et le portrait n'est pas réjouissant. À moins que nous n'ayons prévu le coup en jouant les troglodytes... Il est certain que la crainte fait partie de notre imaginaire. Dans la même veine cinématographique, le film *Meteor* décrivait justement, il y a quelques années, une alliance stratégique entre Américains et Soviétiques durant la Guerre froide pour intercepter des météorites gigantesques en route vers la Terre. Ils y parvenaient de peine et de misère, mais la ville de New York était aux trois quarts rasée. De quoi faire paraître futile notre agitation actuelle concernant l'insouciance humaine face à son environnement. Michel Bouchard écoute et secoue la tête.

«Certains étudiants que je provoque avec mes histoires me disent parfois: "Oui, mais ça ne règle pas notre problème. Ce n'est pas parce que l'on sait que ça pourrait être pire que les questions de sécheresse, de famine, d'inondations avec la hausse du niveau de la mer nous sembleront moins graves. Nos angoisses ne seront pas soulagées, sauf peut-être d'un point de vue moral." Moi, j'essaie surtout de déculpabiliser les gens que je rencontre, mon fils, mes étudiants, vis-à-vis de l'environnement. Nous avons le devoir de nous protéger. Mais nous ne sommes pas investis de la mission de sauver la Terre. Pas du tout. Nous sommes d'ailleurs insignifiants en regard de l'histoire de la planète. Nous avons le droit d'habiter le Terre, d'en exploiter les ressources, de faire tout en notre pouvoir pour assurer notre survie. Pour y parvenir, notre vision ne doit pas être statique ni figée.»

L'heure n'est plus aux allusions sarcastiques, et Michel Bouchard est devenu plus sérieux sans pour autant verser dans le moralisme facile. On l'imagine d'ailleurs mal prononçant un sermon sur la montagne. L'expérience du géologue, habitué à travailler dans des endroits souvent isolés, ne le porte pas à déclamer pour la foule. Peut-être prend-on l'attitude du pince-sans-rire quand on passe sa vie à étudier des catastrophes cosmiques. L'absurdité, selon Camus, revient à tout tenter pour vivre alors qu'on se sait irrémédiablement condamné à mort par la nature même de notre condition humaine. Michel Bouchard évolue dans un univers où l'absurde est omniprésent, mais il prend le parti d'en tirer des forces pour l'immédiat.

«Vous savez, on dit parfois qu'il faut laisser la Terre dans le même état que nous l'avons reçue. C'est vrai et ce n'est pas vrai. Nous n'avons pas hérité de la Terre des dinosaures, et eux n'avaient pas reçu la même Terre qu'avaient colonisée les invertébrés marins. Il y a une valeur fondamentale qui s'appelle l'évolution, le changement. La Terre n'est jamais pareille d'une journée à l'autre, indépendamment de l'humain. L'évolution de la flore est constante, comme celle de la faune. La physionomie de la Terre est en constante mouvance. Il faut s'en convaincre et l'accepter.»

Mais l'humain n'a-t-il pas sa part de responsabilités dans cette mouvance, d'ailleurs pas toujours souhaitable? Le littoral des fleuves est altéré par la déforestation, le sol des Prairies part au vent parce qu'on l'a épuisé à force d'agriculture intensive... La Terre se modifie, soit, mais on a parfois l'impression qu'elle prend un coup de vieux à cause de notre mauvais compagnonnage. «Tout est affaire de perspective», répond le géologue familier avec les grands mouvements quasi intemporels. «L'homme ne fait qu'accélérer le processus naturel; il se livre à une gigantesque expérience avec la Nature, et j'estime qu'il a le droit moral de le faire. Mais — et ce mais est important — il n'a pas le droit de ne pas savoir où il s'en va, il n'a pas le droit de ne pas avoir une bonne idée du résultat de l'expérience.»

Une expérience inconfortable puisque l'objet est également le sujet. «Oui, nous sommes nous-mêmes dans l'éprouvette. Le souci de prudence est donc légitime. Mais ne nous empêtrons pas dans une moralité superficielle. Nous avons le droit d'exploiter les forêts. Avons-nous cependant celui de ne pas les reboiser? Peut-être, mais il convient dans ce cas-là de savoir quel prix nous devrons payer.»

Tout cela demeure très théorique et un peu agaçant à la longue. Hors du cadre de la discussion théorique, que pense-t-il, lui, de ce que les environnementalistes voient comme des écarts dangereux? «Je pense que nous avons peu de tolérance. Si la composition de l'atmosphère change, notre vie demeure-t-elle possible avec moins d'oxygène, plus de dioxyde de carbone? C'est aux physiologistes de répondre, mais une attitude prudente du genre "Dans le doute, abstiens-toi" est sans doute acceptable. Faut-il tout interrompre? Ne pas exploiter nos combustibles fossiles? Ce serait là une position extrémiste. Nous devons donc établir notre seuil de tolérance.»

Voilà finalement le point crucial. L'ignorance est l'ennemi, la connaissance, la meilleure alliée. Savoir devient l'obligation ultime. «Nous négligeons de bien mesurer les conséquences de nos actes et c'est ce qui m'inquiète le plus», précise Michel Bouchard qui pèse soigneusement ses mots. «Nous hésitons à regarder les situations d'une façon globale et lorsque nous y arrivons, nous paniquons. Ce sont là deux comportements inefficaces. Il faut absolument connaître l'état de la situation, la réalité sur l'amincissement de la couche d'ozone par exemple, en s'y consacrant sereinement, sans pointer un doigt accusateur. Nous sommes plus prompts à chercher des coupables qu'à établir les faits. S'il y a problème, comment pouvons-nous le régler? Jusqu'à quel point pouvons-nous le tolérer? Voilà, à mon avis, la base de la discussion. Si ces actions doivent véritablement provoquer de la souffrance, c'est notre devoir d'intervenir et d'y mettre toutes nos énergies. La survie de l'humanité est l'objectif ultime.»

Drame? Non. Conscience? Oui. Michel Bouchard partage, malgré ses réserves railleuses, les préoccupations du courant environnementaliste. Le développement sauvage est à proscrire. La négligence aussi. «Je ne suis pas aussi vertueux que les écologistes, mais je suis certainement tout aussi peureux. Un peureux parfois plus optimiste», ajoute-t-il avec un demi-sourire qui ne l'empêche pas de froncer les sourcils. «Il ne faut pas pour autant tomber dans l'excès. Je m'élève contre ceux qui ont tendance à laisser à nos jeunes un message tellement désespérant. On leur dit: "Nous sommes en période de crise économique, de crise environnementale, il n'y a plus rien à faire..." À les en croire, si nous avions des bouées de sauvetage, nous devrions commencer à les distribuer. C'est criminel! Nous n'en sommes pas là. Je leur dis, moi, de ne pas désespérer. Les jeunes ont devant eux une grande mission, celle de sauver l'espèce humaine, avec leurs cerveaux, leur imagination, leur ingéniosité. Avec la connaissance comme arme décisive, nous allons trouver ensemble les solutions.»

Michel A. Bouchard est né à Pointe-aux-Trembles, le 26 juillet 1948. Il étudie la Terre depuis le baccalauréat et la maîtrise en géologie, diplômes qu'il a obtenus à l'Université de Montréal. Il a d'abord exercé ses talents au service du ministère des Ressources naturelles du gouvernement québécois, avant de compléter, en 1981, son doctorat à l'Université McGill. L'étudiant diplômé est devenu professeur lorsque son alma mater, *l'Université de Montréal, lui a offert d'enseigner la géologie, tout en lui permettant de mener du même coup une intéressante carrière de chercheur.*

Les changements globaux et les impacts météoritiques figurent en bonne place dans les sujets d'étude qu'il a depuis privilégiés. Michel Bouchard est également connu pour l'importance qu'il attache à la vulgarisation des connaissances. Une expédition au cratère du Nouveau-Québec, en 1988, a notamment débouché sur la production d'un vidéo, Le lac venu de l'espace, *qui a obtenu le prix du meilleur film de vulgarisation scientifique au Festival international du film scientifique de Palaiseau, en 1990.*

Michel Bouchard a écrit une quarantaine d'ouvrages scientifiques et plusieurs monographies. Son souci de la communication lui a valu un prix de l'ACFAS, en 1990, pour son article publié dans la revue Interface. *Son action ne se limite d'ailleurs pas au cadre universitaire. Il assume les fonctions de coordonnateur scientifique au Bureau de soutien à l'examen public du projet Grande-Baleine.*

Hubert Reeves:
Côté galaxie, côté jardin

C' est en 1981 que l'étoile d'Hubert Reeves est apparue dans le firmament québécois. Une étoile en forme de sage, à la grande barbe grise, prononçant des mots savants d'une voix

douce... La publication de *Patience dans l'azur*, aux défuntes éditions Québec Science, étonnait et ravissait à la fois. Comment? Cet homme frêle, aux airs de gourou, astrophysicien de carrière, était d'ici? Mais d'où sortait-il donc? Et il s'exprimait d'une façon si inattendue, mêlant la science aux rêveries du promeneur solitaire... Du coup, nous nous sentions nous-mêmes plus savants, sans trop savoir pourquoi.

Peut-être est-ce la réaction au retour de l'enfant prodigue absent depuis longtemps, peut-être est-ce la manière dont il s'y prend pour raconter le cosmos aux Terriens, mais Hubert Reeves est depuis devenu une présence incontournable

Photo: Forces

en matière de vulgarisation scientifique. Une présence dont l'art s'est affiné avec le temps, au point où ses livres, comme *Malicorne*, sont désormais promis, dès leur parution, au rang de best-seller.

L'homme, lui, n'a apparemment pas changé, mais ses visites au Québec sont aujourd'hui plus remarquées. Il porte sans faillir la même grande barbe qui lui donne l'air d'un druide des temps anciens et qui lui confère sans doute une partie de son aura. Son propos, par contre, s'est élargi. L'astrophysicien s'aventure plus volontiers au large des galaxies pour parler de fleurs et de papillons. Écologiste, Hubert Reeves? Sans doute, puisqu'il ne pourrait faire partager les émotions que lui inspire sa retraite de Malicorne, près de la Loire, s'il n'y retrouvait, au contact de la Nature, l'harmonie qu'il perçoit dans la mécanique cosmique. Et cette mécanique a beau compter le temps en milliards d'années, il sait que la vie ici-bas est plus fragile et qu'on ne peut courir le risque d'un *Big Bang* terrestre. De là les messages qu'il envoie et qui lui font descendre les escaliers de la tour d'ivoire dans laquelle se réfugient encore trop de ses collègues.

Sa motivation ne repose cependant pas seulement sur la rigueur de ses analyses. Sa petite-fille de quatre ans, Raphaëlle, est là pour lui rappeler l'importance de la pré-servation des beautés de ce monde. Il la retrouve dans un décor familier lors de ses séjours à Montréal: la maison où il a grandi, dans le quartier Côte-des-Neiges, est maintenant occupée par son fils et sa petite famille. C'est là que descend Hubert Reeves, dans cette oasis paisible qui lui permet de remettre toute chose en perspective.

«Auparavant, lorsque l'on considérait l'Univers dans son ensemble, on distinguait deux échelles: l'infiniment grand et l'infiniment petit. Il faut maintenant considérer une troisième échelle, celle de l'organisation.» C'est d'un ton un peu doctoral et avec un accent trahissant ses origines montréalaises qu'Hubert Reeves entreprend de répondre à une question qui lui a sans doute été posée mille fois: mais qu'allait-il faire dans cette galère environnementale, lui, l'astrophysicien, généralement occupé à réfléchir sur le destin des naines blanches et des trous noirs?

Comme tout scientifique qui se respecte, Hubert Reeves tient à définir le cadre dans lequel il évolue. Oui, il y a correspondance entre les fleurs et les papillons. Oui, l'observateur du cosmos peut trouver une base commune d'analyse entre l'espace et la Terre. C'est l'organisation qui en est le lien, voire la clé, tout comme l'évolution dont les êtres vivants — végétaux, animaux et humains — sont l'aboutissement ultime.

«On pourrait pratiquement parler, en ce qui nous concerne, de l'infiniment organisé», précise-t-il, avant d'ajouter en souriant que «c'est une façon un peu vieillotte de s'exprimer. Vous savez, par le passé, on avait un peu tendance à la surenchère, et on plaçait des infiniment partout!»

Hubert Reeves le rappelle: il ne change pas d'habit selon le discours qu'il porte. Sa vocation fondamentale, c'est l'astrophysique. Et d'y aller d'un vibrant plaidoyer pour la méthode scientifique, où l'on observe, compare, analyse et déduit, dans une démarche traditionnelle qui sert bien les intérêts de la science formelle. «Mais lorsque mon travail est terminé, que je sors de mon laboratoire et que je lève les yeux vers les étoiles, je me laisse aller comme tout le monde à l'admiration, à l'émerveillement. Les plantes et les animaux me fascinent tout autant», ajoute-t-il pour dissiper le doute. Hubert Reeves sait lui aussi rêver.

«Ces deux activités ne sont pas contradictoires: elles s'enrichissent l'une l'autre. Le fait de savoir plus de choses sur l'histoire des étoiles nous les rend plus précieuses. On les a longtemps considérées comme des corps qui nous étaient totalement étrangers. Puis nous avons appris que des liens existent, pas les liens que nous proposent les astrologues en y lisant un prétendu futur, mais des liens véritables qui expliquent notre existence. Les étoiles sont les structures qui ont élaboré les atomes dont nous sommes composés. Nous avons un lien affectif avec les étoiles, comme celui que nous avons avec nos grand-mères!»

Hubert Reeves parle de parenté cosmique tout en berçant sa petite-fille. L'image est belle et correspond à celle que les humains veulent tant retrouver chez leurs gens de science. Laboratoire oui, insensibilité non. Est-ce le mythe du «savant fou» qui continue encore à effrayer? J'ai pu par moments constater à quel point des scientifiques savent mal déceler les attentes du bon peuple à leur égard... Contez-nous des histoires, faites-nous comprendre les mystères qui nous échappent, n'érigez pas de barrières en vous retranchant derrière une langue incompréhensible! Voilà sûrement une des raisons de la popularité de l'astrophysicien à la barbe grise, qui prend sa petite-fille par la main tout en racontant doucement des choses très sérieuses au monsieur d'en face.

«Quand je me promène chez moi, je suis comme tout le monde. J'aime voir un beau ciel étoilé, voir la Voie lactée quand la nuit est très noire. Il y a quelques années, je me suis rendu avec ma femme dans le Sahara pour regarder les étoiles dans un ciel fantastiquement clair. Les nuits y sont si nettes que vous voyez la Voie lactée plonger dans l'horizon. Tout le monde est sensible à cette magie. L'astronome en sait un peu plus, c'est tout. Je connais des astronomes qui étudient le mouvement des étoiles mais qui ne les regardent jamais et qui seraient incapables de reconnaître les constellations. Pour eux, les étoiles sont des êtres abstraits, comme des atomes, dont ils calculent les propriétés avec leur ordinateur, mais qu'ils ne connaissent pas dans la réalité. C'est, je crois, une question de sensibilité.»

Sensibilité... le mot est lâché. Cette sensibilité porte en bonne partie les élans écologistes et explique les réactions spontanées devant la dégradation de l'environnement. Hubert Reeves ne l'abjure pas, non plus que la grande majorité de ses collègues. L'histoire nous a laissé le cliché du scientifique désincarné. Pourtant, même Tournesol avait le cœur tendre... Personnellement, je n'en ai jamais rencontré d'insensibles. Oh si, parfois, quelques excentriques aux manières coupantes... Ils ont peut-être reçu le mandat de perpétuer le mythe. Mais si le cœur s'émeut devant la beauté de la Voie lactée, il ne peut qu'être touché par la fragilité de la beauté sur Terre.

«Oui, tout se tient, surtout lorsque l'on réalise que c'est précisément la complexité de l'organisation poussée à son maximum — l'humain — qui menace aujourd'hui cinq milliards d'années d'évolution. Voilà le déchirement, la contradiction à laquelle le scientifique ne peut pas rester indifférent: l'intelligence, que nous avons reçue en cadeau de la Nature au fil de cette longue évolution, pourrait bien être un cadeau empoisonné si elle sert finalement à nous détruire.»

Hubert Reeves n'est certes pas le premier à invoquer cet argument. Mais venant d'un sage aux allures de mage, le propos semble encore plus philosophique. On pourrait le traiter par graphique comparatif, par analyse séquentielle ou par d'autres raffinements de la méthode. Oui, une menace certaine plane sur la planète. Cette menace prend différentes formes, mais elle découle d'une même attitude. «En développant nos habiletés, nous avons surtout développé notre capacité à dominer la Nature. Or cette domination de la Nature crée par ricochet des problèmes. Aujourd'hui, il faut *dominer* notre *domination*. Désormais, l'intelligence seule ne suffit plus: elle doit s'accompagner d'une conscience morale.»

Il y a eu changement de paradigme, comme dirait Jacques Languirand. Le scientifique contemporain détient, qu'il le veuille ou non, un pouvoir d'une ampleur inconnue auparavant. Il ne peut plus plaider l'innocence de ses actes. Cette dissociation entre la recherche et le résultat est cependant encore utilisée par les tenants d'une pseudo-objectivité. À la limite, elle s'apparente, par exemple, aux positions de la National Rifle Association, ce puissant groupe de pression qui combat le contrôle des armes à feu aux États-Unis avec des arguments comme «Les armes à feu ne tuent pas, ce sont les gens qui tuent». Hubert Reeves, pacifiste, ne serait pas d'accord, pas plus qu'il ne joue la carte d'une science irréprochable par essence.

«Lorsqu'un alchimiste explosait avec son laboratoire, c'était bien dommage pour lui, mais les dégâts étaient finalement limités. Tout a changé en 1940. Les découvertes technologiques ont maintenant une portée directe sur la société. Le nucléaire en est une bonne illustration, que ce soit sous forme de bombes ou de réacteurs atomiques. C'est la même chose avec les biotechnologies. Nous sommes en mesure d'altérer le génome des animaux et peut-être aussi celui des humains. Et surviennent aujourd'hui les problèmes moraux. On ne peut plus dire, comme on l'a longtemps soutenu, que rien ne doit arrêter la recherche et qu'il faut foncer dans toutes les directions avant que d'autres le fassent à notre place. Le délire technologique n'est plus permis, les CFC, les pluies acides et Tchernobyl en témoignent. Le scientifique est aussi un être moral. Il doit s'intéresser aux retombées de ses activités sur la société.»

L'astrophysicien est lancé sur un de ses terrains de prédilection, qui se situe à quelques secondes ou quelques années-lumière de son métier premier, mais qu'importe! Pour une fois qu'un discours glisse paisiblement sur les chemins autrement rocailleux de l'épistémologie sans sombrer dans l'inévitable anecdote, l'occasion est trop belle.

«Chacune des manifestations de notre technologie qui prend une importance croissante doit être soumise à la réflexion. C'est ça, le nouvel apport. Dans le fond, on revient à ce que disait Montaigne il y a quatre siècles: «Science sans conscience n'est que ruine de l'âme». Et s'il réapparaissait aujourd'hui, il pourrait dire: "Science sans conscience est la ruine de l'humanité". Car notre puissance est telle que toute vie sur Terre est à sa merci. Quand Napoléon guerroyait et que cent mille ou deux cent mille personnes mouraient, il disait cyniquement: "Ne vous en faites pas, c'est triste, mais il suffira d'une nuit de Paris pour combler les vides." Aujourd'hui, aucune nuit dans aucune ville ne pourra contrebalancer un échange nucléaire d'envergure.»

Hubert Reeves se range d'emblée derrière Carl Sagan et les autres savants humanistes qui ont montré l'absurdité d'une militarisation à outrance, avec des images terrifiantes comme l'hiver nucléaire et l'annihilation de la vie sur Terre. «On sait que les scorpions sont capables d'absorber des quantités fantastiques de radioactivité, jusqu'à mille fois plus que nous. Après une guerre nucléaire, nous nous retrouverions avec une planète peuplée de scorpions, lesquels pourraient alors évoluer, devenir intelligents, faire de l'astronomie et se poser des questions sur l'avenir du cosmos... Ce ne serait peut-être pas un grand drame, mais pour nous, ce serait quand même dommage. J'imagine que nous ne tenons pas vraiment à tirer notre chapeau, à quitter la scène en disant, messieurs les scorpions, à vous!»

Soit, la guerre froide s'est effritée faute de combattants. Mais la fureur humaine n'a pas de répit. Partout naissent des brasiers. Et les pompiers de la paix ne sont pas mieux outillés qu'avant. La bombe atomique constitue un danger spectaculaire, mais elle n'est pas la seule en cause. Nous sommes paradoxalement friands de technologies omnipuissantes qui comportent inévitablement leur revers destructeur. L'humain a-t-il, comme d'aucuns le prétendent, un réflexe inné de survie qui interdise ces noires conclusions? C'est selon.

«La Nature, comme vous le savez, ne fait pas de cadeau. On évalue à plus de dix millions le nombre d'espèces végétales et animales qui ont existé, et il en reste environ un million. Neuf millions sont disparues. Nous n'en portons pas toute la responsabilité, évidemment, mais il n'en demeure pas moins que nous paraissons incapables de nous intégrer dans un rapport harmonieux avec la Nature. Et c'est particulier aux civilisations occidentales, qui ont agi comme si le principe était désuet. Les Indiens d'Amérique avaient un rapport animiste avec la Nature. Chaque fois qu'ils faisaient un trou, ils le rebouchaient. On ne devait pas faire mal à la Nature. Nous, nous avons plutôt suivi Descartes qui conseillait de maîtriser la Nature et de la mettre à notre service. Dans cette conception, l'être humain est la seule espèce sacrée. Les animaux n'ont pas d'âme dans la religion chrétienne, contrairement aux religions hindouistes. Le christianisme nous a légué cet esprit de domination.»

Une pause? Un café? Raphaëlle s'agite, mais son grand-père n'en démord pas. «Ce rapport de force ne s'applique pas uniquement au détriment des animaux, il dresse les sociétés les unes contre les autres, et les plus faibles n'y survivent pas. Notre civilisation occidentale, hégémonique, a effacé dans son élan expansionniste des civilisations beaucoup plus près de la Nature. Elle a transformé ces gens en assistés sociaux qui ne s'intéressent plus qu'aux transistors, à la télévision, aux cigarettes et à l'alcool. Voilà un des aspects dévastateurs de notre intervention.»

Comment se fait-il que, collectivement, nous soyons allés dans cette direction? La question est troublante, puisqu'elle nous associe aux lemmings dont on dit qu'ils se suicident en masse, ou plus simplement aux moutons à la soumission bêlante. Qu'est-ce qui explique que des gens de foi et de raison composent une société si peu responsable de ses gestes à long terme? Qu'en pense un brave homme, dans le sens noble du terme? Le brave homme, en l'occurrence Hubert Reeves, choisit l'exotérisme.

«Nous avons trop développé les politiques à courte vue en augmentant les rendements et la consommation. C'est comme le *Travel now, pay later*, par exemple, "Voyagez aujourd'hui, payez plus tard". C'est ce que nous avons fait en exploitant la Nature pour satisfaire les besoins immédiats, en oubliant que l'inévitable note allait être très lourde à payer. Nous avons vécu à crédit, les intérêts reviennent maintenant nous hanter. Quand le paysan brésilien coupe un arbre, il le fait pour survivre, mais c'est en même temps son moyen de rétorsion contre le déséquilibre Nord-Sud, la dette incommensurable, qui le pousse au désespoir. Nous l'avons exploité, il peut aujourd'hui nous faire mal puisque l'environnement qu'il abîme dévaste en même temps notre atmosphère. La boucle est bouclée.»

Une vision sombre, mais dans laquelle l'espoir n'est pas exclu. L'auteur de *Patience dans l'azur* ne peut pas être un prophète de malheur! Surtout pas quand on a choisi de faire le lien entre l'immensité de l'espace et les beautés de la Terre. Le propos écologique, d'ailleurs, oscille souvent entre deux tendances. Il est rarement vert. Parfois noir, pour ceux qui nous annoncent, à l'image des porteurs de pancartes catastrophiques, que la fin des temps est imminente, ou bleu ciel, comme le souhaiteraient les positivistes à tout crin. Hubert Reeves hoche la tête, parle de leçons encourageantes. Sa petite-fille babille d'approbation.

«Nous prenons tranquillement conscience que nous sommes fondamentalement des Terriens, au-delà des Blancs, des Noirs, des divergences. Ces divisions qui ont alimenté de tout temps les querelles sont négligeables à l'échelle cosmique. L'atmosphère n'a pas de frontière. On peut mettre des miradors pour arrêter les gens, mais on ne peut arrêter l'air. Nous habitons un bateau fragile, menacé. Il faut agir pour l'empêcher de couler.»

Pas nécessaire d'utiliser une lunette d'astronome pour observer la délicatesse de cet équilibre. «Quand on considère l'état de la planète, il y a deux ou trois décennies, on s'aperçoit bien du caractère dramatique de la détérioration», poursuit mon interlocuteur. «Les rapports successifs sur le Saint-Laurent, par exemple, le désignent comme l'égout de l'Amérique du Nord. Par ailleurs, on note un éveil rapide depuis quelques années, deux ou trois ans, d'une conscience planétaire. La nécessité d'arrêter ce massacre s'impose. Nous sommes donc plongés dans une lutte qui oppose un géant, le Goliath de la destruction, et un jeune David conscient qui prend de la vigueur. La question est de savoir qui va l'emporter. Cette époque charnière est décisive. L'intelligence est-elle véritablement un cadeau empoisonné?»

La question demeure en suspens. David, Goliath... Si Hubert Reeves connaît son Histoire sainte, il nous fournit déjà la réponse. Et il la connaît. «Oui, je suis volontairement optimiste. Autrement, nous sommes foutus. Il faut être réaliste, ne pas cacher sous le tapis les dangers qui existent. Mais les êtres humains ont beaucoup d'imagination, ils ont surmonté d'innombrables problèmes.»

Hubert Reeves n'aime pas le déterminisme. L'idée que tout est décidé d'avance lui déplaît, comme d'autres contestent la notion qui veut que les humains soient responsables de leurs actes et qu'ils aient foncièrement le contrôle de leur destinée. À l'échelle du cosmos, la volonté humaine peut sembler dérisoire, et pourtant c'est la plus forte qui existe. Ou que l'on connaisse. Parce qu'il n'est pas exclu que d'autres volontés, d'autres élans modèlent actuellement l'Univers.

«Je crois, sans en avoir la preuve, que notre Terre n'est pas la seule biosphère de l'Univers. Si c'est le cas, des êtres vivants sont confrontés, ailleurs, à leur façon, aux mêmes problèmes que nous. La crise que nous vivons ici a dû se présenter des milliers et des milliers de fois. Si ces civilisations ont appris à gérer leur développement, elles existent encore, ou bien leurs planètes sont couvertes de débris toxiques et radioactifs. Nous en sommes nous aussi, en quelque sorte, à l'examen de passage. La revue *Times* appelait, en 1989, à une véritable croisade planétaire. Rien de moins, pour que nos enfants jouent encore dans un jardin habitable.»

Hubert Reeves jette un regard attendri sur sa petite-fille endormie. Dors, Raphaëlle, rêve paisiblement, le savant à la barbe grise est là qui t'offre la Terre, le cosmos et les papillons.

Hubert Reeves est né le 13 juillet 1932 à Montréal. Le plus réputé des auteurs québécois de vulgarisation scientifique est aussi chevalier de la Légion d'honneur. Il partage aujourd'hui son temps entre la France, le Québec... et l'espace, qui demeure depuis plus de trente ans son domaine de recherches préféré.

Formé au collège Jean-de-Brébeuf puis au département de physique de l'Université de Montréal, Hubert Reeves obtint son doctorat en astrophysique nucléaire à l'Université Cornell, aux États-Unis, en 1960. Le jeune savant allait dès lors être convoité par les grandes institutions: après quelques années à l'Université de Montréal et à l'Université Columbia, il effectuait un séjour à l'Université libre de Bruxelles, au milieu des années soixante, avant de joindre les rangs du Centre national de la recherche scientifique de Paris, où il occupe toujours le poste de directeur de recherches. Il enseigne régulièrement la cosmologie à l'Université de Paris VII, leçon qu'il présente aussi à l'Université de Montréal où il revient un mois par année depuis 1981.

C'est cependant à titre d'auteur et de conférencier qu'il s'est fait le plus connaître, avec une centaine de publications profes-sionnelles, deux livres sur l'astrophysique, et surtout sept ouvrages (à ce jour) de témoignages et de vulgarisation scientifique. Patience dans l'azur, Poussières d'étoiles, L'heure de s'enivrer, Malicorne, Soleil, Comme un cri du cœur *(en collaboration) et* Compagnons de voyage *ont tour à tour connu la faveur du grand public, à qui Hubert Reeves a aussi destiné six films et diaporamas sur l'espace. En reconnaissance de sa contribution à la diffusion du savoir, il a reçu de nombreuses distinctions, du Québec et d'ailleurs.*

Goûter la Terre, par le récit

Jean Provencher:
Histoires d'histoire

L e conteur est parmi nous. Il manie les histoires comme il descendrait le grand fleuve, avironnant à grands coups de mots et d'images.

J'ai rencontré Jean Provencher pour la première fois en 1975, dans les anciens locaux universitaires de la station de radio communautaire CKRL-MF, à Québec. C'était une époque pour nous bénie, où nous redécouvrions le sens de la communication avec trois bouts de fil, une chandelle et un vieux micro. Jean Provencher était déjà un historien connu, mais il n'avait pas encore atteint la renommée que devait lui procurer la publication du *Cycle des saisons*. Au gré des vents et des amitiés, nous nous sommes régulièrement revus en ville comme à la campagne, où Jean Provencher se rend aussi souvent qu'il le peut pour se retremper dans l'atmosphère de sa vieille maison de ferme du sud de Lotbinière. Les oiseaux sont là qui l'attendent. Leurs chants et leurs piaillements inspirent l'auteur qui a depuis élargi son registre, ajoutant l'écriture naturaliste au récit historique.

«Regarde, dit-il avec ravissement au visiteur de passage, les gros-becs sont encore plus nombreux aujourd'hui. Il faut que je consigne ça dans mon journal.»

L'image m'est restée: installé, devant la fenêtre, à une ancienne table en bois un peu bancale, Jean Provencher observe les oiseaux et de ses observations il tire quelques belles phrases... qu'il tape au clavier de son ordinateur Macintosh! Fini, la plume d'oie! Contrairement aux clichés «macraméens», sa révérence pour le passé ne confine pas à la nostalgie, surtout quand il est question d'environnement. On constate bien vite que la poésie des temps jadis, fleurie de roses et de lys, résiste mal, hélas, à l'analyse environnementale. Charmante, la vie d'antan, bucolique, sans doute, mais pas vraiment paradisiaque en matière de santé publique. Il aime bien la saveur du passé, Jean Provencher, mais il n'en fait pas son maître. Et de dégonfler un pieux mythe sans plus tarder!

«L'environnement québécois du siècle passé n'était pas mieux que celui d'aujourd'hui, bien au contraire. Il faut dire que nous avons vécu pendant deux cents ans à la campagne. Lorsque l'appel des villes s'est fait plus pressant, les gens ont déménagé en masse, mais il n'existait pas de manuel du parfait petit citadin leur expliquant comment aménager leur nouvel habitat. Le phénomène n'est pas particulier au Québec, tout l'Occident a vécu le même chambardement. Et voilà que se pose un problème nouveau: un milieu pollué, et pollué pour la première fois.»

Jean Provencher est manifestement dans son domaine. Il avait préparé quelques notes pour cet entretien, mais le carcan saute rapidement. Tombe la veste du conférencier; il enfile celle du conteur! Le discours écologique s'enrichit d'une perspective nouvelle même si certains arguments passéistes en prennent pour leur rhume. Et l'histoire prend un tour passionnant, comme si elle se déroulait devant nos yeux. «Des exemples? À la campagne, le problème des déchets ne se pose pas. La population n'est pas concentrée, la famille, nombreuse au demeurant, prend ses restes de table pour aller les jeter dans le champ. Les oiseaux se servent, les bêtes vont bouffer le reste, et la pluie finit le nettoyage. Le transfert à la ville, au XIXe siècle, va compliquer les choses. On se retrouve avec des montagnes de déchets et des villes comme Québec ou Montréal attendront longtemps avant de se doter d'un service municipal d'enlèvement des ordures ménagères. Vous voyez le portrait?»

Bien sûr. Les ordures font encore partie de notre karma, et les planificateurs urbains se perdent en stratégies «structurantes» pour en disposer. Et nous avions l'impression d'avoir perdu en route le bon sens économe de nos ancêtres. À grands coups de *mea culpa* sur la poitrine!

«C'était pire avant. Aujourd'hui, nous avons commencé à réfléchir. La bête humaine est ainsi faite qu'elle ne réagit que lorsque le problème lui saute au visage. On devient souvent génial faute de choix, à la dernière extrémité. Oui, les ordures font partie de nos maux de tête contemporains, mais attention! À Québec, en 1850, 70 p. 100 des morts avaient moins de cinq ans! Nous avons drôlement assaini notre milieu depuis, la mortalité infantile est devenue l'exception. Ce sont toujours les deux bouts de la chaîne, les jeunes comme les vieux, qui paient le prix quand un milieu est pollué. Le signal nous paraît clair, mais on ne savait pas le déchiffrer. Et on perdait les enfants à un rythme affolant. Au début du XXe siècle, Édouard Montpetit, le premier économiste québécois, montera des campagnes pendant vingt ans pour dénoncer les processions de petits cercueils blancs, l'été...»

Sinistre tableau qui nous rappelle ces images de l'Angleterre de Dickens, où les villes sont déchirées par des crises qui présagent la montée des idéologies socialistes en réaction contre les injustices. Le Québec a également donné naissance à un prolétariat urbain que rappellent les vestiges des grands quartiers industriels de Saint-Henri. Le bon vieux temps, vraiment?

«À cette époque, il n'y avait pas d'aqueduc à Montréal et à Québec. On prenait l'eau dans le fleuve et les rivières, qui n'étaient pourtant pas si propres. Il fallait s'en remettre au charrieur d'eau. Il vendait l'eau de porte à porte, il s'approvisionnait là où il le pouvait, et les gens s'abreuvaient donc d'eau polluée. Les villes vont réagir au milieu du XIXe siècle en construisant des réseaux d'aqueduc, mais il s'agissait d'un investissement tellement important qu'elles ne pourront pas investir ailleurs pendant les cinquante années suivantes. Mais cela en valait la peine: la mise en place des aqueducs va coïncider avec la baisse de la mortalité.»

Le règne des épidémies, de la typhoïde, voire du choléra... On imagine la terreur des familles à la moindre rumeur. Et voilà qu'en France, un savant faisait la guerre aux microbes et prêchait les vertus de l'hygiène et de la désinfection. Son nom: Pasteur. Et ses recommandations allaient finir par concerner un aliment omniprésent de notre société encore paysanne, un aliment pourtant lui aussi porteur de malheurs: le lait.

«Louis Pasteur avait trouvé, en 1882, qu'un lait de vache non traité devient mortel en trente-six heures. Et les enfants mouraient. Les chiffres montrent qu'il en mourait proportionnellement autant, en 1920, qu'au Pakistan ou au Guatemala aujourd'hui: environ 120 pour 1000. Et les enquêtes du début du siècle montrent qu'il fallait de trois à quatre jours avant que le lait n'atteigne les grandes villes du Québec! Quand les mères cessaient d'allaiter, elles tuaient littéralement leurs enfants, sans même le savoir. C'est Pasteur qui a compris la nécessité de chauffer le lait pour tuer les bactéries et éviter qu'on ne fasse mourir les enfants. À tout prendre, la situation était horrible.»

Comparativement aux BPC, à l'ozone, au gaz carbonique et autres catastrophes potentielles et ambulantes, la menace semble triviale. L'effet n'en était pas moins foudroyant. De quoi repenser toute la discussion sur la notion de risque et en boucher un coin aux détracteurs à tout crin du modernisme. Cher pendule, pourrais-tu arrêter au centre, juste un instant?

«Pensez au cheval. Vous aimez respirer la bonne odeur de fumier en suivant une calèche, l'été, à trente degrés? Dans les villes comme Montréal et Québec, on comptait quinze mille chevaux. Pas de service d'enlèvement des ordures, pas de nettoyage des rues... on vivait dans le fumier. Et l'automobile, qui va remplacer progressivement le cheval au début du siècle, aura une conséquence heureuse en contribuant également à la réduction de la mortalité urbaine. Paradoxalement — aujourd'hui, c'est autre chose —, l'automobile a contribué à rendre la vie plus saine en ville.»

Anhydride sulfureux, oxydes de carbone, smog... Bien difficile de convaincre un environnementaliste des bienfaits de l'automobile. Jean Provencher en rigole, de son rire communicatif qui montre à quelle enseigne il loge. «Évidemment, nous sommes passés d'une poignée de véhicules à un parc gigantesque! La roue va effectivement commencer à tourner dans l'autre sens. Les taux d'asthme se mettent à grimper en ville, les problèmes respiratoires se multiplient. La cigarette n'est pas la seule coupable! La voiture nous place aujourd'hui dans une position intenable, mais l'histoire montre que nous avons toujours su réagir à temps. De peine et de misère, mais quand même. Nous l'avons fait pour le cheval, peut-être faudra-t-il aussi sortir l'automobile des villes.»

Mine de rien, c'est une véritable leçon de géographie humaine que Jean Provencher livre à travers ses remarques qui cachent un surprenant esprit systématique. Non, il est illusoire de souhaiter le retour de temps pseudo innocents. Oui, l'être humain peut contrôler son destin. Et rien ne sert de regretter un hypothétique paradis perdu.

«Les industries ne se comportaient sûrement pas mieux, en tout cas. Les descriptions de l'est de Montréal, au début du XXe siècle, montrent que les gens vivaient sous un couvert de fumée. Et personne ne s'en préoccupait. La riposte n'a commencé à s'organiser que depuis vingt ou trente ans, au moment où les mentalités ont changé. En fait, si la salubrité de la ville s'améliorait, un aspect restait encore très négligé: l'eau. La mise en place des égouts a suivi celle des aqueducs, et on a inventé le tout-à-l'égout. Le fleuve et ses affluents sont devenus des canaux d'égout. Dans ce cas précis, les choses ne se sont pas bonifiées. Le fleuve s'est dégradé depuis cent cinquante ans.»

Pourtant, s'il est un mythe qui a la vie dure, c'est bien celui de l'eau pure de nos vastes contrées nordiques... L'eau, symbole de vie, devenue vecteur de mort un peu partout dans le monde. L'eau qu'on nous envie, l'eau, notre joyau, l'eau qui continue siècle après siècle d'être maltraitée.

«Nous continuons de dilapider ce trésor-là. Et nous en abusons sans nous soucier d'en préserver la qualité.» Quel est alors le sentiment de l'historien qui constate notre incrédulité, voire notre inconscience, malgré les enseignements des erreurs passées? «Le problème, c'est que les cours d'eau ont littéralement écopé de toutes les négligences en amont. On se dépêchait de régler les problèmes les plus immédiats en les évacuant au loin... par l'eau. Et pourtant, les campagnes de salubrité et l'arrivée de l'eau à domicile ont permis tant de bienfaits! Une meilleure hygiène, le contrôle des nuages de poussière des rues non pavées, une vie meilleure à tout égard. Mais pour la suite, allez, tout ça dans le fleuve! Le problème avance d'une case. C'était le jeu de "Je ne le vois pas, il n'existe plus"!»

Tellement, que les épidémies de typhoïde ont refait surface, au Québec, rappelant les jours les plus sombres de l'anarchie urbaine. Et c'est soudainement l'affolement. «Je ne nommerai pas la municipalité, mais la typhoïde a frappé, il y a une douzaine d'années, au nord du Saint-Laurent. Les gens portent encore cette croix sur les épaules parce que c'était une véritable honte.»

L'allusion fait sursauter. De telles choses encore possibles, ici, en cette fin de millénaire? Un cas isolé qui fait resurgir de noirs souvenirs chez les plus âgés, un cas qui permet cependant de remettre les faits en perspective et de conclure qu'il vaut mieux regarder en avant qu'en arrière.

«Il faisait peut-être bon de respirer à la campagne, les gens étaient tranquilles, malgré la charge de travail. Par contre, avec toutes ces menaces, c'était plutôt affolant d'habiter en ville. Nous n'avons rien inventé.» Jean Provencher sourit, hausse les épaules, comme s'il proférait des énormités, et continue: «Sans être complètement naïf, je ne désespère quand même pas de l'espèce humaine.»

Confiant? En toute logique, oui. L'empathie est manifeste et le propos n'est pas complaisant. Au contraire, Jean Provencher choisit ses défis avant de s'emballer pour une bonne cause. Il faut le voir se démener au milieu de jeunes recrues lors du radiothon annuel de CKRL qui permet bon an mal an à la station de combler une partie de ses besoins financiers. Les cheveux sont grisonnants, mais le cœur est vert et permet un regard attendri sur la Nature. Le secret de cette éternelle jeunesse? Lui-même ne saurait en donner la recette, mais la curiosité y est sûrement pour quelque chose. Surtout quand cette curiosité mène à la découverte d'un monde qui le fascine maintenant depuis une douzaine d'années. Et l'historien se transforme en barde qui chante la beauté des oiseaux. L'enthousiasme monte d'un cran.

«À la campagne, j'ai une quinzaine de mangeoires actives tout au long de l'année, et j'observe, je note dans des cahiers. Je recense tous les oiseaux qui se présentent et j'en arrive à identifier des cycles, des rythmes. Je sais par exemple à quel moment le bruant chanteur se présente et à quel autre il repart. Ces rythmes existaient bien avant que nous nous installions dans nos quartiers d'Amérique.»

Ce n'est pas seulement un réflexe de collectionneur. Jean Provencher participe au projet Tournesol, lancé par l'Université Cornell, aux États-Unis et appuyé par l'observatoire de Longue-Pointe, en Ontario. «Nous sommes huit mille amateurs d'oiseaux, partout en Amérique du Nord, à observer pendant l'hiver le comportement des oiseaux qui se présentent aux mangeoires. Et toutes les données sont colligées par ordinateur pour fournir un tableau détaillé des tendances. On remarque depuis quatre ans, par exemple, des hauts et des bas dans la population de chardonnerets des pins, sans que l'on en sache la raison.»

Jean Provencher n'a pas une âme de comptable. S'il s'astreint à un pointage aussi systématique, c'est pour une cause qui lui est chère. «Beaucoup des oiseaux qui nous visitent sont des migrateurs, et deviennent par conséquent des barèmes. Les goglus, par exemple, passent l'hiver en Amazonie. Si on y rase les forêts, les goglus vont en souffrir, et leur population décroîtra. Les oiseaux nous fournissent un thermomètre inestimable pour évaluer la température environnementale de la planète.»

Alors, quelle lecture du front environnemental ses estafettes ailées lui fournissent-elles? Comment voit-il la situation, lui qui profite à la fois des indices du passé et des signes avant-coureurs du futur? «Il me faut d'abord dire que le club des ornithologues existe maintenant depuis trente-cinq ans, et il a amassé un nombre considérable de données. La collecte systématique des renseignements à l'échelle continentale, elle, ne date que d'une dizaine d'années. Les indices sont trop récents pour dégager des conclusions probantes. Mais certains éléments sont troublants. La tourte, par exemple, est bel et bien disparue depuis cent ans. On l'a littéralement massacrée, parfois même à coups de bâton, parce que cet oiseau familier se posait sans méfiance dans les mains. Les récits parlent de volées si compactes qu'elles en obscurcissaient le ciel... Il est aussi vrai que la tourterelle triste, qu'on disait absente du Québec, voire en voie de disparition, n'a jamais été aussi abondante que depuis quinze ans. Elle passe même l'hiver au Québec maintenant que les mangeoires lui fournissent la nourriture nécessaire. Et voici qu'un oiseau autrefois inconnu ici, le cardinal, cet oiseau tout rouge, est aujourd'hui présent dans la région de Montréal et il monte vers le nord. Est-ce aussi le fait des mangeoires? Nous nous en réjouissons, mais comment interpréter sa visite?»

Les vendeurs de graines et autres équipements spécialisés ne s'en plaindront pas, eux qui voient leurs affaires prospérer depuis quelques années. L'observation et l'alimentation des oiseaux sont devenues le passe-temps qui connaît la plus forte croissance, à un point tel qu'un marchand de la chaîne Botanix me confiait y trouver une partie essentielle de son chiffre d'affaires hivernal. Les Québécois vivent une histoire d'amour avec les oiseaux. De modestes mangeoires perchées sur les balcons, jusque dans les rues «sales et transversales», pour emprunter à Georges Dor, témoignent de la cour empressée que font maintenant les individus aux oiseaux porteurs d'imaginaire. «J'ai des mésanges chez moi, vous savez?» Du coup, la ville est plus légère...

«En Amérique du Nord, quatre-vingt-cinq millions de personnes entretiennent des mangeoires. Pourquoi? Au départ, c'est tout simplement une nouvelle forme de loisir, la nature à portée de la main, la nature toute proche malgré le béton. Et cette sympathie, mutuelle je dirais, marque bien l'éveil à la protection de l'environnement. Cette prise de conscience transforme nos propres habitudes alimentaires. Les grandes compagnies se voient obligées de nous fournir de la nourriture plus saine d'où les additifs chimiques sont éliminés. L'alimentation, les oiseaux, le contrôle des automobiles, l'assainissement de l'eau, tout cela va de pair. Les gens m'apparaissent de plus en plus sensibles, attentifs aux conséquences dramatiques du laisser-faire.»

Jean Provencher est relancé, on le sent exubérant; il croit si fort à la beauté de la vie que son enthousiasme en devient contagieux. Une bonne bouffée d'air frais que cette rencontre avec l'historien naturaliste! Il reconnaît volontiers adhérer au clan des optimistes, un optimisme soutenu par des éléments encourageants. «Montréal comptait, en 1960, trois cents espaces verts officiellement recensés. Aujourd'hui, le total est de 524! Certains ont peut-être rapetissé, mais l'augmentation parle d'elle même.» Et ce sont des indices encourageants? «Oui! La bête humaine n'est pas folle, elle tient à la vie. Ce n'est pas automatique, et je suis d'accord avec René Dumont qui nous supplie de réagir vite. Nous avons des croûtes à manger, parce qu'il nous faut nourrir cette conscience en développement pour la maintenir bien active. Les chances sont pourtant bonnes. Nous allons gagner si nous demeurons bien éveillés.»

Et, d'un coup d'œil complice, il me montre ses cahiers soigneusement annotés, ses compilations de geais bleus, ses harfangs des neiges, ses gros-becs errants, ses sitelles, voire ses étourneaux, puisque, au paradis de Jean Provencher, il n'est pas d'oiseaux mal aimés. Et il me raconte cette triste histoire d'un matin de janvier où il gelait à pierre fendre, assez pour casser net les pattes d'un petit oiseau noir qui n'avait su trouver de refuge protecteur à l'entrée de la grange. Jean Provencher relit son journal, témoin du temps qui passe, et lève la tête juste à temps pour capter le roucoulement moqueur d'un pinson à gorge blanche. Et il s'excuse tandis qu'il enregistre ce nouveau signe. Souffle un peu, Nature. Le veilleur est parmi nous.

Jean Provencher est né le 8 février 1943, à Trois-Rivières.
L'historien est titulaire d'une maîtrise en histoire de l'Université
Laval, là même où il a travaillé à cette œuvre monumentale qu'est le
Dictionnaire biographique du Canada *pendant cinq ans. C'est*
cependant à titre d'auteur qu'on le connaît mieux. Il a écrit, seul ou
avec d'autres, une quinzaine de livres. Le premier, Canada-
Québec, *synthèse historique, produit en collaboration, a marqué*
l'enseignement de l'histoire au Québec dans les années soixante-
dix. Jean Provencher n'a pas tardé à voler de ses propres ailes,
publiant dès 1971 son premier ouvrage, Québec sous la loi des
mesures de guerre 1918, *avant de s'illustrer avec le* Cycle des
saisons, *où il décrit la vie rurale traditionnelle dans la vallée du*
Saint-Laurent.

Est-ce l'appel de la nature campagnarde? Toujours est-il qu'il
s'est rapidement senti attiré par les questions environnementales. Il
fait partie du Club des ornithologues du Québec depuis 1974,
contribuant depuis à divers recensements de populations d'oiseaux.
Ses écrits font une large place à la Nature, comme ses autres
interventions à la radio et à la télévision, à Radio-Canada comme à
Radio-Québec. Il demeure particulièrement attaché à CKRL-MF,
première radio communautaire québécoise, à laquelle il participe
activement depuis une vingtaine d'années. Jean Provencher partage
son temps entre Québec et Sainte-Anastasie, village du comté de
Lotbinière où il retrouve les oiseaux et une bonne part de son
inspiration.

Michel Rivard:
Je voudrais voir la Terre

Lorsqu'on ne pourra plus entendre les baleines appeler leur amour ou voir sa blonde se baigner avec les poissons, ce sera le signe que la planète se meurt... Avec le goût de l'eau, directement d'un trou dans les nuages, voici donc Michel Rivard!

Photo: Victor Pilon

Qu'il me pardonne le montage à saveur environnementale du début! La tentation était trop forte de tricoter quelque chose du genre, surtout qu'il s'était esclaffé quand je lui avais suggéré plus tôt un passage à l'émission *La Terre en question*. «Enfin, je ne suis pas un écolo, je suis un chanteur», m'avait-il répondu. Voilà pour la preuve, mon cher Michel! Et quant au reste, la beauté est dans l'œil de celui qui regarde, paraît-il. D'autres ont composé des hymnes plus engagés, mais je trouve que l'amour que Michel Rivard porte à la vie est éminemment écologique, au point d'inspirer des «chansons naïves»...

Un gars de la ville, d'abord et avant tout, un gars de quarante ans dont le regard s'est élargi même s'il parle encore plus facilement de l'asphalte que des fleurs. En passant de la force à la tendresse, de l'ironie à la douceur, il marie les mots et la musique comme s'ils s'étaient toujours appartenus. Michel Rivard ne fait pas de chansons conscrites. Il trouve simplement les mots du temps, ceux qui durent.

On ne doit pas en conclure qu'il vient de prendre pour autant le bâton du pèlerin écologiste, même s'il est un habitué des concerts bénéfices et qu'il ne craint pas d'afficher ses couleurs. Michel Rivard demeure un artiste populaire qui préfère manier la guitare plutôt que les pancartes. Mais lorsqu'un artiste populaire ouvre, par son art, une fenêtre sur le monde, l'effet devient magique. Et la Terre se met elle aussi à chanter.

«Une chose est certaine, je porte un grand respect à la vie et cela transparaît, j'espère, dans ce que je fais. C'est le grand chapeau: j'aime profondément la vie. Mais ce serait épouvantablement ennuyeux de ne faire que des chansons qui répéteraient sans cesse *j'aime la vie, aimons-nous...* On finirait par s'endormir! J'essaie donc de donner à cet amour toutes sortes de formes dans toutes sortes de sujets, des grands comme des petits, des compliqués comme des simples. Mais tous sont marqués par cet amour de la vie. Et quand on aime la vie, on respecte l'environnement.»

Michel Rivard retient encore ses élans, mais je le sens en train de se déplier comme il déplie ses grandes jambes en cherchant un meilleur support. Assis près du grand piano qui trône au milieu du salon, chez lui, il se raconte, un peu prudemment au début, chose étonnante quand on a pu admirer son aisance sur la scène. Que diable, voici un thème sérieux, s'agit de ne pas dire de bêtises! Évidemment, le cadre est un peu rigide, ici, en ville, dans le quartier Notre-Dame-de-Grâce. Si seulement on pouvait voir la mer... Mais la mer, c'est comme l'inspiration, elle vient par vagues, à son heure. Et nous ne sommes simplement qu'au commencement de la marée, qui roule déjà, au loin.

«J'ai d'ailleurs écrit ce texte sur la mer d'un seul coup, un soir que je sentais le besoin de l'écrire. Je l'ai analysé après! Puis je me suis dit que c'était une chanson sur la paix, sur l'écologie, sur la beauté de la Nature, sur le besoin d'amour...» Et passent les nuages de laine et les poissons volants, et tous ensemble nous danserons pour défier la mort... «J'ai essayé d'en dégager la beauté sans faire peur à personne, sans dénoncer, parce qu'on sait à quel point c'est épouvantable ce que la mer subit et continue de subir. On le sait, à moins de se tenir la tête dans le sable!»

Chanson extraordinaire, entrée dans la légende, qui montre une nette préférence pour la persuasion douce. D'autres poussent de grands cris d'alarme en haussant le ton. Je vous répondrai par les cordes de ma guitare, pourrait-il répliquer en empruntant à une phrase célèbre. À chacun ses crescendos. «Moi aussi je lève le ton, il faut le faire de temps en temps. Mais on peut aussi s'insinuer subtilement dans la tête des gens, dans leur quotidien, en leur disant: "Vous souvenez-vous à quel point c'est beau la mer, vous souvenez-vous à quel point le chant de la mer, le vent de la mer, les couleurs de la mer sont prenants....Vous souvenez-vous combien elle nous inspire, combien elle nous captive..." On n'a pas sitôt mis les pieds sur le bord d'une plage, en regardant le large, que déjà on sent ne pas être venu pour rien. Voilà ce que je voulais raconter, plus qu'un plaidoyer ou une attaque. *Je voudrais voir la mer* est un bon exemple de cette volonté de ne pas lever le poing, d'essayer de dire les choses en douceur, parce que je suis quelqu'un de profondément doux — et je ne pense pas que ce soit *moumoune* d'aimer la douceur!» conclut-il dans un grand éclat de rire un peu gêné, avant d'ajouter: «Et c'est comme ça que je vois mon rôle dans cette prise de conscience.»

Pauvre mer! elle traverse des moments difficiles par pétroliers interposés. Les cormorans, les phoques et autres habitants noircis par la négligence aimeraient sans doute voir cette chanson devenir un hymne international, question de nous rappeler ce que nous risquons de perdre. Les citoyens de ces rivages dévastés aussi, d'ailleurs. Michel Rivard, lui, n'a pas pareille ambition. Il reste simple. Mais la simplicité est une arme redoutable lorsqu'elle est sincère.

Simplicité en accord avec cette Terre, naïve, surprise, qui découvre avec ravissement, dirait-on, les clins d'œil plus heureux que lui adresse parfois la Nature... exactement comme une personne de la ville qui à la campagne s'émeut des sauterelles, de la rosée et de l'air frais. «D'autres seraient insultés de se faire parler de naïveté, moi, je le prends comme un compliment. J'adore la naïveté, cette espèce d'état primaire d'émerveillement devant les choses. C'est un thème qui revient souvent dans tout ce que j'écris, ce thème de l'innocence.»

Conversion récente? Il suffit d'avoir entendu son interprétation du classique de Félix Leclerc *Ce matin-là*, une version lyrique, tout juste après la période Beau Dommage, pour comprendre que ce goût de la beauté ne date pas d'hier. Michel Rivard n'a pourtant jamais insisté sur cet aspect de sa personnalité. Rocker ou moqueur, oui, mais toujours sensible, sans affectation. Depuis quelques années, on le voyait moins, on l'entendait moins, ses idées prenaient le temps de s'épanouir. Il venait tout juste d'avoir un deuxième enfant, événement marquant dans sa vie d'adulte. C'était véritablement la marée montante.

«Tous ceux qui ont écouté deux ou trois de mes chansons savent à quel point j'aime les enfants. La naïveté, l'enfance me touchent. J'aime adopter cette attitude-là, parce que l'émerveillement devant la beauté peut être le moteur d'actions réelles. Bien informé, on connaît l'ampleur des dégâts sur la planète, on sait qu'on arrive à un seuil critique. Mais si toute cette information parfois très apeurante s'empare de notre cerveau, si on la laisse se promener sans arrêt, se mélanger, on risque de ne rien faire parce que cloué sur place par un sentiment d'horreur, d'impuissance, parce qu'il est trop tard et qu'il n'y a plus rien à faire. Et vient aussi le sentiment de culpabilité, que c'est de notre faute, que nous sommes de gros méchants, que les bébés phoques sont bien plus fins que nous... J'adore les bébés phoques, mais je pense que l'être humain a sa raison d'être sur Terre. Je crois au progrès, à la science, mais on devrait parfois oublier tout ça, retrouver la candeur et entreprendre le changement au fond de nous.»

C'est comme s'il réfléchissait à voix haute, en se reconvainquant lui-même. On dit parfois que les artistes sont d'éternels inquiets qui remettent sans cesse leur parcours en question, en y gagnant cependant un don de divination quant à la suite des choses. Michel Rivard a voyagé lui aussi sur les grands courants des années soixante-dix à quatre-vingt-dix. Il avait des fleurs dans les cheveux, «fallait-tu être niaiseux», il a roulé la nuit quand tout le monde ne pensait qu'à la route, il a écouté sa belle promeneuse. Puis les routes sont devenues difficiles à lire, le Québec s'est mis à chercher la meilleure, il a vu des mines fermer, des rumeurs courir sur la ville, des enfants apparaître avec leur trésor à libérer... Les chansons gouailleuses sont devenues plus intérieures — sans faire «songées», qu'on me comprenne bien! — et le vent continue aujourd'hui encore à souffler. Michel Rivard n'est pas en gare. Ses «voyageries» prennent une autre direction.

«Je pense qu'on ne peut pas être plus montréalais que moi, je suis un Montréalais pure laine, je suis né à Montréal, je l'ai chanté, je l'ai écrit. Je vis toujours à Montréal, j'y vivrai probablement toute ma vie parce que j'aime profondément la ville. Mais je ne me suis jamais senti étranger à la campagne, peut-être justement à cause de cet émerveillement que je ressens encore chaque fois que je me retrouve dans un endroit où la Nature peut laisser libre cours à la sienne... Ce sentiment a toujours été présent chez moi. J'ai beau être citadin, j'allais souvent chez mes grands-parents à l'extérieur de la ville. J'allais camper quand j'étais jeune, et je retourne régulièrement me rafraîchir le cerveau à la campagne. Mais comme je ne l'ai jamais vraiment habitée, et comme je n'ai pas l'instinct de faire pousser des chèvres, comme ils disent, j'ai toujours la même fascination pour la Nature. Simplement, je m'en rends peut-être plus compte et j'en parle plus librement.»

Faire pousser des chèvres! Manière de désamorcer la discussion pour ne pas trop s'enfoncer dans la nostalgie à cinq sous, d'autant plus qu'il a tellement dû se faire casser les oreilles avec le temps passé. Combien de fois a-t-il chanté *Ginette* ou *La complainte du phoque en Alaska*? Il n'y a pas un café-terrasse, l'été, qui ne fasse fredonner en chœur que «ça ne vaut pas la peine de quitter ceux qu'on aime...»

«Dans les débuts de Beau Dommage, j'ai écrit mes premières chansons en réaction. Il faut dire qu'au Québec, on ne connaissait que Vigneault pour les chansons dites sérieuses — je le dis avec un énorme respect pour Gilles. Les grands espaces, les vents, les marées, les belles images qui ne voulaient absolument rien dire pour un petit gars des ruelles de Montréal... On écoutait ça dans les boîtes à chanson, on installait des filets de pêche dans nos chambres. J'en avais moi-même un avec des étoiles de mer séchées. Ça nous faisait rêver, mais, sauf exception, il n'y avait jamais eu de mise en valeur de la ville, de la beauté et de la poésie des ruelles. Quelques films, mais vraiment pas beaucoup. J'avais des amis, comme Richard Séguin qui était parti de Pointe-aux-Trembles, près des raffineries, qui vivait le retour à la terre et qui célébrait la nature dans ses chansons. Lui et Marie-Claire avaient bien raison de le faire. Mais d'une façon finalement bien sympathique, nous étions, nous, en réaction contre tout ça.»

Michel Rivard est lancé, son passé récent défile à toute vitesse et il en profite pour évoquer des souvenirs que bien des gens d'ici partagent avec lui. «Les grands espaces, les goélands, ce n'était pas notre réalité. On avait vécu notre enfance dans la neige sale des ruelles de Montréal, on avait construit des forts avec la neige, et on avait rêvé. Beaucoup. Nos souvenirs, nos émotions concernaient bien plus la rencontre de notre première blonde lors d'une danse dans un sous-sol d'église que l'absolu de la Côte-Nord... Et nous voulions montrer cette poésie urbaine. Il y avait tout de même des "pieds pendants au bout du quai à Châteauguay", parce que la Nature nous attirait, à sa façon... Et la meilleure chanson, je peux bien en parler parce qu'elle n'était pas de moi, elle est de Robert Léger et Pierre Bertrand, c'est le *Picbois*. C'était tout à fait nous autres! On arrivait à la campagne et on demandait au pic-bois de ne pas nous laisser revenir en ville parce qu'on était gagnés par toute cette beauté. C'était vraiment une vision de gars de la ville, avec une espèce d'émerveillement. Cet émerveillement, dans mon cas, s'est développé, il s'est précisé. Et même si je ne suis pas en train d'effectuer un retour à la campagne sur le tard, cette image peut m'aider à améliorer ma vie, ma vie urbaine, pour moi et les gens qui m'entourent.»

Des mots clés: *naïveté, beauté, émerveillement…* Des mots qui animent le poète et le font vibrer. Se laisserait-il autant transporter par la neige sale des ruelles, aujourd'hui? La saleté est devenue la pollution et la ville est devenue le principal front dans la lutte pour l'amélioration de la qualité de la vie. Pas besoin d'invoquer la grandeur de la mer pour ouvrir ses sens et passer à l'action. Michel Rivard le sait bien, lui qui classe consciencieusement ses déchets recyclables dans des bacs.

«Oui, bien sûr, je participe à l'opération Défi-déchets. Je me considère bien humblement comme un monsieur Tout-le-monde quand vient le temps de parler d'écologie. Un monsieur Tout-le-monde qui a eu peur, qui a été alarmé par les sonneurs de cloches. Ma réaction a quand même été de me défaire très rapidement de ce sentiment de culpabilité. Comme tout le monde, j'ai des choses à me reprocher quand je vois l'état de la planète, mais je suis convaincu que je ne suis pas si pire que ça! Et je crois sincèrement que la situation peut changer. Voilà le premier pas. Il faut y croire. Ma philosophie personnelle se veut large, elle englobe l'environnement, la paix dans le monde, la disparition de la violence quotidienne, mais elle s'appuie d'abord sur l'individu. Il me semble qu'il y a une manette au fond de notre cerveau. Un jour, on décide de la placer en deuxième position pour devenir plus responsable dans ses gestes quotidiens. Sans devenir maniaque, sans renoncer au plaisir, aux sollicitations de la fin de ce siècle, sans nier les côtés parfois extraordinaires du progrès. J'accomplis des gestes envers les gens, les animaux, les déchets… je pourrais sûrement en faire davantage, mais l'important est d'agir régulièrement, tous les jours. Et les images alarmistes du téléjournal m'atteignent un peu moins. Oui, ce n'est pas toujours drôle, mais j'ai quand même fait quelque chose, à ma mesure.»

Va pour le citoyen Rivard, mais les gestes du chanteur, de l'homme public, ont des résonances infiniment plus grandes que ceux d'un monsieur Tout-le-monde. C'est le propre de notre société-spectacle que d'attacher une grande importance aux vedettes, qui deviennent de véritables meneurs que cela leur plaise ou non. Dites-le en éditorial, l'effet est incertain. Fredonnez quelques couplets accrocheurs, tout le monde en parlera. Je ne lui demande pas s'il se sent une âme de gourou — il me prendrait pour un extraterrestre — mais il serait intéressant de savoir s'il connaît l'ampleur possible de son influence.

«Je pense que j'ai assumé ça, dans ma carrière. Les premières chansons étaient sans arrière-pensée. J'aimais chanter, voilà tout. Le succès est venu, tant mieux, je touche du bois. Tout à coup, le contexte change, nos chansons portent encore plus loin. Des gens sont impressionnés par ce que l'on fait, ils en sont marqués, ils nous le racontent... et on ne peut plus dire tout ce qui nous passe par la tête. Arrive un moment où il faut prendre une décision. Est-ce que cette responsabilité est trop lourde pour moi, ou est-ce que je l'assume? Est-ce que j'abandonne, ou est-ce que je dis n'importe quoi, sans m'en préoccuper?»

Le choix est évident. «Oui, j'ai pris l'option d'assumer cette responsabilité. J'aime dire les choses. Mais je suis loin d'être infaillible, je ne me base pas sur une rigueur scientifique, j'en sais beaucoup moins sur certains sujets, mais... j'ai une intuition. Et j'ai reçu ce *talent* de pouvoir traduire certaines situations en images pour donner aux gens matière à réflexion le temps que dure la chanson. Je l'ai accepté. Mais il est essentiel de remettre les choses en perspective. Je n'ai rien d'un héros. Tout est tellement médiatisé aujourd'hui, les artistes sont tellement sous les feux des projecteurs, il faut rappeler que ce sont d'abord et avant tout des gens.»

Des gens, oui, mais des gens dont l'album de photos sera toujours différent. Des gens qui feront la mémoire. Des gens qui créeront le langage. Des gens, finalement, qui insuffleront espoir ou chagrin. Un pouvoir à donner le vertige, que Michel Rivard approche avec précaution et bonhomie. Pourquoi chanter quand il y a tant à faire? Oui, mais pourquoi s'en faire quand on pourrait simplement chanter! Si jamais Michel Rivard se donne des coups sur la poitrine, c'est qu'il se prendra pour Tarzan. J'ignore si c'est là un de ses rêves secrets, mais il en est un, pour sûr, auquel il tient. La génération précédente a eu peur, elle a vécu sous la menace de la bombe atomique, puis d'un grand gâchis total qu'on ne pourrait réparer. Les enfants, eux, vivront peut-être des lendemains qui chantent. En tout cas, Michel Rivard aimerait bien.

«Moi, je suis essentiellement un optimiste et un idéaliste, bien franchement. Les enfants me donnent énormément d'espoir. J'essaie donc de transformer à leur intention une part de l'information que j'ai reçue et de leur apprendre, bien humblement, certaines choses. Je pense que ce qu'on peut leur apprendre, allié à leur pureté et à leur désir de connaissances, ne peut que donner de bons résultats. Il s'agit d'être réaliste sans jouer le jeu de la peur. Dans le temps, quand on laissait quelque chose dans notre assiette, notre mère nous disait qu'on ne deviendrait pas grand et fort comme le voisin. Aujourd'hui, on peut dire aux enfants que dans la même ville qu'eux, juste à côté, certains n'ont rien à manger. Des prises de conscience comme ça, en douceur, régulières, sont suffisantes, je pense, pour entretenir un germe. De toute façon, nous ne sommes pas là pour arrêter la vie, mais pour la prolonger.»

Michel Rivard effleure quelques notes du grand piano, comme s'il y cherchait l'inspiration du dernier couplet. Mais la chanson lui est déjà familière, qui parle pour la suite du monde. «Il faut arriver à transmettre nos connaissances aux enfants, leur montrer notre volonté d'améliorer les choses et embarquer tout le monde dans ce bateau-là qui transporte une juste part de réalisme, d'idéalisme et d'espoir. Et nous allons finir par arriver tous ensemble quelque part.»

Michel Rivard est né à Montréal, le 27 septembre 1951. Il est surtout connu en tant qu'auteur-compositeur fétiche de sa génération. Pourtant, c'est au théâtre que ce chantre moderne fera ses premières armes avant de participer à la création du groupe Beau Dommage en 1974. Il touchera ensuite à d'autre formes d'expression: musique de film, scénarisation de courts métrages,

écriture de textes comiques et il se fera remarquer par ses per-
formances au sein de l'équipe des Rouges, aux heures de gloire de la
Ligue nationale d'improvisation.

Sa carrière de musicien solo prend un nouvel envol en 1983
avec la sortie de son troisième album, Solo. *En spectacle, il envoûte*
littéralement son public en jouant à la fois de ses talents de
musicien, de conteur et de comédien. Un trou dans les nuages *et*
Le goût de l'eau *et autres chansons naïves font redécouvrir un*
Michel Rivard plus intimiste, en même temps que préoccupé du
sort du monde qui l'entoure. On le retrouve d'ailleurs aux premiers
rangs des concerts-bénéfices et autres manifestations en faveur des
plus démunis de la planète.

Les thèmes de la justice sociale et de la survie de la planète
ainsi que des hommages à la mémoire collective marquent souvent
ses chansons dont la facture est de plus en plus acoustique,
traduisant l'évolution de son expression poétique.

Pierre Morency:
Le poète et les oiseaux

« Quand le jour se lève, l'hirondelle bicolore subitement change de registre et fait entendre ce gazouillis liquide qu'on lui connaît bien...» Ainsi parle le poète qui comprend

bien l'hirondelle. Il sait qu'elle chante pour saluer le soleil, pour marquer son bonheur de voler, pour célébrer la magie du soir. Mille émotions qui échappent souvent à notre entendement de simples mortels terrestres. Nous n'en demandons d'ailleurs pas tant. L'hirondelle interprète la beauté du monde et sa sensibilité à fleur d'ailes nous ravit déjà. Tel est l'oiseau. Et tel est le poète. Voilà pourquoi les poètes et les oiseaux sont souvent complices. Comme Pierre Morency, Icare des temps modernes qui partage avec les oiseaux de belles émotions, avec ses mots qui en font un des plus attachants ambassadeurs de la Nature qui puisse exister.

La description du chant des hirondelles, plus haut, est de lui. On la retrouve sur un magnifique disque produit au début des années quatre-vingt par la Société du Jardin zoologique de Québec, *Une journée chez les oiseaux*, dont l'idée était de décrire le comportement des oiseaux. Sous la plume et avec la voix de Pierre Morency, le projet est devenu une véritable œuvre d'art, un tableau en vingt épisodes sonores et intimes. L'émerveillement du naturaliste se double de la magie du poète. Pour y parvenir, dirait Pierre Morency, il suffit d'avoir le cœur, l'oreille et l'œil bien ouverts. Pas n'importe quel œil: l'œil américain, c'est-à-dire celui qui observe et qui voit. Et le poète devient un allié précieux de l'environnement, dont il nous fait redécouvrir toute la richesse.

Comme Jean Giono qui célébrait le chant du monde, Pierre Morency s'attache à la musique du réel, la grande symphonie quotidienne jouée par les oiseaux, les animaux, les insectes, les plantes et tout ce qui vibre en harmonie. Comme baguette, il a sa plume d'auteur. D'aucuns diraient que Pierre Morency est un environnementaliste naïf, que le rêve n'est rien sans l'action. La vérité à coups de pancartes? Sûrement. Mais à chacun son arme. La sienne, c'est la passion du naturaliste, un naturaliste dont le registre est au moins aussi grand que celui de l'hirondelle. Changer le monde en exaltant ses beaux instants. Et on en vient presque à envier l'ampleur de cette vision. Comment est-elle venue à Pierre Morency?

«Je me demande si c'est seulement une question de regard, de disponibilité, d'acuité sensorielle, de "dérèglement systématique de tous les sens", comme disait Rimbaud. Je pense qu'au départ il y a la passion ou une conjonction de différentes passions. Le premier choc important que j'ai ressenti dans ma vie, c'est la passion de l'écriture, de l'expression écrite, la découverte à l'adolescence de la poésie et de la littérature. J'avais déjà un intérêt pour les choses naturelles, pour les insectes, les oiseaux, les poissons, les batraciens, qui date de mon enfance parce que je suis né près du fleuve, à Lauzon. À cette époque-là, Lauzon, c'était la lisière de la campagne, de la forêt et de la ville. Grandir au contact de la Nature, puis étudier la littérature, ce sont là deux passions fondamentales qui ont influencé ma vie.»

De l'influence, Pierre Morency en a exercé lui aussi sans trop le savoir, du moins au début. Il a donné de véritables titres de noblesse à l'écriture naturelle, à l'image de Buffon, d'Audubon et d'autres grands écrivains qui, avant lui, ont su allier art et connaissance. L'écologisme est un élan qui ne peut se suffire à lui-même: il doit avoir ses porte-étendard, voire ses séducteurs, qui lui permettent de rallier l'adhésion générale. Il arrive parfois qu'on pense y arriver par la seule force du bien-fondé de ses convictions. Mais la vérité seule ne triomphe pas. Elle doit être propagée, proposée de manière à convaincre les indécis. Pierre Morency n'est pas un apôtre, mais sa parole est cependant porteuse d'un message. Et il ne l'utilise pas seulement pour écrire, lui qui a conçu, à mon sens, certaines des séries radiophoniques les plus évocatrices qu'ait jamais diffusées le réseau FM de Radio-Canada. De la radio en images.

«J'aime la radio. Elle m'a accompagné dans ma jeunesse et c'est elle qui m'a fait découvrir le monde. Voici qu'on me demande en 1967 de participer aux textes d'une émission humoristique, puis de livrer quelques chroniques hebdomadaires, et le temps de le dire, je fais à mon tour de la radio. Un jour, il m'arrive de parler de la corneille. Le réalisateur de l'émission, Michel Gariépy, m'avait suggéré de m'inspirer du printemps et j'entendais justement les corneilles crier autour de la maison depuis quelques semaines. Et je me suis dit: Pourquoi pas les corneilles? Je sentais que les oiseaux ne criaient pas, ne chantaient pas d'une façon gratuite. Il y avait un message, une communication. Mon propos sur les corneilles a duré une heure, et de toute évidence, l'auditoire l'a apprécié. À ma connaissance, ce genre de présentation, moitié documentaire, moitié expérience personnelle, était toute nouvelle. Et quand j'ai constaté le besoin du public d'en savoir davantage, j'ai plongé. Je suis allé consulter des spécialistes comme Raymond Cayouette, un des maîtres ornithologues actuels. J'ai appris par des lectures, des observations, des voyages, avec de la volonté, beaucoup de concentration pour voir, regarder, écouter ce qui se passait autour de moi. Et je suis devenu un complice de la Nature, capable et heureux de la raconter.»

Ainsi ce disque sur les oiseaux, qui pourrait n'être qu'un banal enregistrement de bruitage, devient par la voix et les mots de Pierre Morency une véritable aventure sonore. Dans le livre *L'œil américain* se succèdent de passionnantes histoires de rencontres avec des oiseaux, des animaux et même des plantes. Son dernier-né, *Lumière des oiseaux*, est de la même cuvée, mariant le sens de l'observation à l'adresse du conteur. Des récits d'une qualité telle qu'ils deviennent des best-sellers, se glissant dans ce cercle sélect autrement réservé aux livres de cuisine et aux biographies. L'œuvre poétique de Pierre Morency s'étend à d'autres domaines plus imma-tériels, mais son témoignage de la Nature se démarque par l'émotion et la tendresse qui l'imprègnent. Par le respect aussi, car il n'est pas dans l'intention de l'auteur d'imposer la primauté de l'humain.

«Dans ce titre *Une journée chez les oiseaux*, le mot *chez* est très important. Je donne aux oiseaux une importance pre-mière et je me promène chez eux en essayant de les écouter de l'aurore jusqu'au crépuscule. Et je raconte ce que moi je perçois, ce que j'entends, ce que je vois, de la façon la plus simple possible — et c'est toujours un défi pour un écrivain que d'exprimer les choses simplement, clairement et en même temps poétiquement. Mais pour moi c'est bel et bien de la poésie qui repose sur l'invention, la création, les frissons nouveaux.»

Des frissons, il a dû en éprouver de toutes sortes, des bons et des moins bons. Je me rappelle avoir entendu ses émissions radiophoniques en milieu d'après-midi, rehaussant une période horaire trop souvent confinée à la banalité. Il apparaissait le temps d'une série, puis disparaissait des ondes pour refaire le plein d'inspiration. Un jour, il est disparu plus longtemps. Et nous avons appris que Pierre Morency était malade et que ses énergies baissaient. Puis, comme le printemps qui resurgit alors qu'on le croit terrassé par l'hiver, le poète est revenu. Amaigri, mais les yeux toujours aussi brillants. L'œil américain doit aider, je suppose.

«L'œil américain s'acquiert, se travaille, pourvu que l'on sache comment s'y prendre. Je vais d'abord bien le définir, puisque le terme peut prêter à confusion, il pourrait même hérisser certaines personnes moins fortes sur la politique! On m'a même reproché ce titre. Mais c'est, pour moi, une réalité tellement importante. D'abord, nous vivons en Amérique, ce n'est pas un mot tabou. Et c'est une expression qui a été inventée par les Français au début du XIXᵉ siècle, lorsque l'on a commencé à s'intéresser aux Indiens d'Amérique qui apparaissaient aux voyageurs et aux premiers romanciers comme des individus capables de voir partout, en forêt. Comme s'ils avaient des yeux tout autour de la tête. L'image est restée. Elle a été employée par de grands auteurs, entre autres Flaubert, Proust. Elle me semblait chargée de sens, voilà pourquoi je l'ai employée. C'est l'œil de l'Amérindien, celui que je dirige sur les richesses naturelles de l'Amérique du Nord. Et ce terme est issu d'une réalité, d'une langue qui est la nôtre.»

Et du coup, on comprend à quel point les mots ont une vie difficile, pervertie par les glissements de sens que nous leur imposons. Entre Amérique et *America*, il y a un monde et deux siècles. Pierre Morency, lui, laisse l'Amérique retrouver sa virginité des grands espaces. Ses mots à lui prennent leur envol comme d'autres lancent des colombes. L'ornithologue est d'abord un poète, un amoureux de la langue française. Ses écrits naturalistes n'ont rien d'un genre mineur. Le verbe se donne des ailes, voilà tout. Mais encore faut-il avoir la plume agile, le cœur inspiré... et l'œil américain.

«Je pense qu'on peut acquérir l'œil américain comme je pense l'avoir moi-même acquis. C'est plus qu'un troisième regard, plus qu'un sixième sens, c'est une attention aux présences. Et il s'accompagne d'une valeur poétique, puisque ces présences ne sont pas toujours immédiates, au premier degré. Certaines sont très délicates. On arrive à les saisir en état d'attention aiguë. La clé, c'est la volonté d'être conscient, d'écouter et de voir ce qui se passe. Tout cela relève d'un apprentissage, bien sûr, et aussi d'une ouverture des sens. Quand nous regardons un paysage, nous ne voyons pas ce qu'un peintre y voit. Lui-même apprend aussi à voir ce qui l'entoure, les couleurs, l'harmonie, les différences, les nuances. Que l'on se promène en forêt, sur le bord du fleuve ou sur un trottoir dans un quartier résidentiel, il s'y passe beaucoup de choses. Pas besoin de panoramas spectaculaires. Une soirée de printemps dans un environnement ordinaire est porteuse de ravissements. La végétation, les insectes, les bruits... Il suffit d'être attentif et d'être présent, de se demander tout à coup ce que l'on entend, à un moment précis. Même dans les journées les plus figées de l'hiver, les sons étonnent et ravissent qui veut écouter.»

Il y a aussi les bruits de pelle mécanique, les grondements de voitures, les détonations des marteaux-piqueurs... L'univers idyllique que dépeint Pierre Morency me laisse perplexe, journaliste que je suis, habitué à la quotidienneté des événements. Cet aspect de la vie qu'affrontent les citadins coincés entre l'horloge et le bitume n'est pas toujours réjouissant. Je lui en fais la remarque, sachant que je le replonge dans un monde où la Nature se permet peu de poésie. La pollution ne s'embarrasse pas d'ellipses. Son style est cru et destructeur. Et l'écrivain ne peut pas ne pas en être affecté.

«Le problème est grave et recouvre la question de la disponibilité intellectuelle, de la concentration dont un artiste a besoin pour tracer la petite voie qu'il a choisie. Évidemment, vous le savez bien, je ne suis pas un moraliste, un analyste, je ne jongle pas avec des abstractions, j'essaie, dans le cadre de mes récits naturalistes, de décrire ce qui se passe dans un être humain — le plus souvent moi, en l'occurrence — devant le milieu naturel. Je ne mène pas de recherches sur les phénomènes écologiques mondiaux, sur l'état de santé de la planète. Mais je vois ce qui arrive, je lis, je discute avec des personnes sensibles. J'essaie d'exercer mon sens critique sur ce qu'on nous présente, qu'on nous assène, parfois même avec arrogance, pour tenter de me faire une idée.»

Quelle est-elle? Comment voit-il l'état du monde, lui qui dessine à coups de mots une planète que n'aurait pas reniée le Petit Prince, mais qui fréquente aussi celle du banquier, de l'ivrogne, de l'allumeur de réverbères? Sommes-nous mieux pourvus qu'auparavant? «Mon impression, c'est que beaucoup de Québécois sont en route vers une plus grande cons-cience. Ils s'informent, et, chose importante, ils vont sur le terrain. En fait, il est très difficile de rester chez soi, dans son salon, dans sa cuisine, et d'interpréter correctement la multi-tude d'informations qui nous parviennent. Il faut sortir, aller voir de quoi a l'air la planète Terre.»

Pierre Morency est manifestement plus à l'aise avec les strophes qu'avec les pancartes, mais son ton s'affirme au fur et à mesure qu'il passe mentalement en revue les misères de la Nature. Il marque une pause avant de dépeindre un tableau qui ne lui plaît manifestement pas. Qu'importe: le poète n'est pas au-dessus de la mêlée.

«Ce que je vois, c'est qu'un certain nombre d'espèces animales continuent de survivre. Je vois que l'épine dorsale de notre pays, le fleuve, souffre énormément depuis plusieurs décennies. Quand j'étais jeune, nous allions pêcher dans le fleuve, entre l'île d'Orléans et Lauzon, et nous prenions une grande variété de poissons. Depuis, plusieurs ont disparu, comme le bar rayé. Je les ai vus nous quitter. Les oiseaux, eux, s'en tirent mieux malgré des variations. Certains disparaissent, d'autres apparaissent. Mais dans l'ensemble, je ne pense pas que nous soyons en pleine catastrophe écologique, au Québec. Le fait qu'une bonne partie de la population devienne de plus en plus consciente est, à mon avis, une des grandes révolutions et aussi un des grands espoirs. Il y a beaucoup de choses nouvelles à observer, chez nous, des terres quasi inexplorées, des voyages magnifiques à entreprendre. Je pense à la Basse-Côte-Nord, par exemple, que des naturalistes européens parcourent déjà pour la raconter dans des volumes. Ils y rencontrent peu de Québécois. Pourquoi ne partirions-nous pas nous-mêmes à la découverte de notre pays?»

Deux mots, deux idées reviennent sans cesse dans la bouche de Pierre Morency. La vision et la conscience. Voir et comprendre. Regarder et connaître. Laisser la vie pénétrer pour mieux la percevoir. Comment défendre ce que l'on ne sent pas? Le combat peut être individuel, mais il ne doit pas se confiner à une hypothétique vue de l'esprit. Et dire la beauté des choses aide à les protéger. On défend mieux ce qui nous est cher.

«Vous savez, il existe également une écologie de l'esprit, tout aussi essentielle. La création artistique, l'expression écrite des choses, bien nommer les réalités, éviter le flou de l'expression, créer des œuvres le plus significatives possible, voilà autant d'interventions qui font partie de l'écologie et qui donnent une substance à la réalité d'un milieu. Le travail que je fais y contribue.»

L'écologie de l'esprit... Que voilà une idée riche de promesses! Cultiver notre esprit comme un jardin, le faire profiter tout en encourageant la diversité des essences, pour qu'il grandisse au profit des générations futures! Beau défi que celui-là. Mais tout le monde n'est pas poète, et le maniement de cette bêche est tout aussi difficile que l'autre. Heureusement, tout s'apprend, pourvu qu'on sache reconnaître les guides. Il n'a pas la prétention d'en être un, mais Pierre Morency est à coup sûr un jardinier doué.

«Je rêve aussi... d'ajouter un petit quelque chose à la Nature avec une création de l'esprit. En matière d'écologie, je considère que la peinture, la musique, l'architecture, la littérature sont aussi importantes que les recherches scientifiques et les rapports. Pas plus importantes, mais autant. Elles ajoutent une présence, et cette nouvelle présence éclaire les autres tout autour.»

Le poète laisse libre cours à ses pensées et s'aperçoit que ces rêveries peuvent être déconcertantes pour les non-initiés. Et de s'enquérir immédiatement, en homme de communication, de la réception de son propos. «J'espère que ce n'est pas trop abstrait, puisque mon travail ne se complaît pas dans l'abstraction. Je trouve d'ailleurs qu'il y a généralement trop d'abstractions chez les personnes qui traitent d'écologie. Je voudrais être le plus terre-à-terre possible, parce que les êtres que je décris sont réels, sont vrais. Quand je parle d'une hirondelle, d'un héron, d'une buse, ce sont de vrais oiseaux que j'ai vus, que j'ai observés. J'ai vécu avec eux de vraies expériences, sans qu'il s'agisse nécessairement de longs compagnonnages ou d'amitiés personnelles comme Konrad Lorenz en a entretenu avec ses oies et ses canards.»

Le psychologue et le poète... Ce pourrait presque être le titre d'une fable moderne. Le psychologue qui établit les assises du comportement vivant, le poète qui lui permet de s'élever au-delà de l'immédiateté. Interventionniste, le poète, mais à sa manière. «Je n'ai pas à m'instituer en défenseur de certaines espèces et en pourfendeur d'autres. Cela fait également partie de l'écologie de l'esprit, si vous préférez, ou de l'esprit de l'écologie, et nous en avons bien besoin aujourd'hui. Les problèmes que nous traversons ne sont pas seulement écologiques, ils sont aussi ontologiques. Quel est le sens de la présence humaine sur Terre? Que peut-on y faire? En tout cas, l'observation des oiseaux peut déboucher sur une certaine tolérance, sur une ouverture de la conscience. Lorsque la conscience commence à s'ouvrir sur certaines réalités, cette ouverture n'a plus de limites, elle déborde les problèmes strictement écologiques ou scientifiques, et rejoint la politique ou la philosophie. C'est ça qui est important.»

Et Pierre Morency lève les yeux vers des horizons qui lui sont familiers, vers le rivage de l'île d'Orléans qu'il retrouve chaque fois qu'il le peut, vers sa cabane, son refuge, qui lui sert de repère privilégié pour parler avec ses chers oiseaux. Non, il ne fera pas signer des pétitions et ne défilera pas en scandant des slogans. Il n'enregistrera pas de messages publicitaires pour défendre les bélugas. Mais il dira leur beauté et il célébrera leur présence. Avec un coup de chapeau pour ses frères humains attentionnés.

«Cette évolution dans notre ouverture au monde est essentielle. Elle m'encourage, elle me donne beaucoup d'espoir.» Et les mots de Pierre Morency me reviennent, qui décrivent le vol des engoulevents d'Amérique en train de pourchasser les insectes de juin, les jaseurs des cèdres aux allures de survenants masqués ou le modeste pissenlit, «cette fleur d'or que le soleil, dans sa force nouvelle, éparpille dans les champs au printemps…» Raconte-nous, poète, la magie de la Nature. L'émerveillement a grande valeur au temps du doute.

Pierre Morency est né le 8 mai 1942, à Lauzon. Homme de lettres, le plus grand écrivain naturaliste québécois a touché à plusieurs genres littéraires, quoique l'ensemble de son œuvre appartienne à la poésie.

Licencié en lettres de l'Université Laval, Pierre Morency y a enseigné quelques années vers le milieu des années soixante. Il écrit depuis longtemps et ses poèmes de la première heure seront publiés sous le titre de Poèmes de la froide merveille de vivre aux Éditions de l'Arc que dirige alors Gilles Vigneault. Il fait parallèlement une incursion du côté de la radio et ses collaborations vont bientôt déboucher sur des chroniques et émissions fort goûtées du public et mettant en évidence ses talents de conteur naturaliste. Le théâtre l'attire également. Après une adaptation de la pièce Charbonneau et le chef, il écrit Les passeuses. Il est de plus en plus connu, son penchant pour l'ornithologie aussi. Au début des années quatre-vingt, il enregistre pour le compte de la Société zoologique de Québec le disque Une journée chez les oiseaux. Suivra ensuite la publication de L'œil américain, puis de Lumière des oiseaux, premières étapes d'un cycle baptisé L'histoire naturelle du Nouveau Monde. Un recueil de poésie, Quand nous serons, viendra regrouper les textes qu'il a écrits entre 1967 et 1978.

Le travail de Pierre Morency est apprécié des deux côtés de l'Atlantique, comme en font foi les nombreuses distinctions qu'il a reçues dont, en 1991, le prix Ludger-Duvernay pour l'ensemble de son œuvre et le prix François-Sommer, décerné par le Musée de la chasse et de la nature de Paris. On lui avait plus tôt décerné les prix Québec-Paris, France-Québec et François de Beaulieu-Gourdeau pour sa contribution significative à la connaissance de la faune et de la Nature en qualité de vulgarisateur émérite.

Magnus Isacsson:
Militer caméra à l'épaule

L e vieil Ojibway regarde la désolation qui l'entoure, plisse son front buriné et dit d'une voix sourde de rage: «Ils sont venus chercher les animaux, ils sont revenus prendre les arbres et les enfants de chienne viennent maintenant chercher les roches.» Les roches, c'est le minerai d'uranium que l'on extrait dans la région d'Elliot Lake, dans le nord de l'Ontario, à côté d'une réserve amérindienne. Le commentaire est celui d'un vieil homme, mais il peut désormais être entendu sur tous les continents. Sa voix et son image, comme d'autres tout aussi troublantes, sont fixées sur le documentaire de Magnus Isacsson, *Uranium*. Un film qui se veut mémoire et conscience, épisode d'une carrière vouée à la défense des gens et de leur environnement.

Photo: René Sioui Labelle

Magnus Isacsson est un cinéaste engagé, fier de l'être, fier de le montrer. «Vous entrez dans une zone dénucléarisée!» dit déjà une carte bien en vue sur la porte de son appartement. La porte s'ouvre. À l'intérieur, des affiches appellent à la solidarité avec les pays du tiers-monde, une photo navrante illustre le désespoir du Sahel, un titre de journal parle de la misère des peuples autochtones. Comme fond musical, des sonorités connues, un peu oubliées, des airs de flûte des Andes qui rappellent les années soixante-dix et les grandes causes. Les affiches ont depuis été remplacées par de belles reproductions laminées et les causes ont perdu des adeptes. *Old soldiers don't die*, disent-ils, *they just fade away*. Pas Magnus Isacsson. Ses convictions sont toujours aussi vives comme son grand sourire caractéristique. Le plus suédois des habitants du Plateau Mont-Royal vous accueille chez lui entre deux voyages dans la brousse du Grand Nord et les hauts plateaux de l'Éthiopie.

Un Suédois à Montréal? Étonnant. Il ne se passe pas une semaine sans qu'on nous rebatte les oreilles avec le modèle scandinave et les succès de cette société citée en exemple. Magnus Isacsson a pourtant choisi de laisser ce pays de cocagne pour s'installer au Québec. Et il s'en trouve très bien. Il aime le Québec français, au point d'avoir voté oui au référendum de 1980, et s'identifie tout autant au Montréal multiculturel. Sa femme est une anglophone bilingue, sa fille étudie à Concordia après avoir fréquenté l'école française.

Les affiches ne trompaient pas: l'homme n'a pas remisé ses principes au placard avec les années. Magnus Isacsson est un cinéaste d'intervention, heureux de l'être, qui défend ses idéaux caméra à l'appui. Ses films soutiennent inlassablement que la sauvegarde de l'environnement est intimement liée à la justice sociale. Et son engagement personnel se transpose en images tout aussi engagées.

«Je pense que la neutralité, par définition, n'existe pas. Dans toute présentation de faits sociaux, économiques ou politiques, il y a nécessairement un point de vue, il y a nécessairement une sélection du matériel. Dans un film, on doit décider quels plans tourner, quelles personnes interviewer. Bref, on colore forcément une production de sa propre perspective. Et c'est mon choix. Cette prise de position explicite est de toute façon plus franche que la pseudo-objectivité des émissions d'affaires publiques conventionnelles.»

Le propos est direct, sans détour inutile ni agressivité. Magnus Isacsson parle en connaissance de cause. Sa carrière l'a mené dans les grands cercles de la production canadienne, de l'ONF à Radio-Canada, où il a travaillé comme réalisateur aux plus importantes émissions d'information, du *Point* à *The Fifth Estate*. Du pouvoir, mais aussi des chaînes. C'est finalement à titre de cinéaste indépendant plus libre de ses gestes qu'il se plaît davantage. Ses films traitent des problèmes des déchets nucléaires au Mexique, du sous-développement des peuples autochtones, de la famine et de la guerre en Éthiopie. Ils lui ont valu fleurs et briques. *Uranium*, par exemple, n'a toujours pas été diffusé par la télévision de Radio-Canada, qui craint sans doute les mises en demeure des compagnies minières. Devant ces moulins à vent, Magnus Isacsson aurait pu abdiquer. Il pourrait encore céder aux sirènes qui lui font des propositions alléchantes pour qu'il rentre dans le rang. Pourquoi se compliquer la vie, hurler à la lune pendant que les braves gens ferment les volets? Pourquoi risquer d'effaroucher en présentant les aspects moins glorieux de notre course à la technologie?

«Les films qui interpellent jouent, je pense, un rôle important dans le contexte actuel. La télévision nous propose la plupart du temps des reportages faits sur le mode de l'équilibre et de l'objectivité. À la longue, on se retrouve donc avec une masse d'informations sur lesquelles le public n'a pas de prise, qui n'élaborent pas sur les enjeux, qui sont spectaculaires, morcelées, et non compromettantes. Les images de bombes à Beyrouth côtoient le dernier désastre en Colombie. Pour qui regarde, c'est navrant, mais ça ne va pas plus loin parce que les véritables causes de ces malheurs sont escamotées. Pour comprendre il faut aller plus loin, fouiller, décortiquer, analyser et prendre position. Voilà la fonction du film de point de vue, qui veut aller plus loin pour provoquer une réflexion.»

Sans se prendre pour un redresseur de torts, Magnus Isacsson a décidé de mettre en lumière des problèmes environnementaux nés de déséquilibres socio-économiques. Des populations mexicaines, pauvres et démunies, sont menacées parce que des compagnies sans scrupules déposent près de leurs villages des rebuts radioactifs. Au Canada, des Amérindiens qui vivent près des mines d'uranium souffrent de maladies suspectes, alors que leur territoire est dévasté par la contamination de l'air, du sol et de l'eau. C'était là la thématique de son film *Uranium*. Les images n'offrent pas d'échappatoire. Il n'y a pas de *happy end* ni de romances fleuries. La Nature, ici, est citée comme témoin à charge.

L'objectif est noble, la déclaration louable et la démarche sans équivoque. Je connais bien Magnus Isacsson et je doute qu'il se mette à travestir la réalité pour appuyer ses idées. Tout repose, ici, sur l'honnêteté du commettant, et la sienne est sûre. Mais comment savoir, lorsqu'on ne connaît pas? La piste qu'il propose est malheureusement entourée de sables mouvants, et des gens bien intentionnés ont malheureusement souffert pour avoir cru des vendeurs d'illusions. Résultat? Il est plus difficile, aujourd'hui, d'obtenir une présomption d'innocence. La méfiance est devenue un trait distinctif de notre société. Et on ne peut demander à tous les cinéastes de témoigner de leur intégrité avant de visionner leurs films.

Magnus Isacsson hoche la tête. Le sourire quitte momentanément son visage tandis que des plis apparaissent en travers de son front. Non pas qu'il soit fâché: mais c'est pincer une corde sensible que questionner la validité de l'engagement, et il lui importe de trouver les mots justes dans une langue qu'il a apprise sur le tard.

«En fait, j'ai autant de difficulté à trouver mes mots en suédois, sinon plus», me répond-il ironiquement, avant d'enchaîner. «Je ne refuserai jamais la responsabilité de mon point de vue, bien que ce ne soit jamais que le mien seul. Dans mes films, j'essaie de donner le micro à des gens qui, dans notre société, n'y ont pas souvent accès. J'essaie de donner une plate-forme à ceux qui n'ont pas les ressources nécessaires pour exprimer leurs opinions. Dans mon cas, il s'agit souvent des autochtones, des gens qui sont affectés plus directement par la crise de l'environnement, qui sont pauvres et qu'on oublie trop aisément. Je leur offre une place, une voix qui porte plus loin. Et nous partageons souvent le même point de vue.»

Un point de vue qui dérange parfois, car les accrochages entre Amérindiens et gouvernements finissent par lasser une partie de l'opinion publique. Et on perçoit ici et là un ressac qui n'est pas sympathique aux Premières Nations. Des empêcheurs de tourner en rond, disent les uns. De justes revendications, soutiennent les autres. Magnus Isacsson observe et note. «Les autochtones ont été opprimés, marginalisés et laissés-pour-compte dans notre société. Ils ont pourtant des traditions, des connaissances profondes qui pourraient bien nous servir pour établir les bases du développement durable que nous réclamons tous aujourd'hui. Si j'arrivais à transmettre une partie de leur sagesse dans mes films, mon intervention serait utile.»

Le ton est sobre, pas du tout agressif, sans l'ombre d'une remontrance. Magnus Isacsson n'est pas un revanchard. Il constate, voilà tout. Il n'ira pas cracher sur la société qui l'a accueilli. Ce qui n'en fait pas pour autant un béni-oui-oui. Derrière ses lunettes les yeux se font perçants, il a le regard des gens dont la conscience est grande ouverte. Le confort apporte avec lui un prisme insidieux. Magnus Isacsson essuie peut-être ses verres plus souvent que la moyenne des gens, tout simplement.

«Dans l'information en général, on favorise énormément le savoir-faire des experts. Le savoir-faire formel, avec des cravates, avec des diplômes, avec des tribunes, qui prend le pas sur l'expérience vécue. Si on veut replacer les grands problèmes de cette fin de siècle dans un contexte où ils deviennent tangibles, il nous faut apprendre à donner une crédibilité réelle à notre propre expérience.»

Fort bien, sauf que nous évoluons dans un monde où la connaissance technique s'impose de plus en plus. Le débat environnemental, par exemple, est farci de BPC, CFC et autres organochlorés. Si les noms nous sont de plus en plus familiers, leur nature demeure un mystère. Et nous remettons notre sort entre les mains de ceux qui savent les servir à toutes les sauces. L'expérience vécue enseigne souvent les vertus du bon sens. Peut-il vraiment se mesurer au régiment du grand savoir? Après tout, qui aurait pu deviner qu'un jet de désodorisant en aérosol augmentait le risque d'attraper un cancer, avec l'amincissement de la couche d'ozone?

Le sourire revient derechef, devant la boutade, mais Magnus Isacsson ne se laisse pas démonter par si peu. «Mes films essaient justement d'aider les citoyens à comprendre les débats techniques et complexes en les abordant sous un angle plus accessible. C'est souvent le contraire dans les cercles officiels. L'industrie nucléaire et les organismes de réglementation vont par exemple privilégier une conception où seuls les diplômés en sciences peuvent intervenir dans les discussions. Le film que j'ai réalisé là-dessus dit aux gens qu'il leur est possible de comprendre l'essentiel pour mieux décoder les enjeux. Ils sont ceux qui, en définitive, auront à vivre avec les répercussions environnementales de telles décisions.»

Par voie de conséquence, il déplore ouvertement l'étroitesse du corridor dans lequel évoluent maintenant la plupart des journalistes des grands médias. Les reporters de la presse électronique n'ont qu'une minute et demie pour expliquer des phénomènes complexes, tandis que leurs collègues de la presse écrite doivent présenter une version soigneusement équilibrée des faits d'où les commentaires sont exclus. Le journalisme d'enquête, lui, se meurt sous la pression des restrictions budgétaires qui entraînent une production rapide. Le terrain est donc grand ouvert aux spécialistes des conférences de presse et communiqués bien tournés où prédomine la voix des puissants. Par-delà le confort et l'indifférence, Magnus Isacsson a choisi la liberté du franc-tireur et l'audace des convictions.

«Dans ce film sur l'industrie de l'uranium, j'ai décidé d'insister sur les retombées polluantes de l'exploitation minière, une pollution qui va nous hanter pendant deux cent mille ans. Je prends position, je dénonce, mais j'annonce mes couleurs dès le début. Je dis, moi, que la sauvegarde de l'environnement et de la santé publique est primordiale, comme l'aide au tiers-monde et la lutte au gaspillage.»

Il me revient une scène vieille de quelques années. Magnus Isacsson se tient près d'un grand bac à déchets derrière un restaurant d'une chaîne bien connue qui se spécialise dans les beignes. Nous tournons un reportage pour une émission d'affaires publiques appelée *Contrechamp*, à Radio-Canada, qui cherche précisément à dévoiler l'envers de la médaille. Et voilà qu'on nous dit que les beignes moins frais ne peuvent être remis aux clochards ou aux organismes de bienfaisance: la politique de la compagnie exige qu'on les jette, parce que des beignes défraîchis ne peuvent être remis en circulation parallèle. Le bac à déchets en est plein. Magnus est médusé et indigné. Le reportage aura des dents!

Du gaspillage des beignes au gaspillage des ressources, il n'y a qu'un pas à franchir, et notre société ne s'en formalise pas outre mesure. Lui, oui. Même si on lui dit de temps à autre qu'il se berce d'illusions et qu'il est naïf.

«Choisir entre la candeur et le réalisme? Ce n'est pas si simple que ça. Dans le débat sur l'énergie, par exemple, on dit souvent qu'il faut faire un choix entre le charbon qui crée des précipitations acides et le nucléaire qui est théoriquement plus propre. Pour moi, c'est du mauvais réalisme parce que c'est ignorer les autres options en simplifiant délibérément le débat. Il est donc essentiel que des cinéastes et des journalistes refusent cette logique réductionniste et offrent de nouvelles perspectives. Il faut effectuer ce que certains appellent un changement de paradigme et repenser notre façon de voir. Les artistes, écrivains, cinéastes et autres travailleurs du domaine culturel ont un rôle important à jouer à cet égard.»

Un rôle important, mais une entreprise précaire, comme il le dirait lui-même, parce que les ressources sont limitées pour qui sort du rang. «Oui, il faut bien parler de financement. J'ai dû d'abord établir ma crédibilité dans les médias officiels avant d'obtenir du soutien pour mes films d'opinion. Et encore, il faut être un peu acrobate pour trouver les fonds nécessaires, les appuis stratégiques, les ouvertures qui permettent d'aller un peu plus loin. Mais c'est à ce prix, ici, que l'on peut faire œuvre utile en environnement.»

Magnus Isacsson est un militant venu à l'information par un chemin particulier puisque son père avait fondé une école d'art, en Suède. «J'avais continuellement autour de moi des gens qui travaillaient avec des images et j'ai commencé à écrire des articles à quatorze ans, illustrés de mes premières photos. Puis sont venues les grandes causes, la guerre du Viêt-nam, les droits humains au tiers-monde, les révolutions anticoloniales, les mouvements ouvriers, jusqu'à ce qu'émergent les questions environnementales, dans les années soixante-dix. C'est justement par le biais des enjeux environnementaux que m'est venu cet intérêt pour les problèmes des autochtones, problèmes qui ne peuvent se comprendre sans lunette écologique. Et j'en suis venu à me dire que les films qui déclenchent un débat de fond sont plus importants que la seule livraison de l'information banalisée.»

Environnement et société? Mariage de raison entre partenaires condamnés à l'union et qui ont jusqu'ici fait plus souvent qu'autrement chambre à part. Union complexe dont on ignore souvent les aspects moins jolis comme le déséquilibre des rapports Nord-Sud. Les conférences internationales, dont le récent sommet de Rio, nous indiquent aujourd'hui que les problèmes environnementaux des pays pauvres du Sud risquent d'emporter les pays riches. Plus personne n'est à l'abri. Du coup naît une nouvelle solidarité forcée. Peut-être faudra-t-il en arriver là pour devenir plus sympathiques à la cause des autochtones. Magnus Isacsson était à Rio. Il a déjà fait son choix.

«En fait, je pense que pour bien comprendre notre société, il est très important d'écouter le point de vue des personnes handicapées ou marginalisées. La meilleure perception de notre monde vient de ceux et celles qui manquent de ressources et qui sont pour ainsi dire exclus du monde. C'est avec le regard du tiers-monde qu'on saisit le mieux l'ampleur du gaspillage qui perdure ici. C'est en revenant de mes voyages là-bas que je me rends compte que nous entretenons une folie, irresponsable en plus. Comme documentariste d'opinion, j'essaie de contrecarrer le *statu quo*, j'essaie d'ébranler l'indifférence.»

Le message est clair, et Magnus Isacsson ne se lasse pas de le répéter chaque fois que je glisse le mot *environnement* dans la conversation. Dans les rapports environnementaux, il voit des rapports de force entre les gens. La défense de l'environnement n'est plus une fin: c'est un moyen pour défendre des valeurs humaines. Le papillon pour le papillon, pas vraiment. Le cours d'eau pour le cours d'eau, on repassera. Quoique...

«Ce qui m'intéresse, c'est la protection de notre milieu, avec tout ce qui soutient la vie. L'avenir de la planète tout entière est en jeu, et c'est ce qui explique l'ampleur qu'a prise le mouvement écologiste ces dernières années. Il faut d'ailleurs reconnaître le rôle primordial que jouent les groupes sociaux dans cette prise de conscience. Elle est venue d'en bas, pas d'en haut. Et ce qui me rassure, dans un sens, c'est qu'il ne s'agit pas d'une mode. Les gens se rendent compte à quel point la crise environnementale est sérieuse. Le danger que je vois, en contrepartie, c'est que cette crise apparaît comme une énorme sphère lisse sur laquelle on n'a pas de prise! Notre rôle, cinéastes, artisans de l'information, consiste alors à offrir une prise au public, à lui offrir une approche qui facilite l'intervention concrète et non pas l'attentisme.»

Grande cause, noble mandat. Dans la vie, il arrive toutefois que les choses ne se déroulent pas comme on le souhaiterait. Le «système», ce pauvre, résiste indûment quand on le secoue, ne serait-ce que par sa force d'inertie. Il est difficile de modifier la course d'un train quand l'aiguillage doit être manœuvré à bout de bras. «Bien sûr, reconnaît Magnus Isacsson. Et ce qui est intéressant dans ce travail de documentariste, c'est qu'on voit rapidement où se situent les résistances. Pour *Uranium*, par exemple, il n'y a pas que l'industrie qui ait mal réagi: les agences gouvernementales aussi l'ont décrié. Le film a été bien accueilli par les chroniqueurs, la presse écrite l'a louangé, il a gagné un prix du meilleur documentaire, on l'a présenté sur les écrans à l'étranger, et pourtant, notre télévision d'État, Radio-Canada comme CBC, refuse toujours de le diffuser... alors qu'il pose précisément le débat en termes canadiens! Je pose la question: y aurait-il un lien entre la diffusion des messages publicitaires de l'industrie nucléaire à Radio-Canada et le fait que le même réseau hésite à diffuser des œuvres qui contestent l'industrie? Craint-on les réactions des organisations puissantes au point de s'autocensurer? Et surgit finalement tout un débat sur la liberté d'expression, sur la libre circulation des idées dans notre société.»

Tout un débat, en effet, qui interpelle ces grands fleuves tranquilles que sont les réseaux de télévision et, pourquoi pas, les importants groupes de presse. Les revendications environnementales sont de bon ton officiellement... quand elles ne dérangent pas outre mesure. Aux États-Unis, il est aujourd'hui reconnu que les grandes compagnies n'hésitent pas à poursuivre systématiquement les citoyens et les groupes qui dénoncent leurs agissements et demandent réparation. La menace fait effet et impose le silence. Serait-ce le test ultime qui valide ou non nos prétentions environnementales?

«Un de mes collègues a réalisé un film critique sur Alcan comme multinationale. Il me semble que c'est tout à fait le genre de sujet qui aurait sa place à la télévision publique. Ce film a pourtant été refusé par CBC et Radio-Canada. Il a finalement été montré à la télévision éducative en Ontario, sans trop de publicité parce qu'on a fait pression en haut lieu. Les groupes d'intérêt puissants font pression sur les gouvernements, sur les médias. Les problèmes qu'a connus la série *La bravoure et le mépris* n'en sont que le dernier exemple. Lorsqu'on s'attaque aux grands problèmes de notre temps, les résistances surgissent et leur origine révèle déjà une partie du mal.»

Tandis qu'il relève impitoyablement l'illogisme, voire l'hypocrisie de notre comportement collectif, Magnus Isacsson conserve un ton calme qui étonne presque. D'autres s'emporteraient, donneraient du poing sur la table. Pas lui. La musique des Andes adoucit sans doute l'atmosphère et les Suédois sont reconnus pour être des gens placides. Mais il y a plus. L'amertume voisine une forme de sérénité née de l'expérience. Et l'espoir existe toujours, soutenu par d'indiscutables indices. Que chantent les lendemains, dirait le poète. Qu'ils s'ensoleillent de mille couleurs, dirait le cinéaste.

«Nous avons élargi notre conscience. Des brèches s'ouvrent qui permettent la discussion publique. Suggérer un film sur les autochtones, auparavant, c'était risquer de se faire dire qu'on en avait parlé l'année précédente. Comme si les Micmacs étaient identiques aux Mohawks ou aux Attikameks! L'attitude a changé, l'attention est plus éveillée. De la connaissance naît la compréhension. C'est pareil pour l'environnement. On ne se fait plus traiter de *marginal* lorsque vient le temps d'aborder le sujet. Même les patrons en demandent! C'est déjà ça de pris.»

Les valises d'équipements encombrent le salon, des cartes géographiques dépliées occupent la table, le téléphone sonne parce qu'il faut régler la question des piles à apporter... Une autre journée dans la vie d'un cinéaste de terrain. «Voyez-vous, répond Magnus Isacsson à mon interrogation muette, le cinéma d'opinion joue un rôle d'éclaireur. La société change par mutations, par des transformations plus ou moins visibles, parfois par sauts plus ou moins violents. Il faut simplement que certains aillent voir ce qui se passe de l'autre côté de la colline. Et je vais continuer à y aller avec ma caméra.»

Magnus Isacsson est né le 3 janvier 1948, à Stockholm. Il a grandi en Suède dans une famille d'artistes. Il est arrivé au Canada en 1970, juste à temps, selon ses mots, pour vivre la crise d'Octobre. Citoyen canadien depuis 1979, il a parfait ici sa formation de cinéaste et s'est vite intéressé à la cause du tiers-monde, des autochtones et à celle des déshérités en général.

Sa carrière l'a amené à participer à certaines des émissions les plus prestigieuses de la télévision canadienne: The Fifth Estate, *à* CBC, Contrechamp *et* Le Point, *à* Radio-Canada. *Il s'est aussi associé, comme cinéaste indépendant, à l'Office national du film. C'est justement à titre personnel qu'il a signé ses documentaires les plus percutants:* Uranium, *sur l'industrie nucléaire canadienne, puis* Cendres et moissons *sur la misère en Éthiopie. Il travaille présentement à un documentaire sur le projet Grande-Baleine.*

Goûter la Terre,
en conscience

Gérard Drainville:
D'arbres, de gens et de bonne parole

L'archevêché d'Amos est situé au bout d'une belle rue résidentielle, au sommet d'une colline qui domine un paysage typique du nord abitibien, prairies et forêts. On peut

apercevoir, vers le centre-ville, l'étonnante cathédrale ronde érigée au début des années trente pour galvaniser les colons modestement logés, eux, dans des maisons de bois rond. Soixante ans plus tard, l'Abitibi vit bien de ses mines, mais elle a largement hypothéqué son capital forestier en l'exploitant à outrance. Et cette situation désole Gérard Drainville, évêque d'Amos, apôtre de Dieu et du développement durable.

En un sens, l'Église catholique vit elle-même sa crise de développement durable au Québec. Son propre capital humain s'est effrité depuis la Révolution tranquille et les moissons sont aujourd'hui moins abondantes, tant au chapitre des fidèles qu'à celui des pasteurs. Certains ecclésiastiques ont tendance à regretter le passé ou à se complaire dans une forme d'autoanalyse. D'autres, et ils sont nombreux, ont suivi de près l'évolution de la société québécoise préoccupée par son avenir immédiat. Des figures légendaires sont nées, comme le curé Banville, engagé dans un combat épique pour la survie des paroisses démunies de l'arrière-pays gaspésien. Les légendaires opérations Dignité ont inspiré toute une génération de Québécois déterminés à vivre des ressources qui les entourent. Elles ont aussi dessiné une nouvelle forme d'intervention cléricale, moins métaphysique que pragmatique, qui défend le droit au bonheur terrestre tout en prêchant la félicité céleste.

Mgr Gérard Drainville est biologiste. À une époque où les théories de Darwin sur l'évolution des espèces étaient considérées comme anathèmes, il aurait sûrement été lui-même l'objet de suspicion. L'Église accepte aujourd'hui davantage la rencontre entre science formelle et spiritualité, laissant plus de latitude aux interprétations naturalistes. Il y a, et il y aura toujours, des frictions entre scientifiques et religieux quant à l'essence même de l'être humain, divine pour les uns, matérielle pour les autres. Mais tout le monde s'entend sur les nécessités immédiates. La souffrance n'est plus un passeport pour le paradis. Pour méditer, il faut pouvoir manger. L'évêque-biologiste qui voit les forêts de sa région disparaître sait que ce n'est ni la fatalité ni un signe du diable ou de Dieu. La turpitude humaine est seule en cause. La tribune se situe sur Terre et la croisade vise les vivants.

«La question est de savoir si une population peut vivre, et continuer à vivre, à partir des ressources qui l'entourent. Le raisonnement peut se situer à l'échelle d'un territoire donné, il peut aussi s'appliquer à l'ensemble de la planète.» Ce credo du développement durable, Gérard Drainville le proclame haut et fort depuis une douzaine d'années déjà, partout où sa fonction épiscopale lui en donne l'occasion. L'homme est discret, mais on commence à reconnaître l'importance de ses interventions. C'est à lui que l'Assemblée des évêques du Québec a confié la tâche d'écrire, en 1989, une lettre pastorale sur le droit des populations à vivre de leur environnement, au moment où l'on constate l'effet dévastateur des prélèvements inconscients. C'est également lui qui était venu dire à Montréal, au Forum québécois sur le développement durable, que les populations des régions dites périphériques ne pourront pas survivre si les ressources renouvelables sont détruites.

Invité à l'occasion de ce Forum marquant, l'écologiste René Dumont me racontait plus tard qu'il avait été fort impressionné par cet évêque venu de sa lointaine Abitibi. Sans merci pour le Pape et les institutions religieuses en général, René Dumont avait retrouvé dans les appels de cet homme les échos de ses propres revendications humanistes. «Gérard Drainville a compris, disait-il, que la survie des humains est la mission définitive en cette fin de siècle.»

Gérard Drainville appréciera le compliment à sa guise, mais il n'attend pas la reconnaissance internationale pour défendre son point de vue: «Nous empoisonnons actuellement notre environnement de deux façons. Nous pillons les ressources et nos modes d'exploitation engendrent des déchets en quantité telle qu'ils vont finir par étouffer la planète. Et lorsque l'épuisement de ces ressources se fait au détriment de la population immédiate, celle qui habite le lieu, c'est sa subsistance, sa survie même qui est menacée.»

Gérard Drainville est bien placé pour parler de l'harmonie fragile entre nature et humanité. Il y a soixante ans, des colons sont montés au prix de sacrifices inouïs vers les pays d'en haut, affrontant des hivers redoutables, répondant aux vœux de leur gouvernement. On leur faisait miroiter une Terre promise. Ils l'ont fabriquée à la force de leurs poignets. Trois générations plus tard, la lutte n'est pas terminée. Mais l'ennemi n'est plus l'hiver. C'est l'insouciance des profiteurs trop pressés.

«La population n'est pas assurée de bien vivre de ses ressources, si renouvelables soient-elles en théorie. Je suis arrivé en Abitibi il y a douze ans, et c'était déchirant de voir les ponctions sévères faites aux forêts, le gaspillage, l'inconscience.» Le calcul arithmétique est pourtant simple: lorsque la coupe est plus intense que la repousse, le déséquilibre est inévitable.

Si les régions dites périphériques du Québec pouvaient parler, elles raconteraient des histoires d'épouvante. La Gaspésie, la Haute-Mauricie, le Saguenay—Lac-Saint-Jean se retrouvent dans la même impasse que l'Abitibi. Il suffit de survoler les «vastes contrées boisées» pour découvrir l'immense damier qu'est devenue cette forêt, avec de grandes cases dégarnies par la coupe à blanc. Un damier pour dupes, qui conduit tout droit à l'échec... et mat. Malgré les sursauts populaires, comme dans l'arrière-pays gaspésien et dans la vallée du Témiscouata, l'est du Québec regarde avec nostalgie les vieilles photos où de véritables arbres annonçaient un bel avenir. Le redressement est pourtant possible, les Suédois nous l'ont montré sans forfanterie lors du tournage du film de l'ONF *Les quatre cavaliers de l'Apocalypse*, avec leurs forêts abondantes, leurs arbres robustes et leurs animaux vigoureux.

Cultiver la forêt comme un jardin? La Nature n'est-elle pas omnipotente? «D'autres sont intervenus bien avant moi, dans la région du Bas-Saint-Laurent, par exemple, en sonnant la cloche aussi tôt que dans les années trente. Une autorité comme Esdras Minville, économiste aux hautes études commerciales, a écrit des livres bien documentés pour rappeler que la forêt croît à son propre rythme qu'une économie bien pensée doit respecter. On peut améliorer ce rendement, on a le droit d'intervenir, mais il est insensé d'aller au-delà du potentiel. Il faut croire que ceux qui étaient à l'emploi de l'État ou des compagnies forestières ont crié plus fort.»

Qui s'en serait alarmé? «Nous avons la promesse du plus bel avenir», chantait Gilles Vigneault. Bon capital et intérêts prospères... pour autant que ce capital demeure intact. Malheureusement, les exploitants de l'époque n'étaient que de piètres banquiers. Ils se sont servis comme si le panier n'avait pas de fond. «Je dois signaler qu'un changement de vision semble apparaître. De nouvelles lois tiennent davantage compte de l'équilibre essentiel, de l'idée d'un rendement soutenu. Mais... nous n'en sommes pas encore aux usages multiples, à l'aménagement polyvalent de cet écosystème dynamique et global, au profit de l'ensemble de la population et surtout de celle qui vit en sa compagnie. La forêt est encore considérée comme une vulgaire réserve de bois.»

Ce sont là des propos bien sentis, mesurés et fermes, typiques d'un ingénieur forestier ou d'un activiste militant. Pourtant, c'est bien un évêque qui se trouve en face de moi, un homme que l'on disait chargé de veiller au salut spirituel de ses fidèles en laissant à d'autres les débats temporels.

«Pourquoi un évêque se mêle-t-il de ces questions-là? Au fond, c'est ce que vous voulez me demander, en clair. Eh bien! allons-y», me lance Gérard Drainville en attrapant la balle au bond. «Voici donc un abrégé de mon *curriculum vitæ*. J'ai été professeur de biologie pendant vingt ans dans un séminaire puis dans un cégep, à Joliette, et j'ai eu la chance — je dis parfois la grâce — d'avoir été désigné pour enseigner la biologie en 1954. Je m'y intéressais de toute façon, mais cet appel est devenu le véritable point de départ de ma réflexion.»

L'épisode fait sourire. Bien des Québécois et des Québécoises nés avant la Révolution tranquille ont connu cette période où les cours de mathématiques, d'histoire ou d'éducation physique étaient dispensés par un religieux ou une religieuse plus ou moins habile, réquisitionné pour la circonstance par ses supérieurs. Et au petit bonheur la chance! *My tailor is rich*, avez-vous dit?

«Dans mon cas, cet apprentissage n'a duré que deux ans, après quoi le supérieur m'a fait venir dans son bureau pour me dire que si je devais enseigner la biologie, il était préférable que je l'étudie! Je me suis donc inscrit à l'Université de Montréal, j'y ai décroché un diplôme en biologie, pour ensuite aller passer quelque temps du côté du Saguenay, dans des camps d'été, parfaire mes connaissances en biologie marine… Après cette période de vingt ans comme professeur, je suis allé enseigner deux ans à Madagascar comme coopérant, toujours en biologie. Et c'est en 1978 qu'on m'a demandé de devenir l'évêque d'Amos, une autre situation que je n'ai pas vraiment choisie.»

Entre la biologie marine et les forêts abitibiennes, il y a tout un monde de différence! «Surtout lorsqu'on vient comme moi des îles du lac Saint-Pierre, une région agricole, où les grandes forêts d'épinettes et de sapins, au mieux, décorent les murs des maisons sous forme de tableaux. Le premier été passé à Amos m'a obligé à comprendre rapidement le milieu forestier et les modes d'exploitation. J'ai survolé la forêt en avion, je suis descendu dans les chantiers. Le choc a été considérable. J'ai été renversé de voir la façon dont on détruisait la forêt, dont on défaisait le paysage. Mes leçons de biologie marine me sont revenues parce qu'en écologie le principe de l'équilibre est primordial, et ce même principe vaut pour tous les écosystèmes.»

Va pour l'écologie et la compréhension des phénomènes, mais l'engagement social des prêtres se situe à une autre échelle, longtemps controversée au Québec. L'image du curé qui use de son influence pour admonester ses ouailles du haut de la chaire a laissé sa marque, à tel point que plusieurs clercs ont par la suite évité toute intervention publique. Gérard Drainville a décidé, lui, de se mouiller les pieds.

«L'évêque doit avoir à cœur le bonheur des gens. Normalement, il les invite à la vie spirituelle, mais la vie spirituelle ne vient pas toute seule, il lui faut s'appuyer sur quelque chose! Moi, je mets ensemble ces deux morceaux de ma vie, deux morceaux que je n'ai pas nécessairement choisis mais que j'ai vécus. Je ne peux pas ignorer ma formation de biologiste maintenant que je suis évêque. De là la volonté d'en arriver à une synthèse. Je ne peux me contenter de regarder la Nature, les mécanismes qui l'animent, et oublier que les humains vivent de peine et de misère. Ici aussi, le Gouvernement a tenté de fermer des paroisses dans les années soixante-dix, et les gens ont résisté alors qu'on saccageait leurs ressources. Je n'ai pas d'autre choix que de faire des liens. L'évêque vit sur Terre avec son monde et il peut mettre ses connaissances au service de sa réflexion sociale.»

Cette discussion sur le sort de la Nature et les mauvais traitements qu'elle a subis s'apparente souvent aux notions de bien et de mal, une conception éminemment morale. La morale dans l'écologie? «Absolument, répond sans hésiter mon interlocuteur. Il y a une responsabilité morale très forte dans la gestion de la Nature et ce ne sont pas seulement les évêques qui le disent. Lisez les textes de Pierre Dansereau,

d'André Beauchamp, l'ancien président du Bureau d'audiences publiques sur l'environnement, et de bien d'autres
scientifiques qui commencent à dire que la manière de se
servir des ressources naturelles doit être régie par un jugement moral. L'économie n'est pas seul juge. La Nature existe
pour l'ensemble de la population. Dieu l'a créée comme un
immense cadeau qu'il nous a remis, mais nous en sommes
responsables. La population actuelle doit pouvoir en vivre
convenablement sans hypothéquer le bien-être des générations futures. C'est là la définition du développement durable. L'héritage de la Terre ne doit pas être sali.»

Par la fenêtre du bureau de Mgr Drainville, on peut
apercevoir le jardin bien tenu de l'évêché, les arbres en santé
qui garnissent comme il se doit l'environnement d'un
biologiste, fût-il religieux. Sans trop le savoir — ou le savent-
ils? — les arbres sont redevenus objet de vénération au
Québec, un mouvement auquel le dessinateur Frédéric Back
n'est pas étranger. *L'homme qui plantait des arbres* est devenu
un film-culte pour les écologistes. Le livre de Jean Giono se
trouve justement sur la table de la bibliothèque qui sert de
cadre à cette conversation, et je ne peux m'empêcher de faire
une association entre le héros de l'histoire et l'évêque qui
défend son milieu.

«Ce magnifique texte est à la fois prophétique et historique puisque le berger dont parle Giono a véritablement
vécu. Cet homme qui a reconstitué une forêt en plantant des
arbres pendant quarante ans a réalisé quelque chose
d'extraordinaire pour l'humanité. C'est dans ce sens que le
geste m'apparaît prophétique pour le devenir de l'humanité.
Vous savez que le village où a vécu le berger, la commune
comme on dit là-bas, est venu chercher Frédéric Back pour
qu'il présente son film à des écoliers, ce qui a mené à une
nouvelle plantation d'arbres par les enfants. Ces
manifestations sont éloquentes pour l'avenir. J'aurais bien
aimé être le berger qui plantait des arbres pour faire revivre
la Nature et humblement montrer le chemin à suivre.»

Les fonctions d'évêque comportent également une part
d'administration qui laisse moins de latitude au naturaliste, et
Gérard Drainville regrette de ne pouvoir se retrouver aussi

fréquemment qu'il le voudrait au grand air. «La Nature fait partie de ma nourriture spirituelle personnelle. Je dis toujours que Dieu nous a présenté au moins deux grands livres. Le plus visible est celui de la Nature, que je parcours le plus souvent possible; il y a l'autre, la Bible, la parole de Dieu, dans laquelle l'histoire de l'humanité nous est racontée de façon parfois imagée, parfois rigoureuse, mais ce sont deux sources de connaissance, deux sources de contact avec Dieu. Ce sont ces deux sources que j'essaie de marier et elles sont toutes les deux très inspirantes. Il n'y a aucune contradiction entre elles. Celles que l'on perçoit ne sont qu'apparentes, il suffit de chercher davantage du côté de la Nature ou d'interroger un peu plus profondément la Bible pour les dissiper.»

Ouais. Je veux bien croire, mais des bémols surgissent d'un passé récent. Dieu et la Nature, voilà une alliance qu'il aurait été presque osé d'envisager dans le Québec clérical, celui où les humains trônaient au sommet de la Création parce qu'ils avaient la chance, eux, de posséder une âme. Le salut de cette âme étant la seule véritable finalité, qu'importait le reste? Les dogmes de ce catéchisme sectaire ont fini par dénaturer l'essence même du mot *spiritualité*, même si le renouveau pastoral aborde aujourd'hui l'Univers de façon nettement plus ouverte. Pendant que Gérard Drainville témoigne de façon éloquente de ce virage, certains passages de la Bible, moins... écologiques, disons, me reviennent en mémoire et ils m'ont toujours agacé.

«Je sais à quoi vous pensez, me dit Gérard Drainville. On a utilisé un texte de la Bible, plus précisément de la Genèse, qui dit "Remplissez la Terre et soumettez-la", en oubliant le deuxième chapitre où il est écrit "Dieu prit l'homme et la femme pour les placer dans le jardin de l'Éden pour le cultiver et le garder". La Terre est un jardin que Dieu nous a donné. Nous l'habitons pour en prendre soin. L'attitude est totalement différente. Si je fais partie du jardin, je le regarde, je l'admire, mais je ne le domine pas. Agir autrement, c'est nier l'interdépendance des humains, des animaux et des végétaux, c'est nier la base même d'un écosystème. La Nature fonctionne par entraide entre ses différents éléments, êtres humains compris. C'est dommage, mais la vision de nos exploitants forestiers est souvent restrictive parce qu'ils agissent en propriétaires du jardin, non en gestionnaires. Si je suis irresponsable, j'oublie la fragilité du jardin, j'oublie qu'il m'a été confié par Dieu.»

Gérard Drainville parle doucement, mais il hausse légèrement le ton dans cette envolée où l'exégèse se mêle à la biologie, où la symbiose associe l'humus et le col romain. J'avoue cependant être un peu mal à l'aise devant ce va-et-vient entre Dieu et l'environnement, le paradis perdu temporel m'important davantage que l'autre. Il me revient en tête ces passages démobilisateurs de l'Évangile qui ouvrent toutes grandes les portes du ciel à ceux qui souffrent et qui n'ont rien sur cette Terre. Fatalisme et soumission, les deux mamelles de la pollution?

L'évêque d'Amos, en tout cas, ne prêche pas la résignation. Sa conversion à l'écologie n'est pas récente, ni due comme d'autres à un chemin de Damas. Gérard Drainville parle d'expérience. Je ne suis cependant toujours pas convaincu de la solidité de cette nouvelle alliance entre la Bible et la Nature, ni de celle entre le vocabulaire usuel et les comportements. Pourtant, c'est bien le terme *dompter* que nous utilisons depuis toujours en parlant de la Nature. Dompter les forêts, dompter les rivières, dompter les grands espaces... il fallait toujours dompter.

«C'est bien vrai, me répond-il, c'est le nœud qu'il nous faut délier, l'attitude qu'il faut modifier. Et ce sont les jeunes qui vont nous aider, des enfants de deuxième et troisième année. Lorsqu'ils vont à leurs cours de catéchèse qui portent justement sur la Création, ils apprennent que la Création est un cadeau de Dieu; c'est différent du propos dominateur. Le langage a déjà commencé à changer. Mais avant que cela se transpose dans les actions des entreprises, il va encore s'écouler du temps. Et nous n'avons pas beaucoup d'années devant nous.» Lester Brown, René Dumont, le rapport Bruntland, tous parlent de dix ou vingt ans comme point de non-retour. Gérard Drainville connaît ces documents et leurs auteurs. L'Apocalypse, version écolo?

«L'échéance, c'est demain si nous n'y prenons garde. La production excessive de gaz carbonique et l'effet de serre, par exemple, demandent que l'on plante encore plus d'arbres pour nous protéger. Nous devons absolument découvrir comment la Nature peut vivre convenablement et en tirer des leçons. Il en va du bonheur de ceux qui nous suivent, à qui nous devons laisser un jardin encore plus beau.»

Tout l'enjeu du développement durable est exposé dans ces quelques mots. Je me demande comment le prêche de l'évêque environnementaliste a été reçu dans cette région fière de ses ressources naturelles, en me rappelant les difficultés actuelles de l'industrie du sciage, par exemple, qui essaie tant bien que mal de faire des planches avec les menus arbres qui restent. Pour fabriquer le «2 x 4» traditionnel, il faut un tronc respectable. Il en reste peu. Je revois également ces peintures surannées qui montraient le port de Québec en pleine activité, alors qu'on chargeait les premiers vapeurs d'immenses pins à destination de l'Angleterre. Tableaux d'une gloire évanouie? En Abitibi, c'est le sous-sol qui a pris la relève, malgré la mise sur pied de nouvelles entreprises forestières. On gruge le sol, plus ou moins attrayant selon l'évolution du cours mondial des prix des métaux. Les jeunes, découragés par un avenir incertain, finissent par gagner la grande ville.

«Mon professeur, Pierre Dansereau, avait coutume de nous dire qu'il fallait en arriver à l'austérité joyeuse. C'est une image frappante. Nous pouvons être heureux sans tout ravager, sans continuer à piller la Nature. Elle est à notre service, mais pas à notre service exclusif. Elle nous accompagne si nous en prenons soin, sinon elle se retourne contre nous. C'est le cas des déchets.»

Gérard Drainville a beaucoup réfléchi sur sa relation avec la Nature. Les grenouilles le passionnent probablement, lui qui s'est spécialisé au départ en biologie marine, mais la sève perdue des arbres l'a depuis profondément troublé. J'écoute cet homme qui survole des dimensions qui me demeurent en bonne partie étrangères me parler Évangile et sapins, et je cherche l'unification de ces forces, à la manière d'Einstein. Se pourrait-il que ce lien secret ne porte pas d'autre nom que *morale*?

«Absolument. Si je suis conscient de la précarité de la situation et que je m'en fiche, je commets une faute morale contre l'humanité. C'est une faute sociale très grave, donc une faute morale. Nous parlons maintenant de morale écologique, ça doit être intégré dans l'ensemble de la morale, et c'est une responsabilité collective que nous ne pouvons pas nier.»

Dans *Terre des hommes*, Saint-Exupéry parle d'un jardinier vieillissant qui regrettait de ne plus pouvoir bêcher la terre, de ne plus pouvoir tailler ses arbres, qui «était lié d'amour à toutes les terres et à tous les arbres de la Terre... le généreux, le prodigue, le grand seigneur... l'homme courageux quand il luttait au nom de sa Création contre la mort». Réunir les arbres, la terre, l'amour des siens et la Création est une tâche qui sied bien à Gérard Drainville. Nous aurions bien parlé du ciel, mais il était si intéressant de raconter la Terre...

Gérard Drainville est né le 30 mai 1930, à l'île Dupas, en face de Berthier. Après des études en théologie au Grand Séminaire de Montréal, Gérard Drainville est ordonné prêtre en 1953. Il s'inscrit ensuite en biologie à l'Université de Montréal où il obtient une maîtrise en 1967. Le jeune clerc ne se satisfait pas des seuls bancs de classe et il fera entre-temps plusieurs stages à l'extérieur du pays dont un au réputé laboratoire de biologie marine de Woods Hole, au Massachusetts. Il prend ensuite le chemin de Joliette où il enseignera successivement au Séminaire puis au cégep, avant de s'envoler pour Madagascar où il agira comme aumônier et professeur de sciences naturelles. De retour au pays, il est nommé, en 1978, évêque d'Amos.

*M*ᵍʳ *Gérard Drainville a vite pris à cœur la cause de sa région d'adoption. Homme d'Église, mais aussi homme de sciences, communicateur émérite, il a plus d'une publication à son actif et a collaboré à la série de manuels de biologie* L'homme et son milieu. *Son engagement constant en faveur du développement durable lui a valu de nombreuses invitations à des conférences et colloques où il prend position en faveur de l'exploitation cohérente des ressources naturelles et défend le droit des populations locales à vivre de ces richesses dans le respect de l'environnement.*

Estelle Lacoursière:
Fleurs et prières à la boutonnière

L es bâtiments sont anonymes, mais le boisé avoisinant, lui, est joli. Il offre quelques brins de fraîcheur à la grisaille du campus universitaire, de Trois-Rivières, un soupçon de

Nature qui adoucit un cadre autrement sévère. Il n'est pas inoffensif pour autant. N'est-ce pas de l'herbe à puce qui envahit le petit sentier, par là?

«N'ayez crainte, ce n'est que du chèvre-feuille», répond mon interlocutrice qui me fait l'honneur d'une leçon de botanique maison durant une trop courte promenade. Me voici rassuré. Estelle Lacour-sière, biologiste, bota-niste et religieuse, con-naît les mille et un visages de la Nature qui l'entoure. «La confusion est compréhensible et vous faites bien d'être prudent parce qu'on trouve de l'herbe à puce par ici. Si j'en vois, je vous le dirai.» Lauréate du Prix du mérite environnemental québécois, en 1988, Estelle Lacoursière perpétue à sa manière cette tradition fameuse des naturalistes d'ici, qui ont donné à la science québécoise certains de ses plus beaux titres de noblesse. Ses rêveries de promeneuse solitaire l'emmènent souvent dans ce petit boisé, modeste aux yeux du profane que je suis. Mais la leçon ne fait que commencer et l'université se découvre ici un nouveau pavillon éclaté où frémissent sous la brise des murs aux teintes de jade et d'émeraude. Sous la conduite experte de la professeure Lacoursière, le boisé livre volontiers ses secrets.

«Juste en avant, vous avez une plante encore plus intéressante, la fleur de mai. Elle fleurit dès la fonte des neiges. Autrefois, on en trouvait abondamment dans cette partie-ci de Trois-Rivières, sur les coteaux. Malheureusement l'industrialisation, l'urbanisation, le réseau routier en ont fait disparaître beaucoup. Si j'avais le temps, je vous ferais connaître ainsi une centaine de plantes qui nous entourent, qu'on oublie souvent mais qui témoignent de la vitalité végétale malgré les assauts du développement. Voilà la valeur des milieux naturels, qu'on doit essayer de conserver dans nos municipalités. Ils nous rappellent cette richesse, cette variété d'espèces qui vivent en compagnonnage, s'aidant les unes les autres. J'humanise un peu leur comportement, mais la leçon pourrait sûrement nous inspirer.»

Estelle Lacoursière n'insiste pas davantage sur la morale de l'histoire, emportée par son enthousiasme à faire partager les joies de la découverte. Rien qui rappelle l'image de la religieuse austère, prompte à voir le mal. Le cliché ne survit que par la persistance de notre éducation janséniste. Le présent vit du présent. Et cette petite femme vive admire la Nature comme peu d'existentialistes sauraient le faire. Mieux, elle corrige de vieilles perceptions qui découlent de notre vision manichéenne. En forêt, il n'y a pas de bons ni de mauvais.

«Prenez les champignons. On dit que ce sont des parasites, qu'ils accélèrent la pourriture. Nous faisons tout pour les éliminer de notre nourriture. Mais ils jouent un rôle essentiel dans l'écosystème forestier. Qu'arriverait-il des arbres morts si les champignons n'intervenaient pas pour hâter leur décomposition? Je ne crois pas à l'idée d'espèces concurrentes dans une forêt. Même après une dévastation naturelle ou artificielle, le milieu retrouve une situation d'équilibre. Des plantes occupent la strate supérieure en cherchant le soleil, tandis que prospèrent en sous-bois d'autres variétés qui ont besoin d'ombrage. Les animaux viennent compléter le tableau avec des prélèvements qui contribuent à la dynamique du système. Le ministère de l'Énergie et des Ressources, lui, utilise pour protéger la forêt des herbicides qui éliminent la végétation concurrente. Je demande, moi: quelle forêt? Une forêt aseptisée, privée de sa propre vitalité?»

À l'entendre, il me revient cette réflexion de Pierre Foglia sur les champs de maïs si bien protégés chimiquement que rien d'autre n'y pousse, ni pissenlits, ni chiendents, pas même le moindre trèfle. Le produit chimique en cause, l'Atrasine, tue tout sauf le blé d'Inde. Et Foglia de s'interroger: «Je ne suis pas du maïs, moi, est-ce que ça me tue? Est-ce que ça tue mes chats, les oiseaux, la mémoire?» C'est dommage, mais le débat est encore grand ouvert sur les conséquences à long terme de nos interventions. Impossible de discriminer les effets spécifiques, entend-on inévitablement. Voilà pourquoi il est risqué de n'invoquer que la science formelle. L'autre, plus intuitive, et dont s'inspire le discours naturaliste, offre une belle lumière. Elle me plaît bien, et tout indique qu'elle plaît également à Estelle Lacoursière.

«Les humains ont leur place dans tout cet échafaudage pour autant qu'ils ne surexploitent pas les ressources. L'exploitation intensive peut sembler avantageuse, le temps d'une génération. C'est trompeur, puisqu'on ne fait qu'empiler des factures que d'autres devront payer plus tard.» En d'autres mots, oui au développement, mais au développement durable. Ces phrases s'envolent dans l'air printanier de Trois-Rivières, un air qui sent moins le soufre qu'autrefois. Des papetières ont fermé leurs portes. L'économie est mauvaise et la forêt n'est plus aussi plantureuse. Nous avons déjà commencé à payer les factures de notre insouciance.

Il serait trop naïf de prôner l'observation fidèle des lois de la Nature, surtout qu'elles ne sont pas non plus à l'abri des distorsions. «On a beaucoup parlé, reprend Estelle Lacoursière, de la compétition qui existe entre les espèces, de la lutte pour la survie. On a même avancé la nécessité du darwinisme social, en laissant prospérer certaines entreprises, certaines personnes alors que d'autres s'affaibliraient. Ce serait là la loi de la sélection naturelle appliquée aux sociétés. Nous nous en sommes servis, en fait, pour justifier des systèmes malhonnêtes. La Nature n'est pas aussi impitoyable. Elle favorise aussi la symbiose, l'association dans un lichen de l'algue et du champignon. Le champignon fournit humidité et protection, l'algue s'occupe de la photosynthèse et alimente le champignon. Elle y perd quelques cellules au change, mais elle se multiplie plus rapidement.» Estelle Lacoursière cherche et trouve la citation appropriée pour conclure la démonstration: «Je lisais récemment dans une revue française ce beau commentaire: On ne soulignera jamais assez ce sacrifice que fait l'algue, individu, pour assurer la survie de l'espèce.»

Une participation réciproque aux bénéfices, en somme. «Oui, parce que si les plantes dominantes s'appropriaient toutes les ressources en faisant disparaître les humbles champignons qui décomposent la matière organique, elles finiraient elles aussi par dépérir.» La biologiste s'arrête un instant, consciente qu'il ne faut pas pour autant dépeindre un Univers idyllique emprunté au «bon sauvage» de Rousseau. «Cette quête peut être assez dure. Les animaux doivent faire des efforts pour leur survie. Nous aussi. Au fond, tout est question d'équilibre.»

Dans le confort du petit sous-bois, le credo d'Estelle Lacoursière est contagieux. Encore un peu et les feuilles murmureraient leur approbation. Et je me demande comment il se fait que nous nous soyons éloignés de cette sagesse populaire, que nous ayons choisi de profiter à court terme du patrimoine naturel. Tout cela paraît si évident! Devant mon interrogation, la religieuse décide d'appuyer le propos de la scientifique. «Pour bien comprendre les lois de la Nature, les lois des hommes doivent s'inspirer de sources spirituelles. Quand Dieu ne se retrouve pas au centre d'un projet de société, c'est l'avoir qui prend de l'importance. Si vous enlevez ce principe de référence à un Être suprême, si vous enlevez cette finalité à la vie, l'égoïsme absolu devient par ricochet la seule façon intelligente de vivre. Si je n'ai qu'une vie à vivre, je vais essayer de m'accaparer le maximum de biens possible, après tout... Et l'égoïsme triomphe avec le déni de l'infini. Je le sais bien, notre société semble avoir mis au rancart ces réflexions sur le sens de la vie. Les Anciens, les Grecs par exemple, passaient des heures à s'interroger. Nous avons évacué l'espace philosophique. L'être a beaucoup perdu dans l'échange.»

J'avoue éprouver un pincement chronique au cœur lorsqu'on associe nos errances au fait de l'oubli de Dieu. Je ne dois pas être le seul. Surtout lorsqu'il est question de nos rapports avec la Nature. Des enseignements, surgis du passé il est vrai, me rappellent que l'être humain est la seule espèce vivante qui ait une âme, donc qui ait accès au salut. Les animaux et les plantes n'auraient ni intelligence ni émotions, seulement une existence. Interprétation dangereuse, qui a servi à construire une vision de la Nature en pyramide, l'humanité trônant sur le dessus et imposant sa loi aux strates «inférieures». L'humanité se serait-elle rendue coupable de détournement de pouvoir, légitimé par des interprétations dogmatiques?

Estelle Lacoursière sourit. Ce n'est certes pas la première fois que la question est soulevée. «Cette perception de la domination humaine a existé, existe toujours, et c'est bien dommage. C'était une erreur. On a cru que l'on pouvait surexploiter les animaux, les plantes, parce que ce n'étaient rien de plus que des *choses*. Oui, les Églises en général ont alimenté cette lecture. Elles n'étaient d'ailleurs pas les seules. Mais on en revient aujourd'hui. La Société royale du Canada a publié un livre, à la suite d'un congrès tenu à Vancouver en 1989, qui reconnaît ouvertement cette erreur d'avoir placé l'homme sur un trône, au-dessus de la Nature. Il importe aujourd'hui de retrouver notre véritable place dans l'Univers.»

Les feuilles bruissent d'approbation. La ville, elle, murmure au loin, mais elle se fait discrète. Le cadre est propice à la réconciliation dans cet herbier vivant qui jouxte le campus de l'université. Et je me demande comment il se fait que, dans l'ensemble des sciences dites de la Nature, ce sont celles-ci, botanique et biologie, qui ont le plus marqué la tradition scientifique québécoise.

«Je pense que c'est là un réflexe spontané que de vouloir apprendre davantage au milieu de ce foisonnement de vie, animal ou végétal. Regardez les enfants. Ils cueillent des fleurs dont ils veulent savoir le nom. Et nos ancêtres n'ont pas fait autrement. Il faut dire que les plantes jouaient un rôle très important dans la médecine. Nos premières facultés de médecine étaient des instituts de botanique! Nous y trouvions donc un avantage, de quoi stimuler notre curiosité. Et lorsque nous aurons compris qu'il est tout à notre avantage de protéger la Nature, un nouveau pacte s'établira, j'en suis certaine.»

Inquiète, Estelle Lacoursière? Peut-être, mais aussi encouragée par les indices qu'elle relève autour d'elle. «Allez voir dans les librairies, c'est une véritable révolution. Les maisons d'édition y ont vu un filon payant et on trouve de nombreux livres sur les milieux naturels, les mers, les forêts, les prairies, les marécages, tous les habitats et les organismes qui y vivent. L'écologie est bonne vendeuse auprès de toutes les couches de la société. C'est, pour moi, une raison d'espérer. Autant la situation est grave, autant je reste confiante que l'humanité va prendre le bon chemin en voyant cet intérêt croissant pour la Nature chez les jeunes et leurs parents.»

Les jeunes... À entendre les éducateurs et les autres promoteurs d'une nouvelle conscience environnementale, leur contribution est déjà déterminante. Mais ils ne doivent pas lâcher prise, eux qui forment en quelque sorte la première ligne de résistance. Au discours de réalisme, voire de résignation, on leur demande d'opposer leur idéalisme. C'est leur mettre beaucoup de pression sur les épaules au moment où les *leaders* cafouillent plus souvent qu'autrement. L'exemple des aînés? À voir l'état de la planète, il n'est pas brillant. Et on s'étonnera de l'amertume des jeunes, de la pâleur de leurs ambitions. Voilà pourquoi la cause environnementale a valeur stratégique. Elle leur appartient et leur permet de faire la leçon au lieu d'en recevoir.

«Il manque peut-être de ressources et cela, c'est au gouvernement qu'il faudrait le rappeler. Le ministère de l'Éducation a de beaux programmes, mais les moyens sont insuffisants. Les enseignants en ont lourd sur les épaules et doivent s'aventurer dans un domaine qui ne leur est pas toujours familier. Si j'avais un message à passer, je voudrais demander aux autorités gouvernementales de consacrer plus de ressources pour satisfaire la soif des jeunes. Nous avons de jeunes biologistes, par exemple, qui pourraient fort bien assister les enseignants dans leur travail. Il s'agit de coordonner les efforts.»

Coordination, *leadership*, initiatives… La balle est lancée dans le camp des décideurs. Le ton d'Estelle Lacoursière laisse cependant supposer qu'elle n'est pas convaincue de leur bon vouloir. Comment s'attaquer aux grands enjeux quand les questions immédiates ne trouvent pas de réponses?

«Prenez le cas de ce petit boisé. Il est toujours debout parce qu'on a manqué d'argent pour continuer le *développement*. La journée où quelqu'un trouvera des fonds quelque part, on coupera les arbres pour y construire un centre sportif! Il y a d'ailleurs un projet sous la table. Je dis bien *sous* et non pas *sur*. Ces choses-là ne se discutent pas ouvertement. Mais c'est avantageux de bâtir ici, sur le campus, parce qu'il n'y a pas de taxes à payer à la ville. C'est un argument clé pour un promoteur. Avec un peu d'habileté, il peut réussir à vendre cette vision à court terme du progrès. Il n'y a que le béton qui soit durable dans cette forme de développement. Le risque existe, cette oasis naturelle peut être rasée et je suis obligée de me battre pour que l'on y pense à deux fois.»

La tirade est vive, le ton mordant. Cette petite femme tranquille n'a pas que des prières dans son arsenal. Un peu plus et elle appellerait la population à manifester! Pas besoin d'aller si loin puisque des appuis à sa cause surgissent déjà. «Je constate chez les jeunes une volonté nouvelle de prendre en main les questions écologiques. Un groupe d'étudiants inscrits à la maîtrise en environnement de l'Université du Québec à Trois-Rivières ont formé un groupe d'intervention appelé Action-Environnement. Le mouvement s'étend partout, on retrouve également ces comités environnementaux dans les cégeps. Les étudiants exigent des changements et c'est très encourageant.»

— Bravo, dit le partisan. — Ouais, dit le cynique. Une mode qui passe comme passent les semestres. Trois petits tours et puis s'en vont. On le sait, les jeunes s'enflamment facilement, mais en un feu de paille. Aussi prompt, aussi éphémère. — Voyons, répond le partisan. Le cynisme ne mène à rien. D'autres, en tout cas, ne perdent pas leur temps à grogner, ils agissent.

Pensées contradictoires qui m'assaillent pendant qu'Estelle Lacoursière réitère son espoir en la jeunesse. Dites-moi, est-ce vraiment autre chose qu'une mode?

«Leur prise de conscience va bien au-delà de la mode. Ils savent que la facture va tôt ou tard leur tomber dessus. S'il y a parade de mode environnementale, c'est du côté des entreprises qu'elle se déroule, du moins chez celles qui font semblant pour sauver les apparences. Certaines sont très habiles à récupérer le discours pour vendre encore plus et encaisser davantage de profits. Ici, vous auriez raison de vous méfier. Mais le courant est trop présent dans les institutions, partout, en même temps, pour que ce soit passager. La vie est tellement forte qu'il ne faut jamais douter de sa puissance. La vie va vaincre les forces de mort présentes dans la Nature.»

Sa conviction, j'allais dire sa foi, est contagieuse. Oui, la situation est inquiétante, mais nous savons puiser au fond de nous-mêmes pour trouver la lumière. Les pires épreuves n'ont pas eu raison de l'opiniâtreté humaine. En principe, car rien n'est jamais acquis et l'humanité n'a jamais possédé de si redoutables armes d'autodestruction. Entre le rêve et le cauchemar, est-ce le parfum des fleurs naissantes qui fait ainsi tourner la tête?

Estelle Lacoursière sourit encore, de ce sourire dont elle doit gratifier ses étudiants incrédules. «Je comprends vos réserves, mais il souffle vraiment un vent de changement. On dit qu'il y a vingt ou trente ans les jeunes étaient politisés, qu'ils se regroupaient autour d'objectifs communs, qu'ils ont ensuite perdu ce sens de l'engagement. Je crois que la jeunesse s'est trouvé une cause à sa mesure: s'assurer un monde viable. Elle ne se laissera pas avoir.»

Propos bien séculiers, cependant empreints d'une touche de morale. L'appel d'Estelle Lacoursière vise un humanisme nouveau, ennobli d'harmoniques au diapason de la Nature. Fort bien. Il convient, je suppose, d'y intégrer les valeurs spirituelles indissociables de son engagement religieux. Mais humanisme et religion n'ont pas toujours fait bon ménage. La Nature s'est trouvée en butte aux exactions de l'un comme de l'autre lorsqu'on affirmait la préséance de l'humain. Le contrat naturel est à réinventer. La spiritualité peut-elle devenir une alliée dans cette quête?

«Absolument. Les Églises ne placent plus les êtres humains au-dessus de la Nature. Si on veut véritablement respecter l'œuvre de la Création, il faut revenir à une meilleure perception de tous les autres organismes. Des gens comme l'évêque d'Amos, Mgr Gérard Drainville, parlent fort du devoir du chrétien de respecter la Nature. La révolution s'est produite dans toutes les couches de la société, même dans les milieux religieux qui différenciaient humanité et Nature. On en vient aujourd'hui à une lecture différente de la Bible. Elle ne dit pas seulement: "Croissez, multipliez-vous, et dominez la Terre", mais aussi: "Je t'ai placé dans le jardin pour que tu le gardes".»

Tiens tiens, Mgr Drainville m'avait lui-même donné cette réponse, un peu plus tôt. Ce n'est pas qu'une coïncidence: le fameux verset dominateur a donné bien des maux de tête aux tenants d'une analyse plus généreuse de la Bible. Pendant cet échange théologique, une mouche vient se poser en zigzaguant sur une fougère voisine. Le premier réflexe serait de la chasser, voire de l'écraser. Après tout, une mouche est, au mieux, insignifiante, au pire, nuisible, non? C'était, en tout cas, la thèse officielle en des temps pas si lointains. J'en fais la remarque à la professeure de biologie. «Attention, elle peut servir à la pollinisation des fleurs ou encore à nourrir un oiseau. Une mouche n'est pas nécessairement attirante, j'en conviens, mais la Nature n'est pas que belle, elle est surtout vraie. C'est le poète Michel Garneau qui le soulignait. Elle est vraie du fait des équilibres, des relations. Mais ce n'est pas toujours facile. Voyez ici, sur le campus, on ne peut pas garder les marmottes parce qu'il n'y a pas d'aigles pour les manger. Il faut corriger avec prudence, pour ne pas amplifier le déséquilibre.»

Délicat exercice que cette équation à plusieurs variables et quelques inconnues. «C'est la lutte pour la vie qui pourrait sans doute nous inspirer. Nous avons aussi à faire des efforts. Notre problème, c'est d'avoir voulu vivre d'aisance en surexploitant les ressources. Il faut revenir à plus d'austérité, l'austérité joyeuse à la manière de Pierre Dansereau. Les oiseaux chantent, mais ils travaillent aussi. Nous aimerions souvent, nous, avoir plus de revenus, sans trop nous dépenser, sans laisser tomber des avantages comme l'automobile. Marcher, c'est fatigant, l'autobus, c'est long, et voilà qu'on ne pense qu'en termes de confort et d'efficacité. Les solutions de facilité n'offrent cependant pas la meilleure voie vers le développement durable.»

La journée est déjà chaude alors que le soleil atteint son zénith, et, d'un commun accord, toutes choses bruissantes se mettent à babiller. Sans partition, sans direction d'orchestre, avec un rare sens de l'improvisation. «D'entendre cette musique, de voir cette surabondance de plantes nous montrent comment la Nature est généreuse. Nous, les humains, qui nous targuons d'être arrivés au plus haut point de l'évolution, pourquoi ne nous inspirerions-nous pas de cet exemple? La Nature n'est pas chiche, elle ne dit pas: "Bien, deux plantes, trois plantes, c'est suffisant!" Non, elle ne calcule pas, elle donne sans réserve.»

Estelle Lacoursière lève les yeux au ciel et prépare une finale digne d'une enseignante préoccupée de valeurs morales et naturelles. «Le Soleil non plus ne compte pas ses rayons, lui qui est source de toute vie sur Terre. C'est d'ailleurs l'exemple que je donne aux jeunes quand je veux symboliser les choix qui nous attendent. L'Univers comprend des soleils, qui nous réchauffent de leur rayonnement, et des trous noirs, qui emprisonnent la lumière. Les trous noirs, c'est l'égoïsme. Je leur suggère de se demander, à la fin d'une journée, s'ils se sont comportés en trou noir ou en soleil qui donne la vie.»

Estelle Lacoursière est née le 3 janvier 1935, à Saint-Léon, près de Louiseville. L'éducation et l'environnement, encadrés par la recherche d'une spiritualité à dimension humaine, telles sont les lignes directrices de sa carrière déjà riche.

Après des études classiques chez les Ursulines, Estelle Lacoursière devient enseignante dans une simple école de rang, près de Louiseville. Son idéal de justice sociale contribue à lui faire prononcer ses vœux religieux auprès des Ursulines et à se retirer au vieux monastère de Trois-Rivières. Elle ne restera pas cloîtrée longtemps. Ses supérieures lui proposent de poursuivre des études en sciences naturelles à l'Université de Montréal, puis à l'Université Laval. Elle y fait figure de pionnière.

Dès 1969, sœur Estelle Lacoursière enseigne la biologie végétale à l'Université du Québec à Trois-Rivières, qui profite bientôt de ses talents de vulgarisatrice scientifique. Ses convictions écologistes et son amour de la jeunesse la poussent souvent à parler haut et fort. Le gaspillage d'énergie, la conservation des espaces verts, les maladies industrielles, les coûts cachés de la pollution sont quelques-uns des enjeux qui attirent son attention.

Elle compte à son actif de nombreux livres et articles, en plus d'outils pédagogiques comme L'arbrier, L'étang à colorier et L'herbier des plantes médicinales du Québec. Estelle Lacoursière est également invitée régulièrement comme conférencière, panelliste ou experte en environnement à la radio et à la télévision.

Charles Coocoo:
La sagesse du Grand Manitou

Le paysage est à la fois grandiose et austère. La Haute-Mauricie, au cœur du Bouclier canadien, étale comme à l'infini ses larges montagnes dont les replis abritent lacs, rivières… et coupes à blanc. Telle est la loi. La forêt, du moins ce qu'il en reste, vaut plus cher couchée que debout. Les scieurs sont passés tellement souvent que les troncs semblent ridiculement petits en comparaison des splendeurs du temps passé, quand les arbres étaient des arbres. Le progrès a tout de même du bon: une vraie route naît tranquillement pour accommoder le trafic forestier dans cette région qui dépendait du chemin de fer pour ses communications avec l'extérieur. Progrès… ou malédiction?

Photo: Audrey Mitchell/Arrow

C'est selon. Pendant que je suis cette interminable route cahoteuse dans mon tout-terrain que j'ai loué à La Tuque, je repense à la tragique histoire de Monsieur l'Indien, telle que l'a racontée le poète Claude Péloquin. Monsieur l'Indien laisse les développeurs s'installer parce que l'espace est vaste et retrouve un jour son *tee-pee* bordé de rails et de lignes de transmission. L'image est douloureuse à cause du cliché qu'elle véhicule. Le mythe du bon sauvage respectueux de la Nature fait grincer des dents. La destruction aussi. Et je me demande bien ce qu'en pense un sage parmi les sages, Charles Coocoo, que je vais rejoindre dans la réserve attikamek de Weymontachine — pardon, le village de Weimotaci.

Un monde sépare les deux appellations. La première est blanche et elle figure sur les cartes routières officielles du Québec. La deuxième, autochtone, s'affiche sur l'école et le bureau du Conseil de bande.

Les Attikameks sont probablement les moins connus des Amérindiens du Québec. Ici, pas de Max Gros-Louis, de Billy Diamond ou de Lasagne. Rien que des gens paisibles, modestes, insulaires terriens dans une mer forestière, heureux de l'être. Pour autant qu'on ne transforme pas leur monde en cimetière. Si les esprits de la forêt souffrent, l'Attikamek est blessé. Déjà, ces gens conciliants ont bloqué des routes, en 1991, pour nous faire comprendre leurs craintes. Charles Coocoo, lui, préfère les mots aux blocus. Et son verbe rime avec les rapides du Haut-Saint-Maurice dans une poésie écologique qui appelle au sacré de la Nature.

«J'ai beaucoup écouté les Anciens parler de leur relation avec la forêt. Pour nous, la Nature est une grande éducatrice qui éveille et développe tous nos sens. Les arbres, comme les animaux, deviennent plus proches, plus réels.»

Charles Coocoo parle lentement, presque sentencieuse-ment. Son visage buriné se plisse encore davantage pendant qu'il explique pour la centième fois ce rapport initiatique de l'Amérindien avec son milieu. L'histoire m'est connue. Et pourtant, je me sens excité par ces mots simples, porteurs de messages si lourds. Leur noblesse s'en est allée parce que trop souvent déformée par des fumistes. Ici, au bord de la rivière qui bouillonne, ils retrouvent leur puissance.

«Nous prenons soin de la Nature parce qu'elle est au cœur de notre vie. S'il nous faut tuer un animal, nous nous en excusons en le remerciant. Les plantes médicinales nous aident et nous guérissent. Pas seulement physiologiquement, mais aussi spirituellement. Elles rétablissent le contact avec la Terre.» Si les phrases sont rugueuses, le geste, lui, est large. C'est comme s'il traduisait mieux l'attachement de l'Attikamek pour son territoire que cette langue française empruntée aux missionnaires, plus encline à découper la réalité en concepts clairs et manœuvrables. L'élégance cartésienne du français est-elle bien adaptée à ce pays de non-dit? Charles Coocoo ne s'en formalise pas trop. Il a appris la patience. Marshall McLuhan approuverait, puisque le médium est déjà le message.

«Les arbres sont extrêmement importants pour l'Attikamek, spécialement les conifères. Nous savons aussi qu'ils contribuent à l'équilibre, à l'harmonie. Prenez l'épinette noire, l'arbre le plus grand de la forêt.» L'épinette noire, cet arbre triste, décharné, utile pour le papier, mais sans plus d'attraits? «Elle joue pourtant un rôle fondamental. Si un chasseur se perd en forêt, sans soleil ni boussole, les Anciens prétendent que l'arbre vient à son secours. Il se penche toujours vers l'est parce qu'il est poussé par le vent d'ouest. Mais ce n'est pas sa seule fonction. Les Anciens disent aussi que de l'énergie pure se promène à travers le cosmos. Elle arrive sur la Terre, mais elle est si pure, si forte, que les humains ne peuvent pas l'absorber. C'est la grande épinette noire qui filtre et canalise cette énergie avant de la disperser dans la Nature pour conserver l'équilibre. Vous voyez, l'être humain a parfois besoin d'aide. Il faut qu'il change pour accepter cette divinité.»

Énergie, divinité, spiritualité... J'étais venu entendre des revendications, me voici à l'église. Enfin, à une sorte d'église, puisque cette profession de foi s'inspire plus de l'animisme que du catholicisme. À l'école, on employait aussi un autre terme: *paganisme*. Des gens qui adoraient de faux dieux, le Soleil, les animaux... avant que la civilisation ne leur enseigne les vraies vérités! Charles Coocoo est-il païen, chrétien, théiste? Peu importe, puisque la forme cède le pas au fond. Charles Coocoo croit à l'harmonie entre toutes choses. C'est nous qui avons la manie de ranger toutes les valeurs en compartiments. Pas lui. L'espace est trop grand.

«L'épinette noire aide donc les humains, les animaux, les plantes, les autres arbres. Mais le danger rôde. Tous les grands sorciers scientifiques disent qu'il y a un trou énorme dans la couche d'ozone, et que les rayons du soleil peuvent nous faire mal. C'est un rapprochement avec l'histoire des Anciens qui voient l'épinette noire comme un filtre. Mais on coupe tous les arbres. Cette énergie passe directement et nous ne sommes pas assez développés pour nous y abreuver.»

Les images m'apparaissent belles, mais candides. Toutes mes réserves concernant le mythe du bon sauvage si cher aux touristes romantiques remontent à la surface. Naïveté ou envoûtement? J'écoute pourtant avec plaisir cette envolée aux odeurs d'humus et de résine.

«Nous ne sommes tout de même pas des contemplatifs! Les Anciens nous ont appris qu'on peut se servir de cet arbre, mais raisonnablement. On peut en faire le *tikenagan*, le porte-bébé en bois qui est encore très utilisé. Mais ce n'est pas conseillé. Car un enfant couché sur un *tikenagan* d'épinette noire peut être perturbé psychologiquement. La décharge d'énergie est trop forte! Par contre, un bon chasseur qui connaît les lois de la Nature peut fabriquer à partir de ce bois un arc et des flèches. Les Anciens nous disent d'ailleurs que ces flèches produisent un sifflement puissant quand on les tire, puisqu'elles transportent avec elles toute cette énergie. La légende dit que si on atteint une montagne avec cette flèche, la montagne disparaît complètement.»

J'essaie de me convaincre, mais l'énergie, les flèches, le bois sacré… je m'y perds. Charles Coocoo revient cependant avec une image fulgurante. «Vous ne trouvez pas que cela nous ramène à la vision d'Hiroshima?»

Silence et réflexion. Vision d'horreur, incongrue au cœur de cette Nature sauvage. Weimotaci participe au village global, et Charles Coocoo sait que la folie humaine ravage d'autres communautés. Il parle de guerres, de déchirements, de deuils. L'homme dévaste dans sa furie le milieu naturel, au Japon, en Afrique, dans les Balkans. Il a perdu le contact organique avec la Terre mère. L'équilibre est rompu.

«Il y a un autre arbre essentiel pour les Attikameks. C'est le bouleau blanc, qui partage tout son pouvoir avec nous. Il nous suit tout au long de notre évolution. Le bouleau blanc sert par exemple au *tikenagan*, au canot d'écorce... Il suit même l'Attikamek jusque dans sa mort, puisqu'on avait coutume d'envelopper le défunt dans l'écorce de bouleau avant de l'enterrer. Nos relations avec la forêt sont intimes.»

Charles Coocoo se redresse un peu. «Il serait bon de prendre un moment pour réfléchir là-dessus. Quand un Indien parle de protection de l'environnement, sa parole est collective. Il parle pour l'humanité. Si la forêt disparaît, l'Attikamek disparaît, et toute l'humanité est condamnée. Oui, la vision autochtone est globale, elle est holistique et elle est accessible à tout le monde, pourvu qu'on y mette de la bonne volonté. Même les multinationales peuvent entendre la parole des Anciens, des sages, des philosophes. C'est important si on veut que nos enfants aient eux aussi la chance de s'émerveiller, de reconnaître la beauté de la Nature que le Créateur a bien voulu partager avec les êtres humains.»

Dans un autre contexte, dans une autre bouche, les mots sentiraient le réchauffé. Une salle feutrée, un animateur qui encourage l'assistance à grandir et d'honnêtes gens prêts à tout pour retrouver un sens à la vie... On a tellement caricaturé cette recherche de la vérité que les sceptiques, dont je suis, questionnent automatiquement la sincérité des nouveaux prêches. Sur le bord du puissant Saint-Maurice, le vent balaie les idées soupçonneuses, et il me semble que mon cœur est plus sensible aux appels de l'infini.

Mon interlocuteur parle avec un léger accent grasseyant cher aux annonceurs de Radio-Canada des années cinquante. Le propos n'est pas suranné pour autant. Il est tissé de bonnes intentions. Qui a dit qu'elles menaient tout droit en enfer? Un déçu, sans doute. Ici, on leur donnerait volontiers de meilleures chances de succès. Mais en ville, hors de la magie de ce lieu, comment conserver cette exaltation?

«Un peu plus tôt, j'ai employé un terme qui n'est pas souvent acceptable pour toutes les oreilles. Il s'agit de la *conscience universelle*. Nous avons tous notre forêt personnelle au plus profond de nous. Il faut redécouvrir notre forêt intérieure et ses beautés. C'est la meilleure façon d'harmoniser nos relations avec l'environnement. Le voyage intérieur nous montre que nous ressemblons à l'arbre, avec des racines, un tronc et une tête. J'ai vu, en ville, des gens arrêter devant un arbre enserré dans le pavé pour le regarder et même lui parler. Dans le même esprit, ils demandent des parcs, des espaces verts. C'est déjà bon signe. Il faut aussi savoir écouter. Notre société a perdu le sens de l'écoute en privilégiant son intellect. Je parle d'écoute intérieure, de celle qui ouvre la porte à l'écoute extérieure, celle de l'environnement, de sa famille, de ses proches. Le processus est déjà en cours. De toute façon, nous n'avons pas le choix, nous sommes rendus au bout du rouleau. Nous sommes obligés de chercher l'équilibre, sinon c'est le chaos.»

Les yeux mi-clos de l'Attikamek se sont ouverts de plus en plus grands au fil de son exposé, mêlé de pauses que meublent des mots muets. Pourquoi parler quand il y a tant à faire? Peut-être parce que Charles Coocoo se rappelle ses propres déchirements qui l'ont amené à jeter ce regard sagace sur la Nature et les gens.

«À l'âge de six ans, on m'a expatrié, on m'a emmené en ville dans les pensionnats. Ça a été une rupture très brutale, comme la coupure d'un deuxième cordon ombilical. Le séjour au pensionnat a été très long, il a duré une quinzaine d'années. J'ai été éduqué, j'ai appris à lire, à écrire, à calculer. J'ai commencé à travailler. Puis est venu le grand courant d'émancipation des années soixante et soixante-dix, un grand mouvement de jeunesse que j'ai vécu intensément. Je ne regrette pas cette époque, j'ai expérimenté, je me suis aventuré dans les nouvelles avenues. Mais il me manquait quelque chose. Je suis alors retourné voir les Anciens pour me retrouver. Ils m'ont inculqué leur savoir, leur discipline intérieure et extérieure. Je me suis réapppris. J'ai redéveloppé les six sens de l'être humain qui m'ont permis de redécouvrir la Nature et de m'ouvrir à cette nécessité fondamentale qu'est la croissance intérieure. Il est bien difficile autrement de saisir pleinement la richesse de l'environnement et de l'équilibre.»

Environnement et équilibre? L'union est toute naturelle. Sur elle repose une bonne partie de l'argumentation écologique. Elle s'appuie également sur les philosophies orientales, la délicate balance entre tendances contradictoires, le ying et le yang... Charles Coocoo est un lettré humaniste qui n'a pas besoin d'étaler ses références. Mais ses réflexions s'inspirent autant du savoir traditionnel que des grands courants de pensée modernes. Étrange que ce contact s'établisse à côté d'un village sans originalité, témoin du déracinement culturel d'un peuple en perdition. La pensée, elle, est universelle, elle ne fait pas de discrimination.

«Il faut casser notre coquille si nous voulons être sensibles. Mais cette ouverture est personnelle. À l'école, on me donnait toujours des réponses. Il n'y avait pas d'initiative. Nos Anciens donnent des indices, pas des réponses toutes faites. Toutes les sociétés, y compris le Québec, possèdent cette richesse. Mais ils l'ont enfermée. C'est exactement ce qu'elles ont fait avec leurs propres Anciens, enfermés entre quatre murs dans des maisons où personne ne va les visiter. Et on les laisse là — je m'excuse d'utiliser ce vocabulaire — à pourrir. Je pense, moi, qu'il est important de renouer des relations avec ses grands-parents, de les écouter. Ils ne disent pas tout, mais ils ont assez vécu pour guider. C'est ce que j'essaie de faire avec la jeunesse autochtone, en donnant des indices pour que s'établisse cette connection fondamentale entre la Nature et l'être humain.»

Relation, connection fondamentale... ces termes font partie du lexique usuel de Charles Coocoo. La parole est d'importance, elle traduit des sentiments profonds. Pas d'ostentation ni de forfanterie dans son emploi. L'Attikamek qui me parle ne frime pas. Je dois presque me pincer pour me convaincre que cet entretien a bel et bien lieu. À une époque où les Amérindiens sont assignés plus souvent qu'autrement au rôle de vilains, la sérénité de Charles Coocoo fait tomber bien des préjugés. Dommage que nous ne soyons pas des milliers à entendre son propos humaniste au bord de la rivière!

«Que nous vivions au Québec ou dans le reste du monde, nous respirons le même air. Le cri des autochtones d'ici, d'Amérique du Sud ou d'ailleurs, est parfois plus fort parce que leur milieu est directement touché, mais au fond, tous les humains sont menacés. Tous doivent se tenir en alerte, dresser leurs antennes, retrousser leurs manches et travailler ensemble. Tous doivent s'éveiller.»

La porte a été entrouverte, presque pudiquement. La situation des autochtones défraie trop souvent les manchettes pour qu'il soit nécessaire de l'exposer en détail. Si la survie des Tukunas et autres peuples autochtones, en Amazonie, est menacée par la destruction de la forêt tropicale, tout près d'ici, les Attikameks craignent eux aussi le pire. Dans leur campagne pour préserver l'intégrité de leur environnement, ils ont au moins l'appui de groupes de chasseurs et autres amateurs de plein air qui goûtent la force tranquille de la forêt laurentienne. Mais quelle est la valeur de l'orignal aux yeux de la papetière? Comment protéger les bleuetières sauvages quand il faut laisser passer les mastodontes mécanisés? Quel est le prix à payer pour assurer la suite du monde?

«Mon appel n'est pas exclusif. Il en va du bonheur de nos enfants, de nos petits-enfants. Nous allons apprendre à cohabiter entre humains en même temps que nous allons y arriver avec la Nature. On y gagne le même émerveillement. Les cultures ne sont pas identiques, elles n'ont pas à l'être. Nous pouvons quand même nous inspirer les uns les autres.»

Charles Coocoo n'aime pas parler de conflits. Depuis le tout début, il s'est appliqué à évoquer les bons esprits. Mais le regret n'est pas absent du cœur de l'Attikamek.

Il se lève tranquillement, regarde au loin. Des enfants s'amusent à bicyclette, leurs cris résonnent dans la vallée. Déjà, l'automne impressionniste ouvre sa boîte de couleurs éveillées par la fraîcheur de septembre. Le soleil frissonnant de cette fin d'après-midi joue dans la nostalgie. Et les promesses du printemps semblent bien lointaines.

«Oui, il y a un peu partout de la domination, de l'égocentrisme. Mais j'ai confiance en nos enfants. Si nous leur laissons un bel héritage, ils seront fiers de nous. Je ne suis pas aveugle. Aujourd'hui, ils n'ont pas beaucoup confiance en voyant nos actes. Il faut agir collectivement pour rétablir le pacte avec la Nature qu'ont écrit nos Anciens.»

Charles Coocoo parle plus lentement. Son visage se plisse encore davantage. S'il pouvait chanter ou danser, la Terre lui répondrait. Les mots emprisonnent et rapetissent la réalité. Heureux, lui qui peut exprimer avec éloquence ce que ressentent ses semblables. Comment diable en sommes-nous arrivés à décrire ces gens comme des fauteurs de troubles? Leurs ambitions sont si simples qu'elles ont été longtemps négligées. Peut-être est-ce le ton plus haut qui inquiète? Charles Coocoo pourrait être ambassadeur de bonne entente. Mais son propos est humaniste plus que politique. Son forum, c'est la vie.

«Ce que je souhaite, c'est que l'humain se retrouve, qu'il entreprenne ce voyage intérieur. Sinon, ça ne vaut pas la peine de parler de la Nature, des relations avec d'autres peuples. La redécouverte de sa propre richesse est indispensable à la cohabitation. Je dois préciser que je suis un rêveur et que les gens ont peur de rêver. Aujourd'hui, nous espérons rendre la Terre telle qu'elle était. Nous en parlons haut et fort, nous élaborons de grands projets. Mais la voie première est intérieure, c'est ainsi que l'être humain peut le mieux se développer.»

Charles Coocoo est né le 24 décembre 1948, à La Tuque. Poète et philosophe amérindien, il a suivi bien des routes avant de revenir vers son pays. Il y a retrouvé la source d'une spiritualité à saveur environnementale qui va bien au-delà des stéréotypes habituels.

Comme beaucoup d'enfants de sa génération, Charles Coocoo a pris tout jeune le chemin des pensionnats d'Amos à Pointe-Bleue. Il fréquente ensuite une école de métiers, à Alma, et y apprend les choses pratiques de l'existence, de l'électricité à la menuiserie, mais ce cadre est trop petit pour ses rêves. En 1968, Charles Coocoo a vingt ans. C'est l'époque des grandes revendications de la jeunesse, et il s'engage passionnément dans ce tourbillon. Ses «errances», comme il le dit lui-même, dureront quelques années, jusqu'à ce qu'il effectue un retour vers sa communauté et qu'il y retrouve ses racines. Sa vie change. Il prend la parole sur la condition autochtone, on l'invite à des conférences un peu partout au Québec. En 1988, il publie aux éditions JCL, à Chicoutimi, Broderies sur mocassin, *un essai philosophique en prose et en poésie sur la spiritualité amérindienne.*

Depuis, il a participé à plusieurs films et émissions de télévision, dont l'émission Second regard, *de Radio-Canada, et* L'Amérique vue par les enfants, *un documentaire réalisé par Amnistie internationale en Europe, où il a été invité à quelques reprises comme représentant de son peuple. Charles Coocoo vit aujourd'hui à Weimotaci, les yeux grands ouverts sur le monde qui l'entoure.*

André Beauchamp:
Cap sur la conscience

C'est le philosophe Blaise Pascal qui disait de l'homme occidental qu'il ne sait pas être heureux dans une pièce vide. Réaction typique des citoyens d'une société incertaine

qui se rassurent en pensant que l'angoisse peut être exorcisée par les preuves matérielles. Un bonheur fait d'abondance, mais un bonheur extérieur. J'ai, j'accumule, donc je suis. Il est des gens qui pensent que le recueillement est l'action de ramasser ce qui vient de tomber... Le mysticisme irrésistible d'un jardin sec japonais étonne, mais cela ne vaut pas un réfrigérateur bien rempli!

Évidemment, comme le disait Yvon Deschamps, mieux vaut être riche et en santé que pauvre et malade. Personne ne contestera le droit au confort. Mais le trop est l'ennemi du bien, paraît-il. Et les débordements nous ont plongés dans une crise environnementale dont on cherche toujours la solution. Notre société du prêt-à-consommer croule sous son propre poids. La clé se trouverait-elle dans le jugement lapidaire de Pascal? Faudrait-il prêcher l'ascétisme?

Le seul fait d'y réfléchir, de questionner les valeurs, marque déjà un tournant. Certains ont une bonne avance sur ce terrain. André Beauchamp, par exemple. Évidemment, lorsqu'on est prêtre et philosophe, le débat entre matérialisme et spiritualisme est moins incommodant, sinon moins effrayant. Et il s'élargit pour englober d'autres considérations essentielles, comme la sagesse et l'éthique. Quoi? Une dimension spirituelle au recyclage des déchets? À l'épuration des eaux usées? Aux carburants alternatifs?

«Ma conviction fondamentale, c'est que l'on ne sortira pas de la crise environnementale uniquement par une surenchère de technique. Il faudra aussi un détour par l'éthique. L'être humain a ceci de particulier que, pour se guider, il ne peut pas d'abord se fier à son instinct comme un animal peut le faire. Nous sommes dotés de ce cadeau — Hubert Reeves dit que c'est peut-être un cadeau empoisonné — qu'est l'intelligence. Nous ne pouvons pas compter sur un instinct infaillible pour nous éclairer. C'est plutôt avec des principes moraux que nous essayons de définir nos actions. La fragilité de l'éthique, c'est qu'on peut la contourner, la contester, la nier. Mais c'est en même temps la dignité de notre situation que d'être invités à définir un principe éthique, la manière de nous réaliser dans une situation donnée. Le retour à l'éthique est indispensable pour guider l'action.»

Éthique: art de diriger la conduite, selon le *Robert*. André Beauchamp n'est pas un nostalgique du jeu du bien et du mal. Élevés dans un cadre religieux qui mettait l'accent sur la notion de péché, nous réagissons parfois avec raideur quand interviennent, dans une discussion séculière, des termes issus de la morale. Ça y est, nous voilà repartis au théâtre de l'enfer!

Sa proposition, énoncée sereinement, sans artifice, évite adroitement ces ornières. André Beauchamp ne fait pas la morale: il parle de morale. La différence est d'ordre quantique. C'est l'homme affamé à qui l'on apprend à pêcher au lieu de lui donner des poissons. L'éthique inspire. Mais le champ d'interprétation est large, et les ambiguïtés, nombreuses. Rien de mieux dans ce cas qu'un exercice pratique.

Lorsque Brigitte Bardot est venue sur la banquise du golfe réclamer l'abolition de la chasse aux phoques, elle se réclamait sans doute d'une morale inattaquable... à ses yeux. Pourtant, elle déséquilibrait un rapport naturel vieux de plusieurs siècles et se désolidarisait de communautés humaines, dans les Maritimes, bien peu riches déjà.

«C'est la grande difficulté en environnement, commente André Beauchamp. Il faut être capable de suivre les conséquences de nos actions pour en déceler les effets pervers à long terme. Si nous adoptons une perspective courte pour défendre une valeur en particulier, sans nous préoccuper des effets en cascades de nos gestes, nous manquons la cible visée. Dans le cas que vous citez, voici une pratique de chasse que d'aucuns peuvent trouver discutable, mais qui ne met pas en soi les ressources en péril. Qui plus est, il s'agit d'une tradition. À partir d'une considération isolée, on a fait une campagne publicitaire en envoyant à la ruine des pauvres gens. Et les formes de substitution vous emmèneront à développer une industrie chimique qui pose elle aussi des problèmes écologiques. C'est donc un danger important: beaucoup de débats environnementaux, valables au départ, sont détournés de leurs fins par des pulsions politiques, des intérêts, des manipulations de tous genres, et ratent finalement les grands objectifs humanistes qu'ils défendaient.»

Une vision à plus long terme devient alors une vision plus généreuse, plus tolérante. Elle se méfie également des modes qui retombent dès que le vent change. Réfléchir avant d'agir? Quelle trouvaille! Et pourtant, cette évidence ne semble pas être encore intégrée dans nos mœurs de Terriens. Et de bons élans sont gaspillés par manque de perspective globale.

«Il faut donc une analyse en profondeur et une réflexion éthique. Prenez les rapports internationaux, quand les Blancs

riches arrivent au tiers-monde en proposant tel ou tel comportement... Et sont maintenues dans la misère des populations entières au nom de principes de consommation qui
sont les nôtres. L'avantage du rapport Bruntland, c'est
d'avoir constamment lié les enjeux de la justice et ceux de la
conservation de la planète. La dimension sociale et humaniste est inséparable des éléments purement écologiques.
Mais c'est difficile, je l'admets, de définir des enjeux éthiques.»

    Là n'est pas la seule difficulté. Le choc des valeurs inhibe
parfois les discussions sur les grands enjeux. On l'a bien vu au
sommet de Rio, où il a fallu faire des acrobaties pour en arriver
à l'agenda principal, réchauffement de la planète, déforestation
et compagnie. Puis les remontrances prennent le dessus. J'ai
consommé plein de ressources, mais je préférerais que tu
t'abstiennes parce qu'il risque d'en manquer... Le dilemme est
déchirant. Oui, tous doivent maintenant faire la file pour se
servir, qu'ils aient ou non déjà mangé. Mais ventre affamé n'a
pas d'oreilles. On peut bien blâmer l'insouciance des
générations précédentes sans que cela ne nous avance à grand-
chose. Voilà le genre de nœud que l'éthique peut démêler,
comme André Beauchamp le démontre patiemment dans son
livre *Pour une sagesse de l'environnement*.

    «Je suis arrivé par hasard à l'environnement. J'ai,
comme vous le savez, une formation de théologien et je
m'intéressais à toutes les relations entre la foi et les
changements de société... avec un intérêt particulier pour
l'éthique sociale. Un jour, on m'a confié un travail de recherche en éducation à l'environnement. Ce domaine m'est
apparu fondamental: il reposait sur ce que la théologie du
Moyen Âge appelait l'*imago mundi*, c'est-à-dire la représentation du monde. Dès l'instant où vous prenez conscience
de la crise écologique, c'est la représentation de la place de
l'être humain dans le monde et sa fonction qui sont mises en
question. La crise de l'environnement nous oblige à réviser la
pensée technicienne et la façon prétentieuse que nous avons
de tout réaménager à notre image comme si le monde n'était
qu'un décor. Je me suis alors dit qu'il y avait là un os sérieux,
et je travaille là-dessus depuis quinze ans!»

André Beauchamp a occupé plusieurs fonctions, dont celle de président du Bureau d'audiences publiques sur l'environnement, avant de fonder sa firme de consultation justement baptisée Enviro-Sage. Son expérience à la tête du BAPE a confirmé ses intuitions. «Dans une audience, on ne débat que des questions techniques. Il y a toujours des décisions qui seront prises par les dirigeants, et les citoyens demandent qu'elles le soient en tenant compte de valeurs qu'ils essaient d'articuler en venant nous rencontrer. Une audience est toujours un lieu d'interprétation. Ça m'a permis de voir les limites de la rationalité technique. Les spécialistes des sciences dites *dures*, ou *rigoureuses* nous présentent leur réalité comme LA réalité. Après quelques jours d'études, vous constatez que derrière ces faits rigoureux il y a aussi des champs d'interprétation qui ne sont pas élucidés; et que ces mêmes faits indiscutables pourraient pourtant être compris dans une autre perspective à partir d'autres éléments. C'est alors que vous comprenez que derrière les inévitables conflits d'expertise, lors de ces audiences, se cachent toujours des champs de valeurs. Prenez l'exemple des débats sur l'arrosage contre la tordeuse des bourgeons de l'épinette, ou bien les lignes de transport d'énergie d'Hydro-Québec, ou même un dossier aussi banal que le tracé d'une route... Il y a toujours des choix, des raisons qu'on n'ose pas dire et qui éclatent quand on en fait l'analyse sociale.»

La défense de l'environnement exige de l'énergie, de la passion, voire du renoncement. Mais elle s'appuie aussi sur le discernement, l'équité et la compassion. André Beauchamp parle plus globalement de spiritualité. Il prône lui aussi l'alliance entre la tête et le cœur, l'émergence des bons sentiments et, pourquoi pas, la victoire du bien sur le mal. Sans recourir pour autant aux images apocalyptiques d'archanges précipitant les hordes de Lucifer vers l'enfer.

«Tout ça n'est pas simple, je le reconnais. À moins qu'on se situe dans un système religieux fermé où l'on part d'une morale révélée et close, les comportements sont incertains. Dès que l'on se trouve sur le plancher des vaches, alors que les humains tentent d'adopter un comportement responsable, il peut y avoir conflit entre plusieurs éthiques. Ce qui n'est pas malsain, puisqu'on arrive ainsi à définir des champs de valeurs et à dégager certaines orientations.»

Voilà pourquoi l'honnête homme, jadis bien nommé, se sent mal à l'aise devant l'ambiguïté de notre discours occidental au tiers-monde. «N'employez pas trop de technologies énergivores, leur dit-on, c'est mauvais, la Terre n'en peut plus de gaz carbonique et de pollution.» Par ailleurs, ces gens répondent, dans un cadre éthique tout à fait cohérent: «Nous avons également droit au bonheur, à la prospérité, et le chemin vers la prospérité passe par l'emploi de ces technologies que vous avez vous-mêmes amplement utilisées.» Il y a donc impasse.

«Oui, l'impasse existe, concède André Beauchamp. La seule façon de s'en sortir, c'est de s'asseoir autour d'une table et de négocier le possible et le faisable. Nous ne pouvons pas, au nom de notre propre confort et autres considérations, vouer le reste du monde à la misère et à la désespérance. Comment tout çela peut-il se négocier? Probablement par une série d'aides techniques et par des formes de partage plus accentué.» Un exercice de haute voltige, souvent politique, dont les résultats paraissent inévitablement décevants compte tenu des attentes. La roue est grosse, sa force d'inertie est grande, mais il semble aujourd'hui que suffisamment d'épaules poussent pour qu'elle bouge, ne serait-ce que légèrement. La question est de savoir si ces progrès timides permettront de ralentir la course de la crise, qui va, elle, à toute allure.

André Beauchamp ne fait pas qu'interpeller la conscience: il dissèque également le corps de cette crise, dont il dégage de surprenants paradoxes.

«Je maintiens que nos problèmes environnementaux actuels ne sont pas dus à un échec, mais bien à un succès. La crise est l'effet pervers d'une trop grande réussite. L'être humain n'a pas échoué dans la Nature, il a réussi. S'il avait échoué, s'il n'était qu'un animal fragile parmi d'autres, nous ne serions que quelques millions. Si nous sommes parvenus à une certaine abondance, si des civilisations, des cultures, des villes se sont édifiées, c'est que nous avons pu intervenir dans la Nature et en modifier les règles en notre faveur. Sauf que nous arrivons au terme de cette pensée opératoire qui voulait réaménager la Nature et la définir selon ses besoins. Les limites de cette pensée, c'est justement la crise environnementale et ses composantes, qui nous obligent à revenir sur la pensée technicienne. Depuis la Renaissance, nous avons vécu dans l'illusion que la science et la technique remodèleraient la vie et la Terre à leur manière. Est justement apparue, à ce moment, une éthique de la technique, une éthique qui n'a pas manqué de grandeur, qui reposait sur la confiance, sur la raison, mais aussi sur l'idée que l'abondance fait le bonheur.»

De retour à Pascal et à la pièce vide... Dans *Millenium*, cette remarquable série diffusée plus tôt sur le réseau de télévision américain PBS, l'anthropologue David Maybury-Smith célébrait sans complaisance la sagesse millénaire des peuples autochtones. Et je me rappelle celle d'un Weweya d'Indonésie racontant sa richesse. Il était pourtant pauvre, selon nos standards, ne possédant que quelques maigres biens, mais connaissait tout le monde de son village et du village voisin. Ce vieil homme était riche, disait-il, de toutes ses relations et de tout son savoir. Et à voir le nombre de gens qui se pressaient à la fête champêtre organisée en son honneur, ce Weweya était indubitablement millionnaire. Pascal y serait allé, s'il avait pu...

«Chez nous, il suffirait d'analyser, par exemple, les paroles de la chanson interprétée par Renée Claude, très populaire à la fin des années soixante: "C'est le début d'un temps nouveau, la Terre est à l'année zéro, les gens ne travaillent presque plus, le bonheur est la seule vertu..." Il y avait une force extraordinaire centrée sur le progrès, mais aussi sur la conviction que c'était la seule possibilité de se réaliser, de s'affirmer. Nous arrivons maintenant au terme de cette course. Et nous sommes obligés de réviser cette conception et de comprendre que l'action humaine est toujours porteuse d'une éthique, même inconsciente, et qu'il nous faut élucider les principes camouflés de nos actions, pour intégrer l'éthique au savoir.»

Et tac! André Beauchamp ne s'en lasse pas, et il la porte très haut comme un étendard. L'éthique est l'alliée de la conscience. «Traditionnellement, l'éthique s'est présentée comme une forme d'interdit, du genre: "Tu ne tueras pas, tu ne voleras pas", etc., qui sont des principes fondamentaux de la bonne vie humaine. Aujourd'hui, on doit reformuler notre approche. On pourrait, en simplifiant à l'infini, dire: "Tu ne gaspilleras pas, tu seras responsable de ta pollution, de ta génitalité, tu prévoiras les conséquences de tes gestes, tu te méfieras de ta propre science — puisqu'elle est une observation et une interprétation de la réalité dans laquelle la subjectivité humaine joue un grand rôle..." Autrefois, on disait *morale*. *Morale* a un sens plus global, souvent plus collé sur un système religieux, *éthique* est plus à la mode du jour, mais la sémantique est la même. Sauf que l'éthique est perçue comme plus près des enjeux concrets de la réalité immédiate, comme l'éthique de l'intervention médicale. Elle se veut donc un guide pour l'action. Elle essaie de préciser ce que nous devrions faire, aujourd'hui, compte tenu des problèmes auxquels nous faisons face.»

Cette éthique, est-elle à la portée des gens ordinaires ou est-elle réservée aux seuls sages, aux seuls philosophes, capables de saisir les motivations de leurs gestes? La noblesse du sentiment est-elle accessible aux roturiers du savoir que nous sommes?

André Beauchamp sourit, lui qui ne se voit pas dans l'habit de l'aristocrate. «Oui, nous sommes tous portés par un état, nous prenons position, sans en avoir toujours conscience. Il ne faut pas dramatiser à outrance, ni rendre les gens coupables de tous les crimes du monde, ce que j'appelle, moi, l'agression de la conscience, quand on tape sur la tête des gens qui n'ont pas nécessairement de solutions. Les premiers responsables de la crise, ce ne sont pas d'abord les consommateurs, ce sont les industries, les savants, les politiciens. Souvent, on inverse l'ordre, et les consommateurs sont les premiers blâmés.»

Pauvres consommateurs! que de crimes on commet en leur nom! Et il leur faut louvoyer entre le sens de la vie et les nécessités immmédiates. Pas facile de s'arrêter pour faire la part des choses, surtout quand la cible paraît si lointaine.

«Les enjeux éthiques sont omniprésents, dans nos relations *courtes*, par rapport au mensonge ou à la vérité, la transparence de notre vie; ils se retrouvent aussi dans l'ensemble des choix que nous opérons. Nos gestes peuvent nous sembler purement techniques, mais ils sont souvent signifiants. Face à l'environnement, nous avons tendance à les réduire à leur aspect technique. Quel produit faut-il acheter? Un guide va nous donner toutes les réponses, et voilà, le problème est réglé. Mais le choix demeure individuel, la démarche est intérieure. Elle n'est pas fonction uniquement de l'information, mais aussi de nos valeurs.»

La discussion environnementale mérite de s'élever d'un cran au-dessus des anecdotes, mais le chemin que propose André Beauchamp n'est pas le plus évident. Il s'en doute bien. Dans notre monde où le statut de l'individu se mesure souvent en termes de productivité, le philosophe est perçu comme une bête curieuse, accessoire, que l'on exhibe dans les grandes occasions pour ensuite l'oublier sans façon. L'éthique? C'est bien beau, mais il faut corriger les écarts industriels, purifier l'eau que l'on boit, l'air que l'on respire, la terre que l'on cultive... Pour paraphraser un autre philosophe, quand le feu est dans la maison, il n'est pas temps de s'occuper des écuries. Les énergies, même les meilleures, ne sont pas inépuisables. Comment concilier toutes ces tâches?

La mire d'André Beauchamp, sociologue, philosophe, consultant, est bien calibrée pour saisir une large perspective quand il considère la donne environnementale. La clé, à ses yeux, demeure encore et toujours l'éthique. «Une éthique fondée sur la spiritualité, autrement on tombe vite dans le moralisme, la morale close d'un devoir défini par quelques spécialistes. L'élan éthique doit s'enraciner dans une vision.»

Mais quelle vision? Comment traduire cet élan pour qu'il échappe à la chapelle des théoriciens? Comment l'ancrer dans une référence accessible aux gens ordinaires et qui ont de bonnes intentions? André Beauchamp se masse le front, réfléchit un instant, et propose quelques pistes.

«Moi, je suis retourné au texte de la Genèse. Vous savez, une thèse populaire aux États-Unis, à la fin des années cinquante, accusait le christianisme d'être responsable de la crise de l'environnement, lui reprochant d'avoir fait de l'être humain le maître absolu de la Création. C'est une lecture simpliste de la Bible, à mes yeux. Elle est apparue après la Renaissance, parce que, auparavant, on n'a jamais pensé l'être humain hors de sa référence ultime, c'est-à-dire à l'image de Dieu. Et si l'être humain est à l'image de Dieu, il crée lui aussi, et il est responsable de la Création non pas pour la détruire mais pour la conserver. Oui, on lui accorde une importance particulière, mais il est aussi le fruit de la Terre. Vous remarquerez que le sixième jour est consacré à la fois à la création des animaux et à celle de l'être humain. C'est fort intéressant.»

André Beauchamp est dans son élément, et on sent peut-être davantage le besoin de convaincre ou est-ce le besoin de renverser la vapeur, au moment où l'Église cherche à renouer avec sa base défaillante? Il n'est pas question ici de courber la tête ni de proclamer l'unicité de l'humain. Au contraire. Et son propos n'est manifestement pas improvisé.

«Lorsque je donne des conférences, je m'amuse parfois à préciser: nous sommes de la même semaine! Nous sommes de la même parole créatrice. Il y a de l'animal en moi, ce que confirme la science de l'évolution. Nous sommes de l'animalité et nous en émergeons par le fameux passage à la culture. Au chapitre de la spiritualité chrétienne, nous en émergeons parce que nous sommes des auditeurs de la Parole, nous sommes des interlocuteurs pour Dieu. Nous devons donc assumer notre appartenance à la même communauté créationnelle. Nous ne sommes ni les maîtres absolus ni les destinataires ultimes.»

Les Indiens d'Amérique n'auraient pas dit autre chose, et il est symptomatique que leur sagesse soit aujourd'hui davantage reconnue. Dans un cas, on parlait d'animisme, dans l'autre, de spiritualité chrétienne, mais les liens pourraient être plus étroits qu'on ne le pense. Leur parti pris pour l'environnement réconcilie les deux discours si on accepte l'interprétation d'André Beauchamp. «Dès l'instant où l'être humain comprend qu'il a une responsabilité à l'égard du monde, il ne peut s'en abstraire ni prétendre se définir comme la seule norme à partir de laquelle on définirait le monde. Paul a un beau texte qui dit: "Tout est à vous, mais vous êtes au Christ." Et souvent, on rend opératoire la pensée chrétienne en la coupant de sa dimension transcendantale. Bien entendu, si vous coupez la relation théologale à Dieu, la Terre est à la dérive. Les grands récits de la Genèse sont des relations. Ce qui définit un être humain, c'est qu'il est en relation. En relation avec Dieu, avec les autres et avec la Terre qui le porte et qui est sa demeure. Voilà la cohérence qui unit l'éthique et la vision spirituelle.»

Beaucoup de distance, parcourue à grandes enjambées intellectuelles, ponctuée d'appels au divin, et voici que le rythme s'apaise, que le vent se calme et que la passion d'André Beauchamp s'adoucit tranquillement alors qu'il boucle la boucle et revient à la pièce vide, l'irrésolution humaine et la crise environnementale.

«Pour nous, le premier objectif, c'est de retrouver l'essence de la qualité de vie. Si on ne bâtit la vie et le bonheur que sur l'accumulation et la consommation matérielle, c'est foutu, pour nous comme pour nos descendants. En fait, notre société n'est même pas basée sur la consommation, elle est basée sur l'achat. Nous n'avons même pas le temps de jouir de tout ce que nous possédons. Il nous faut être plus jouissifs, alors que c'est l'acte d'acheter qui nous procure de la satisfaction. Il y a une folie dérisoire dans notre culture qui nous pose un défi énorme. Le régler, c'est déjà alléger la pression sur le milieu. L'autre objectif, c'est la justice dans le temps et dans l'espace. Dans le temps, pour ne pas spolier nos descendants, et dans l'espace, par rapport aux peuples pauvres qui la réclament. Le bonheur est dans la relation aux autres, tant sur le plan personnel que sur le plan des nations. Le comprendre, c'est devenir capable de défaire le nœud. On ne guérira pas de la crise environnementale en revenant en arrière, c'est sûr, mais il faut réintroduire l'éthique dans le technique. Nous n'y arriverons pas sans déchirements ni malheurs, mais ultimement, nous y arriverons.»

André Beauchamp est né le 18 février 1938, à Montréal. Diplômé en théologie de l'Université catholique de Lyon, il a d'abord travaillé en éducation avant de concentrer ses efforts dès la fin des années soixante-dix sur différents projets concernant la cause environnementale.

D'abord attaché au Service de protection de l'environnement du gouvernement québécois, André Beauchamp participera à la mise sur pied du premier ministère de l'Environnement du Québec, comme directeur de cabinet de Marcel Léger. Il deviendra par la suite président du Conseil consultatif en environnement, puis président du Bureau d'audiences publiques sur l'environnement, le BAPE. Depuis 1990, il est président d'Enviro-Sage, sa propre maison de communication et de consultation en environnement. Il est également associé au groupe Consensus, un centre de médiation environnementale et sociale, en plus d'être animateur à la chaire d'éthique en environnement de l'Université McGill.

Auteur prolifique, André Beauchamp a publié depuis 1985 une cinquantaine d'articles et trois livres sur l'environnement, Repères pour demain, Éthique et environnement, et Pour une sagesse de l'environnement, et a participé à la rédaction du collectif Comme un cri du cœur. Conférencier recherché, il siège également à de nombreux conseils d'administration d'organismes sans but lucratif.

Goûter la Terre, en militant

Harvey Mead:
Un village véritablement global

Harvey Mead n'était déjà pas gros, et on le devine un peu amaigri après trois mois passés en Amérique centrale au service des plus démunis. N'importe: les convictions huma-

Photo: Ernest Rainville

nistes, elles, s'en sont trouvé renforcées et l'ancien activiste s'est refait une santé morale après son bref séjour dans l'antichambre du pouvoir. En 1990, il avait accepté l'offre du ministre Pierre Paradis d'entrer au gouvernement comme sous-ministre à l'Environnement. J'avais alors gagé avec lui qu'il ne resterait pas un an en poste. «Et tu as perdu, me lance-t-il avec un clin d'œil, j'ai duré deux ans moins sept jours!»

Harvey Mead... ce nom vous dit quelque chose? Pas sûr. Son parcours est pourtant digne d'un scénario de cinéma. New-yorkais d'origine, charlevoisien d'adoption, présent dès les tout premiers jours de l'éveil écologique contemporain, des idées nobles plein la tête, voici une authentique vedette du mouvement environnementaliste québécois. Un vedettariat discret, à l'image de l'homme qui préfère l'action aux grands discours.

Pour moi qui le connais depuis une dizaine d'années, à l'époque où il se battait pour que soit maintenue l'intégrité du parc des Laurentides, Harvey Mead représente une conscience. Pas une conscience désincarnée qui se réfugie derrière une idéologie à œillères, mais une conscience ouverte qui prône un futur meilleur pour tous les peuples de la Terre et qui transforme les rêves en actions. La *praxis*, diraient les philosophes. Du temps qu'il était sous-ministre, Harvey Mead se rendait au bureau à bicyclette.

Mais on peut se salir les mains à les plonger dans la terre. Le passage de l'ancien militant à la haute fonction publique en a fait sourciller plusieurs, ceux-là mêmes qui ont dû applaudir quand il a finalement abandonné. L'écologiste n'a pas réussi à faire bouger le système. Ses amis plus cyniques diront que l'idée était de toute façon condamnée à l'échec. Harvey Mead n'a cependant pas de regrets, parce que l'occasion était belle. Philosophe, oui, attentiste, non. D'autres, moins vigilants, ont laissé des rêves devenir des cauchemars. Il le sait, il y était.

«Vous savez, j'ai grandi en Californie et j'ai vu arriver les problèmes, les remblayages dans la baie de San Francisco, la croissance explosive de la ville de Los Angeles et les autres crises environnementales. Vingt-cinq ans plus tard, c'est pourtant ce mauvais exemple que nous sommes en train de suivre. Et je m'en désole. Los Angeles est maintenant aux prises avec un smog quasi permanent et la circulation y est un cauchemar! Vouloir corriger la situation, aujourd'hui, c'est s'attaquer à un véritable monstre! Je souhaite que nous n'en arrivions pas là avant de réagir.»

Un soupçon de paternalisme bien excusable puisque Harvey Mead parle véritablement d'expérience lorsqu'il évoque les paradoxes du rêve américain et son lourd héritage. La vision idyllique de la Californie en prend pour son rhume. La douceur du climat, la mer, le jogging, le yoga, les beaux corps bronzés, le panache… Panache, oui, mais de dioxyde de carbone. Le mythe ne tient plus, le milieu urbain étouffe. Le fardeau environnemental est devenu un lourd karma. C'est une fleur fanée que les Californiens tiennent entre les dents.

«On a même organisé des célébrations lorsque la Californie est devenue l'État le plus peuplé, dépassant New York. C'était la fête, la consécration d'une nouvelle réalité. Mais les choses se sont tranquillement détériorées. L'air est peu à peu devenu irrespirable dans les grandes villes. Quelle victoire! Et Montréal qui suit le même modèle, avec des autoroutes de ceinture, des autouroutes qui drainent la population vers les banlieues en vidant le cœur des villes. C'est à croire que nous avons les deux yeux bouchés!»

C'est d'un ton incrédule qu'il énonce son jugement comme s'il ne pouvait pas imaginer que la leçon ait déjà été oubliée. Un enfant qui se brûle les doigts sur un rond de poêle n'y revient pas. Mais... si c'est un autre qui le lui raconte, le poêle garde tout son attrait d'interdit! La blessure fait moins mal lorsqu'elle est vécue par procuration. Los Angeles est une ville polluée, mais il y a Hollywood, Beverley Hills... Comment y voir une scène d'épouvante? Le chant de la sirène continue d'hypnotiser. Il s'en désole, lui qui court retrouver l'air de Baie-Saint-Paul dès qu'il le peut en se demandant si nous avons vraiment avancé sur le chemin de la raison depuis trente ans.

«Vraiment, sans exagérer, je ne vois pas beaucoup de changement avec les années *héroïques*. On développe sans penser à demain. Dans les années soixante, étudiant au Nouveau-Mexique, je me battais pour qu'on favorise les contenants réutilisables. Trois décennies plus tard, je me suis retrouvé en charge du dossier de la collecte sélective, au ministère de l'Environnement, et on discute encore du bien-fondé du recyclage! Et le problème se complique. Il y a cinq ans, au Québec, il nous fallait gérer 125 millions de contenants uniservice. Aujourd'hui, on en compte 250 millions, auxquels on ajoute 300 millions de contenants consignés. Au total, 550 millions de bouteilles, canettes et autres contenants par année! Le recyclage, c'est beau, mais ce qu'il faudrait faire, au fond, c'est réévaluer notre mode de consommation. Réduire. Nous avons déjà de la difficulté à faire accepter le remède au patient, comment parvenir à le convaincre de changer sa façon de vivre?...»

Faut-il voir une pointe d'amertume derrière cet aveu d'impuissance? Peut-être. On ne s'en étonnera pas. Il faut vraiment des idéaux d'acier pour survivre à la rencontre de la politicaillerie ou de la bureaucratie. Organiser à coups d'acrobatie des comités qui ne siègent pas parce que les membres se disent occupés ailleurs, négocier avec le Conseil du Trésor et le Conseil exécutif, fixer des objectifs globaux pour se rendre compte que le ministère d'à côté s'en moque, espérer candidement que son propre ministre comprenne... La pluie acide des aléas gouvernementaux a fait rouiller un coin de son armure, sans que le combattant ne décide pour autant de jeter les armes. Il revient comme simple soldat dans l'infanterie, voilà tout. Et garde contact avec les véritables battants.

«Le Québec vit actuellement des expériences remarquables. Des milliers et des milliers de gens trient patiemment leurs ordures pour en retirer les rebuts recyclables. Toutes les campagnes d'éducation mises en place depuis une dizaine d'années commencent à porter fruit. Nous ne tournons plus le dos aux problèmes. J'y vois des signes encourageants. Mais il ne faut pas se contenter d'agir en aval. Le véritable enjeu se situe plus haut, à la source, et questionne nos attitudes fondamentales. C'est tout un défi.»

Bien sûr, la comparaison avec le Nouveau-Mexique, voire la Californie, fait long feu si on considère les différences. Le Québec demeure un pays vierge, plein de promesses, aux milliers de lacs dont l'eau pure miroite au soleil couchant... Vous voyez le cliché? Sans esprit critique, on pourrait facilement dorer la pilule aux Québécois comme on enjolive la réalité de nos voisins californiens. La vérité est que nous avons perdu la clé du paradis. Les optimistes croient que ce n'est que passager. Harvey Mead, lui, a passé l'âge des illusions faciles.

«Le Québec n'a pas été épargné. Sa population s'est accrue de 50 p. 100 depuis quarante ans. Il a connu le même exode vers les grandes villes, le même développement des banlieues que vivent d'autres pays riches. Et ce revirement déstabilise les villages, les campagnes, l'agriculture, la foresterie... Et comme si ce n'était pas assez, on déstabilise en même temps les milieux urbains en leur imposant la dictature de l'automobile. C'est probablement là le cœur de la problématique urbaine. L'automobile implique l'autoroute, la banlieue, l'étalement urbain, la déchéance du transport en commun. Prenez le cas de Québec. C'est une petite ville qui s'efforce de ressembler à Montréal avec des ponts, des voies rapides. Et tout ça coûte cher, très cher. L'Union québécoise pour la conservation de la Nature, l'UQCN estime à deux dollars le litre ce qu'on devrait payer pour compenser les subventions déguisées que verse la société tout entière pour supporter l'automobile! La ville de Pasadena, en Californie, estime quant à elle que les services municipaux reliés à l'auto — surveillance policière, stationnement — lui coûtent annuellement deux mille dollars par voiture sur son territoire. Et je n'inclus pas les frais de santé, les accidents, l'entretien du réseau routier, les enjeux énergétiques et tout le reste. C'est toute la société qui subventionne ainsi grassement l'automobile à coup de milliards de dollars.»

Voilà un gros morceau à dénoncer. Si l'on dit généralement que tant va l'habitation, tant va l'économie, il faut amender la proposition en Amérique du Nord et y ajouter: tant va l'automobile, tant va l'économie. Tout un réseau serré de relations économiques dépend des véhicules à moteur. S'y attaquer, c'est s'attirer l'hostilité d'une partie de l'opinion publique. Oui pour mettre les déchets recyclables dans une poubelle à part, mais renoncer à la liberté de l'automobile... C'est l'âme de l'Amérique que vous égratignez, mon cher!

«Inévitablement. Mais il faut bien s'ouvrir les yeux. On peut essayer de réduire le mal. Trois des cibles principales du recyclage, par exemple, touchent des composantes des voitures. Les batteries, les pneus et les résidus des carcasses d'autos qui sont de plus en plus difficiles à recycler avec tous les nouveaux plastiques et alliages qui font leur apparition. La voiture résiste même à sa mise au rancart!»

Mais n'est-ce pas la volonté de rendre les autos plus légères, donc moins gourmandes en carburant, qui a favorisé l'introduction du plastique? Voici qui dérouterait même le mieux intentionné des citoyens. Comment faire quand les objectifs environnementaux se contredisent?

«Cela démontre bien que la solution n'est pas technologique, dans ce cas-ci comme dans bien d'autres. Elle exige
plutôt un changement radical dans notre comportement. Et
même si le débat sur l'ampleur réelle de l'effet de serre n'est
pas réglé, l'influence de l'automobile sur la pollution atmosphérique est claire et nette. Dans les pays riches, elle est la
cause du tiers des émissions de gaz qui risquent de
débalancer le climat. L'année 1990 a été la plus chaude de
l'histoire. D'ailleurs, nous avons vécu six de ces années les
plus chaudes durant la décennie quatre-vingt. La science
n'est peut-être pas capable de bien cerner les différentes
facettes de l'effet de serre, mais les évidences sont troublantes. Et les risques sont grands.»

Les sourcils sont un peu froncés, mais sans plus. Harvey
Mead marque des points sans lever les poings. Comme
l'UQCN, ce groupe qu'il a présidé durant cinq ans, l'homme
n'est pas du genre à tenir un discours radical. Dans le milieu,
on les qualifie plutôt de *modérés*. Vu sous cet angle, son
passage au ministère de l'Environnement n'est pas si renversant. Si on était allé chercher le président de Greenpeace,
le choc aurait été beaucoup plus grand! D'autant plus que
leurs porte-parole ont la dent dure lorsqu'il s'agit de critiquer
le Québec sur la place publique. Certains milieux environnementaux commencent même à les regarder de travers parce
qu'ils leur compliquent la vie en forçant la dose. Harvey
Mead, lui, ne leur jette pas la pierre.

«S'il n'y avait pas de gens comme ceux de Greenpeace
pour intervenir de façon directe, le mouvement environnementaliste n'irait nulle part. Il en faut pour faire réfléchir les
grands acteurs des domaines économique et social. À
l'UQCN, nous nous sommes donné le mandat d'entrer en
scène lorsque ces milieux commencent à s'ouvrir, pour
travailler au niveau des institutions et pour soutenir les élans.
L'allure est moins flamboyante, mais ce travail de coulisses
apporte souvent des résultats durables. Et cela m'a permis,
curieusement, de me sentir assez à l'aise au gouvernement…
pendant une certaine période. L'appareil ne réagit jamais
aussi vite qu'on le souhaiterait. C'est ce qui a fini par m'im-
patienter, je présume.»

Le pouvoir est dans la rue, proclamait-on à une époque où les pancartes étaient plus enthousiastes. Ce pouvoir populaire, Harvey Mead l'a senti au temps où il militait dans les groupes de pression. Il en a connu une autre variante plus officielle dans son bureau de sous-ministre. Le pouvoir corrompt, disent les puristes. Mais il facilite aussi la vie. Et surtout, il aide à faire triompher ses idées. Il est plutôt rare qu'on vive ainsi deux dimensions du pouvoir. Et le quidam se demande lequel a meilleur goût.

«Ce sont deux mondes interreliés. Ce qui importe, je pense, c'est que les gouvernements deviennent proactifs et n'attendent plus qu'on leur pousse dans le dos. Je continue à prendre très au sérieux la notion de partenariat, qui implique que les ministères s'associent plus étroitement aux groupes environnementaux. Ce ne sont pas des organismes farcis d'experts, mais l'expérience montre que les experts ont aussi besoin d'être ramenés à l'ordre. Les solutions ne peuvent venir de leurs seules réponses. Le virage doit être social, sinon les meilleures idées vont rester sur les tablettes, comme c'est souvent le cas.»

Elles doivent être bien garnies, ces fameuses tablettes, à force de servir de réceptacle aux gens comme aux initiatives! Un jour, il faudra en faire le nettoyage. Pour l'instant, il serait plus simple d'assurer, en pastichant certains politiciens, la libre circulation des idées. Et de voir à ce que les responsables se parlent. Vous connaissez l'histoire du ministère qui accorde des permis de chasse pour un marécage qu'un autre ministère décide de convertir en terres agricoles? De tels exemples sont malheureusement légion. Harvey Mead, qui se voit volontiers comme un rassembleur, aurait aimé que son passage au gouvernement serve à briser certaines barrières institutionnelles. Il y est parvenu… un peu, pas beaucoup ni passionnément.

«La forêt, l'agriculture, l'énergie, les mines, voilà autant de secteurs qu'il faut influencer pour ne pas agir uniquement sur le bout du tuyau comme c'est la coutume. Réparer les pots cassés, c'est bien, les préserver de la casse, c'est mieux. Il ne faut cependant pas croire que nous sommes pires qu'ailleurs. J'ai assisté à de nombreuses conférences, en Australie par exemple, il y a quelques années, où on parlait de développement durable. Et ces échanges donnent de nouvelles perspectives. Nos problèmes, au Québec, nous apparaissent relativement petits à l'échelle planétaire. Mais ils ne sont pas si différents. Prenez le cas des autochtones de la région de la baie James. On change les noms, les places, on change un peu les données environnementales et nous voilà dans les forêts tropicales d'Amérique du Sud, ou d'ailleurs!»

Assommés par les discussions constitutionnelles, nous regardons les déchirantes informations télévisées décrire les famines en Somalie ou le désespoir en Haïti. Et d'en conclure que nos misères, nos lacs acidifiés de Meech et compagnie sont bien peu de choses et qu'il vaudrait mieux partir, se retrousser les manches pour aller aider les plus démunis.

Faut-il en arriver à de tels expédients? Joindre les Peace Corps ou l'ACDI comme l'a fait temporairement Harvey Mead? Pas nécessairement. Et il le dit lui-même, qui en a fait beaucoup avant de partir pour les pays de la pauvreté. Son séjour au Costa Rica était plus qu'un rite de passage après son demi-échec gouvernemental: c'était aussi, et surtout, une nouvelle plantation dans un jardin qu'il avait dû trop long-temps laisser en friche. Son jardin de valeurs. Mais il est d'autres jardins et d'autres consciences.

«Notre appétit pour les ressources est démesuré. La consommation d'une personne, au Québec, équivaut à celle d'une centaine au tiers-monde. Nous vivons dans une économie d'échanges. Nous exportons des ressources, et en importons d'autres, souvent à vil prix. Nous dépendons donc, nous aussi, de la bonne santé de la planète, ne serait-ce que pour nous approvisionner.»

Harvey Mead est lancé. Lui qui a fait les cent pas dans les antichambres des dirigeants politiques ne peut oublier que la véritable partie se joue à un autre niveau, celui de la survivance quotidienne et des enjeux globaux. L'activiste retrouve le philosophe dans une vibrante envolée.

«Les gens de ma génération ont vécu une période d'extravagance impossible à perpétuer. Nous avons vécu à crédit, au propre comme au figuré. Nous nous sommes en-dettés, prélevant plus de ressources que nous n'en redon-nions, entraînant le tiers-monde à notre suite. Nous voulons aujourd'hui nous serrer la ceinture. Avec quelques kilos en trop, c'est possible. Pas lorsque l'on n'a que la peau sur les os. Demander aux plus démunis de participer à cet effort de réparation, alors qu'ils ont à peine de quoi survivre, c'est quasi criminel. Tant qu'ils seront coincés dans cet étau de l'endettement, ils n'auront d'autre choix que de mettre en péril leur propre écosystème en le pressant à outrance.»

Extravagance? Avons-nous vécu si grassement, nous qui nous sommes dépeints comme des gens près de la terre, soumis au cycle des saisons, habitués aux privations? Qui nous sommes éveillés au monde il y a trente ans? Qui avons rejoint une fête au cours de laquelle bien d'autres s'étaient empiffrés sans compter? Pourquoi nous accuser d'extravagance?

«C'est peut-être un mot un peu fort, mais pensez aux milliards que nous devons payer pour entretenir nos seules autoroutes, pour aller plus vite d'un point à un autre tout en empoisonnant notre air, alors que nous sommes nous-mêmes endettés jusqu'au cou! Nous avons peut-être agi par inadvertance, sans présumer de l'épuisement des ressources, sans présumer de la fragilité de notre monde, sans présumer des conséquences de cette insouciance.»

Et le regard se porte plus loin, au-delà des frontières, vers ces pays où le soleil tape si fort et où les gens sont si maigres. Des pays où les catastrophes en direct finissent par être banalisées. Des pays qui ne nous sont pas étrangers, puisqu'on les retrouve tous les jours jusque dans notre assiette.

«Nous allons devoir réaliser que nous vivons dans une économie qui dépend beaucoup de l'importation. D'où viennent ces matières, ces produits qui nous sont familiers? De quelle façon ont-ils été fabriqués? C'est ici que la conscience entre en jeu. Les oranges, les bananes, le café poussent pour notre appétit dans de grandes plantantions luxuriantes… qui remplacent les anciennes forêts tropicales et les productions vivrières essentielles aux gens du pays. Nous allons ensuite leur reprocher de couper leurs forêts parce que les conséquences globales sont néfastes alors que nous avons nous-mêmes dévasté les nôtres! De toute façon, notre économie ne fonctionnerait pas sans l'apport des matières premières du tiers-monde. Oui, le Québec est un des plus importants producteurs d'aluminium de la planète, mais avez-vous vu beaucoup de mines de bauxite par ici?»

D'accord. Nous dépendons en bonne partie de nos voisins plus pauvres. Mais n'est-ce pas précisément le développement du commerce international et l'entrée de devises fortes qui pourront leur permettre de s'élever au-dessus de leur misère chronique? Depuis que nous importons à pleines caisses des clémentines du Maroc, la situation de ce pays a dû s'améliorer, non? Nous ne sommes tout de même pas pour nous flageller chaque fois que nous en dégustons une!

Harvey Mead sourit, un sourire pensif qui trahit bien ses pensées. On ne peut pas culpabiliser le citoyen moyen, constamment sollicité pour faire le premier geste. Le même citoyen qui remplit la plus grosse partie des coffres de l'État par ses impôts et à qui on en demande toujours plus, sans qu'on le remercie outre mesure. Bombardé d'informations pas toujours faciles à décoder, il commence à trouver que la coupe s'emplit un peu vite pour ses moyens.

«Nous ne sommes pas des criminels. Au demeurant, notre conscience est plus aiguë qu'autrefois et des gestes concrets s'ensuivent. Mais les faits demeurent et démontrent l'ampleur du précipice. Le bilan entre le Nord et le Sud augmente continuellement en faveur du Nord, nous recevons beaucoup plus que nous donnons. Les pays pauvres s'enfoncent dans leur misère. Il faut régler ce cancer mortel qu'est la dette du tiers-monde. Je ne dis pas que nous avons agi malicieusement pour les étrangler, que les programmes de développement étaient croches au départ, mais les résultats sont là. La situation est intenable.»

Mais comment faire pour y arriver? disait la chanson. Comment faire pour parvenir au développement durable ici, s'il est hypothéqué par ce qui se désagrège là-bas? L'ordre pressant d'agir et l'impossibilité de changer le cours des choses si on n'intervient pas au bout du monde... C'est la quadrature du cercle. Entre l'indifférence et le découragement, y a-t-il de la place pour moi?

«Je pense qu'il faut viser une sensibilisation de toute la population pour que les gouvernements, les industries et les autres grands acteurs sentent la pression. L'action individuelle compte. Mais elle ne sera pas suffisante. Il faut changer les institutions et les structures comme dans le cas du transport ou de l'énergie. On n'y arrivera pas une personne à la fois. C'était le message fondamental du rapport Bruntland. L'image peut paraître trop simple ou trop brutale, mais pour moi c'est vrai: il nous reste dix ans. À peine dix ans pour corriger le tir et le réorienter en profondeur. Voilà peut-être la découverte des années quatre-vingt-dix. On pensait que le problème, c'étaient les bouteilles jetées le long des routes, la pollution dans les centre-villes... Loin de là. Le nœud, c'est la pollution planétaire causée par nos institutions planétaires. La riposte devra donc être planétaire.»

Harvey Mead est né le 12 janvier 1940, à New York. Il demeure une des rares personnes au Québec à être intervenues des deux côtés de la clôture environnementale, comme militant actif, puis comme sous-ministre adjoint. Ce cheminement, non orthodoxe en apparence, étonne moins quand on connaît la complexité de son parcours.

Docteur en philosophie de l'Université Laval, Harvey Mead a reçu son premier diplôme universitaire en littérature anglaise et philosophie du Saint Mary's College, en Californie. Il a par la suite enseigné en Illinois, au Nouveau-Mexique et au Québec, au campus Saint Lawrence du collège régional Champlain à Sainte-Foy. Tout au long de ces années, il s'est engagé à fond dans les mouvements environnementaux. Aux États-Unis, il a participé à l'essor du courant vert en joignant des groupes tels le Sierra Club, le Zero Population Growth et la National Audubon Society; de ce côté-ci de la frontière, il militera au sein de la Fédération canadienne de la nature et du Club des ornithologues du Québec avant de devenir président-fondateur du plus important rassemblement d'écologistes au Québec, l'Union québécoise pour la conservation de la Nature, l'UQCN.

En 1990, il se laissa tenter par le «beau risque» gouvernemental. L'expérience terminée, il a rejoint les rangs de l'UQCN, où il a recommencé à mener des projets. Il a également repris l'enseignement. Un détail n'a pas changé: dès qu'il le peut, Harvey Mead s'évade vers Charlevoix, son refuge de prédilection.

Normand Maurice:
Toutes les richesses

« L is», commande péremptoirement Normand Maurice. L'étudiant s'exécute, un peu gêné, et entreprend de déchiffrer laborieusement l'article en première page du

Photo: ONF

journal. Les syllabes sont rocailleuses. De peine et de misère, il parvient à se rendre au bout de la première phrase. Mais l'effort de concentration a été si fort qu'il est incapable d'expliquer le sens de sa lecture. À quinze ans, il est quasi analphabète et courbe la tête devant l'humiliation. Témoin de la scène, mal à l'aise, je voudrais me cacher. Mais Normand Maurice intervient rapidement. «Tu vois, lui dit-il, tu viens de reconnaître un problème pour ensuite l'affronter avec courage. Il ne faut pas reculer devant l'épreuve. C'est le premier pas vers la réussite. Bravo!» Encore incertain, l'adolescent regarde son professeur, et, regaillardi, il part rejoindre ses camarades. «C'est beau recycler les canettes d'aluminium, conclut Normand Maurice, mais il faut d'abord récupérer les personnes que notre système laisse pour compte.»

Environnement ou éducation? Pour Normand Maurice, les causes se confondent. Il mène depuis plus de quinze ans une campagne contre le gaspillage, qu'il s'agisse de vieilles canettes d'aluminium ou de jeunes décrocheurs scolaires. Le mot *déchets* n'existe plus dans son vocabulaire. Seule compte la volonté de tirer le maximum des ressources qui nous entourent. Normand Maurice travaille de toutes ses forces à récupérer ce que nous mettons trop facilement à l'écart. Et son recyclage à lui inclut également les êtres humains.

C'est au cœur du Québec, à Victoriaville, que cet environnementaliste aux allures de sergent-major met d'abord en pratique les principes qu'il propose à l'ensemble du Québec. «On parle encore des Bois-Francs, ici, mais c'est un souvenir de notre splendeur passée. Nous avons épuisé notre richesse. Il nous reste des bouleaux ou des épinettes, mais les érables ont disparu. La Nature n'a pu compenser nos erreurs et nous en subissons aujourd'hui les contrecoups économiques.» Contrairement à d'autres, Normand Maurice ne fait pas que déclamer. Au milieu des années soixante-dix, il innovait, modestement, avec une entreprise sans but lucratif qui allait faire figure de pionnière au Québec. Récupération Bois-Francs desservait les villes de Victoriaville et d'Arthabaska, en recueillant de porte à porte ce que les citoyens avertis mettaient de côté pour le recyclage. La révolution tranquille des ordures venait de commencer, elle a aujourd'hui gagné toutes les régions. Nul ne sait comment elle se terminera, et déjà on note des signes d'essoufflement. Normand Maurice le sait, mais l'homme est trop convaincu pour s'en désoler. Ses revendications n'en sont que plus mordantes.

«Il faut bien comprendre que le recyclage n'est pas une panacée. Il ne fait que pallier les incohérences du système qui bouffe littéralement les ressources en croyant qu'elles sont illimitées. Si on récupère ces ressources, on se donne le temps de respirer et de questionner nos habitudes. De toute façon, ajoute-t-il avec un sourire féroce, les politiciens eux-mêmes sentent le besoin d'agir. Les dépotoirs ne sont plus acceptés. Vous savez, un dépotoir de plus, c'est un député de moins!»

Environnementaliste, Normand Maurice est avant tout professeur. De morale, à l'origine, quoique sa pratique soit devenue plus englobante avec le temps. Avec quelques autres enseignants, il a tourné son attention vers les élèves les plus démunis, obligés par la loi de fréquenter l'école jusqu'à seize ans et qui se retrouvaient plus souvent qu'autrement dans cette voie de garage appelée le secondaire professionnel court. Le chemin du désespoir. À la sortie, des emplois de misère ou le bien-être social. Une autre forme de gaspillage, inacceptable aux yeux de l'environnementaliste social. Victoriaville est alors devenue le théâtre d'une expérience pédagogique innovatrice reposant sur le principe que l'école est avant tout un lieu de formation. Incapables de suivre les programmes traditionnels, ces élèves se sont vu proposer des activités décloisonnées pour apprendre à composer avec la vie. Passent aussi des notions de français ou de sciences, à la portée de ces jeunes que d'autres ont trop rapidement catalogués comme «pas bons», voués à une petite vie. Cette approche s'appelle «l'atelier de culture», et au-delà des connaissances, elle leur enseigne la fierté retrouvée.

Normand Maurice, lui, s'est servi du vecteur de l'écologie. Ses élèves étaient presque rejetés par la société? Il allait leur montrer l'absurdité du prêt-à-jeter, une attitude dont ils faisaient eux-mêmes les frais. Mieux, il allait les transformer en chevaliers du recyclage. C'est ainsi qu'est née la «caravane de la récupération», une exposition itinérante qui illustre comment il est facile de transformer les matériaux des produits qui aboutissent immanquablement aux poubelles. Les animateurs de l'exposition sont ces jeunes à qui on offre dorénavant une cause. Et ils s'y consacrent avec ardeur.

«Il est trop facile d'abdiquer, de lâcher prise devant l'inertie du système, poursuit Normand Maurice. Il est possible que ces efforts supplémentaires entraînent des coûts. Mais voulons-nous dépeupler nos forêts en oubliant le prix à payer plus tard? De même, voulons-nous expédier ces jeunes à l'assistance sociale, en payant demain les pots cassés?» De toute façon, ce diable d'homme n'en est pas à une idée près.

Sa dernière création, la plus impressionnante, s'appelle le CFER, le Centre de formation en entreprise et récupération. Une grande bâtisse neuve, attenante à l'école polyvalente Les Boisés, où sont logés les salles de classe et les locaux d'une étonnante entreprise de tri devenue un projet éducatif en soi. Les élèves qui fréquentent cette école alternative n'iront pas à l'université. C'est à peine s'ils apprendront un métier. Mais en triant des cartons et du papier récupérés, puis en s'assurant de leur expédition vers les acheteurs intéressés, ils prennent conscience de leurs habiletés. Mieux, on leur fait confiance en corrigeant sans autre réprimande leurs erreurs. Sur leurs visages autrefois découragés apparaissent maintenant des sourires.

Normand Maurice a couru. De ministère en ministère, il a trouvé des appuis pour financer son projet. Le mouvement Desjardins fait partie de ses alliés de la première heure. «On doit me prendre pour une teigne, mais je m'en fiche. Je vais finir par montrer qu'il faut aller de l'avant.» Sa dernière trouvaille: recycler la peinture usagée. «J'ai convaincu le commandant de la base de Bagotville d'essayer cette peinture qui serait autrement condamnée à finir comme déchet toxique. Nous la récupérons, nous la faisons traiter ailleurs et nous nous chargeons de trouver des débouchés. Elle est de bonne qualité et elle coûte moins cher. Avec un peu de chance, nous allons décrocher un contrat avec le ministère de la Défense nationale!»

Un tourbillon. De grands gestes, avec de grands bras, pour brasser de grandes idées. «Quand est venu le temps de nous instruire, à la maison, il a fallu débourser de l'argent. Mon père en était conscient, mais il n'a pas hésité parce qu'il savait que c'était une garantie pour l'avenir de ses enfants. Pourquoi serions-nous plus tatillons aujourd'hui avec l'environnement, avec la préservation des ressources?» Quand il est question du prix à payer pour assurer une forme de développement durable, Normand Maurice ne manque pas d'arguments. «On dit qu'il faut faire attention à notre capacité de payer, que les gouvernements vont finir par s'essouffler avec leurs programmes de récupération. Se débarrasser des ordures, les enfouir ou les brûler, demeurerait plus économique. En apparence, c'est vrai, mais seulement parce qu'on ne calcule pas les coûts de nos aberrations. Aujourd'hui, nous payons plus de soixante-cinq dollars la tonne pour incinérer des déchets comme des boîtes de conserve faites d'acier à cent pour cent. Vous trouvez ça brillant, vous, payer pour brûler de l'acier?»

Le ton est volontaire et la formule, incisive. Normand Maurice ne le cache pas: il joue volontiers de ses talents de communicateur qui en ont fait un personnage populaire dans les cercles avertis, une sorte de Monsieur recyclage. Mais qu'on ne s'y trompe pas: derrière ses allures parfois théâtrales se cache un redoutable *debater* dont les mots portent en haut lieu. Ces années-ci, par exemple, il en a contre l'industrie du plastique qui tarde à mettre en marché des produits plus facilement recyclables. La démonstration suit, implacable. «Prenez cette bouteille: le contenant est fait d'une sorte de plastique, le bouchon d'une autre et l'étiquette d'une autre encore. S'y ajoute parfois une variété supplémentaire. Pour un récupérateur, c'est l'enfer. Pourquoi l'industrie ne s'autodiscipline-t-elle pas? L'industrie du papier journal a commencé à réagir le jour où des États américains ont exigé la présence de fibre recyclée dans le papier journal vendu chez eux. Faudra-t-il en arriver là pour qu'on prenne nos demandes au sérieux?»

Le temps de reprendre son souffle, il poursuit, sans que son interlocuteur n'ait ni le temps ni vraiment le goût de placer un mot de peur de faire dévier la conversation. «Il y a quelques années, des bouteilles de boisson gazeuse de deux litres, en plastique, se sont mises à exploser subitement. Le temps de le dire, le gouvernement fédéral en interdisait la vente pour des raisons de sécurité publique. Eh bien, le jour où on se décidera à être aussi rigoureux envers l'environnement qu'on l'est pour les questions de sécurité, il n'y aura plus de problèmes de produits non recyclables.»

Le discours environnemental de Normand Maurice est d'abord concret. C'est le propre du professeur habitué à présenter les faits simplement pour se faire comprendre de ses élèves. Mais simplicité ne veut pas dire simplisme. Tout est affaire de communication. S'il faut hausser la discussion d'un cran, interroger le laxisme d'une société qui ne sait plus vivre sans ses sacs verts, il le fait avec autant de ferveur. «Nous vivons une ère d'abondance. Nos moyens de production se sont améliorés et nous ne craignons plus de manquer de vivres pour l'hiver. On jette même du lait dans les fossés lorsque la production est trop forte. C'est la contrepartie des efforts fructueux pour assurer un approvisionnement suffisant. On n'est quand même pas pour retourner en arrière, risquer la famine pour éviter les surplus! D'un autre côté, nous vivons plus vieux, la maladie est de mieux en mieux contrôlée. Il n'y a plus d'épidémie de peste qui assassine le tiers de la population. Bravo! Le résultat, cependant, c'est que nous sommes de plus en plus nombreux à puiser dans les mêmes ressources. Nous n'en avons donc pas à perdre et pas davantage à gaspiller.»

L'envolée convaincrait un Inukt d'être économe avec la neige qui l'entoure. Normand Maurice est parvenu à quelques heureux résultats, mis à part ses initiatives scolaires. Des actions modestes à première vue, mais des actions immédiates. C'est déjà plus que bien des ambitieux projets qui connaissent aujourd'hui une glorieuse carrière… sur papier. Parlant de papiers, il a justement mis au point une poubelle qui en facilite la récupération et la chose se répand un peu partout dans les bureaux avec l'appui de commanditaires intéressés. Connaissant Normand Maurice, on peut seulement se désoler qu'il n'ait pas encore trouvé une façon de récupérer les idées qui garnissent ces papiers… Une autre de ses idées préférées, peut-être sa préférée: la collecte sélective des déchets au moyen de gros bacs roulants. La ville de Granby en fait l'essai, après des résultats encourageants dans un des quartiers de Victoriaville. On y avait atteint, pendant l'expérience, les plus forts taux de récupération de déchets recyclables au Canada! Pourtant, Victoriaville n'a pas prolongé l'essai. Silence. Y aurait-il du sable dans ce si bel engrenage?

L'allusion ne lui fait manifestement pas plaisir. Les administrations municipales ne sont pas toujours à la hauteur de ses convictions. L'argument massue des coûts plus élevés à court terme commence à faire vaciller le bel édifice qui était en train de s'élever au Québec. Des villes réduisent les efforts dans les programmes de récupération parce qu'elles y voient une source de dépenses sans retombées immédiates. À Plessisville, presque dans la cour arrière de Normand Maurice, la collecte sélective a été carrément abandonnée parce que trop coûteuse du fait de la faiblesse des marchés pour les matières récupérées. Et on commence déjà à se demander si la conscience émergente n'était finalement qu'une mode passagère parmi tant d'autres.

«Non. Ce n'est pas un courant superficiel. Les sondages montrent que les gens sont aussi convaincus qu'avant et qu'ils sont plus évolués que les élus. Devraient-ils hésiter qu'ils seront rappelés à l'ordre? Et je vais vous dire par qui. Par les jeunes! Eux ne font pas de compromis. Ils ont les yeux grands ouverts devant l'ampleur de la tâche. Ils savent que nous gérons aujourd'hui le monde qui sera le leur demain. Promenez-vous dans les écoles, un peu partout, et vous verrez l'enthousiasme à l'œuvre. Allez au cégep de Rosemont, par exemple, voir les étudiants récupérer tous les restes de cafétéria pour en tirer du compost. Pas besoin d'aller si loin: combien de fois les parents se font-ils corriger par leurs enfants parce qu'ils ont mis par mégarde les vieux journaux aux poubelles au lieu de les déposer dans le bac de recyclage? L'avenir passe par la jeunesse. Les jeunes ne dételleront pas.»

Placer les objets récupérables dans une corbeille bien marqué est devenu un signe de ralliement, un acte de pleine conscience. On ne rit plus des économes qui avaient compris avant les autres qu'on peut réutiliser les vieux sacs d'épicerie. Aujourd'hui, de tels comportements valent un bon point à qui les adopte. Cela permet d'ouvrir un nouveau front. Le recyclage fonctionne parce qu'il implique un geste et entraîne une forme de reconnaissance. Le bac bleu ou vert témoigne d'un qualité civique. De même, déposer ses ordures aux cloches de récupération devient un symbole. Je, tu, il proteste contre la consommation et son appétit insatiable pour les ressources. L'action se situe cependant en aval. Que se passe-t-il si elle se passe en amont, en prévention plutôt qu'en réparation? Elle agit directement en réduisant le volume de production. Et elle donne à la Terre le temps de reprendre son souffle. Mais le geste devient moins concret, il se distingue seulement par l'omission. Il n'y a plus de spectacle, seulement une conscience à l'œuvre. Réduction. Tel est le mot clé. Moins *sexy* que recyclage, plus dépouillé, mais plus significatif. Voilà la prochaine phase dans le combat contre l'excès.

«Il va falloir en arriver là. Pour les industries, ce sera à la fois plus facile et plus difficile. Plus facile, parce qu'il n'y a pas de transformation dans les méthodes de production. Il suffit de produire moins. Mais... c'est du même coup le problème, puisque notre prospérité a été jusqu'ici liée à la consommation illimitée. Si cette attitude perdure, nous allons nous rendre au bout des ressources de la planète. Allons-nous puiser dans ce patrimoine comme s'il n'avait pas de fin?» Normand Maurice sait que les principes universels doivent par moments être assaisonnés de considérations plus pratiques, aussi ajoute-t-il: «C'est juste une question de bon sens. On ne peut pas multiplier les sites d'enfouissement, les incinérateurs, et la récupération ne peut pas tout régler. La médecine ne peut pas tout guérir si on décide sur le tard de surveiller sa santé. Il faut y penser avant. C'est pareil pour l'environnement.»

Faudra-t-il se mettre à pénaliser les contrevenants, les recaler comme s'ils n'avaient obtenu que de piètres notes à leur examen de passage? «L'industrie devra s'autodiscipliner. Ce qui se fabrique devrait pouvoir se recycler. Telle devrait être la condition indispensable à l'apparition d'un nouveau produit dont nous allons devoir, collectivement, assumer l'élimination tôt ou tard. Nous n'avons eu jusqu'à présent que des politiques timides à cet effet. Il a fallu des lois américaines pour relancer la récupération des vieux journaux chez nous. Pourquoi toujours attendre après les autres? Pourquoi être en retard et risquer de perdre des marchés devenus plus sensibles aux nécessités environnementales?»

Malgré son air sévère, Normand Maurice demeure cependant un partisan de la persuasion douce. Il lui répugnerait de recourir au bâton. Comme dans une classe, ce serait l'aveu d'un échec. Et le professeur tient à ce que le changement vienne de l'intérieur. Mais si la leçon ne porte pas, alors... «Le public est prêt à appuyer les bons citoyens corporatifs. La logique voudrait que les prix des produits recyclables soient moins élevés. Au Canada, l'essence sans plomb a longtemps coûté plus cher que l'essence au plomb. C'était un non-sens. Une mesure environnementale se voyait alourdie d'une pénalité. Dans nos supermarchés, par exemple, il faudrait au contraire que l'on sache que tel produit coûte plus cher parce qu'il nuit à l'environnement. Le signal serait éloquent. Et les récalcitrants réajusteraient rapidement leur façon de faire.»

Doute-t-il, parfois? Dans un monde où les valeurs sont changeantes, où les vérités volent au vent, Normand Maurice fait front. Ses convictions s'appuient sur des résultats concrets. «La première année, une quinzaine d'étudiants sont sortis du CFER. Il n'y en a aujourd'hui que deux à l'assistance sociale. On les disait irrécupérables, inaptes à servir. Et la plupart se sont débrouillés. Quand je doute, je pense à ces jeunes.» Un étudiant, l'air affairé, un crayon sur l'oreille, vient lui dire qu'une des machines à presser les ballots de papier semble s'être enrayée. Que faut-il faire? Le professeur lui répond de téléphoner à un réparateur et de bien expliquer la situation. Pas de problème, l'étudiant est déjà reparti pour s'acquitter de sa mission. L'échange est banal, en soi. «Et pourtant, il y a quelques mois, ce jeune n'aurait même pas osé prendre le téléphone. C'est ça, récupérer les richesses qui dorment au cœur de nos sociétés.»

Nous sommes vendredi. Dans quelques heures, Normand Maurice prendra une pause bien méritée. Peut-être sera-t-il appelé à donner une conférence. Sinon, il ira se reposer dans sa retraite. Une maison de campagne qu'il continue de polir, sans se presser, à quelques kilomètres de Victoriaville, une maison faite en bonne partie de planches récupérées, comme il se doit. C'est là, sur le balcon, au grand air, qu'il concocte ses futurs projets et qu'il intègre humanité et Nature dans sa recherche d'une société plus généreuse envers elle-même.

Normand Maurice est né le 13 mai 1946, à Victoriaville. Professeur de morale à la polyvalente Les Boisés, à Victoriaville, il a depuis longtemps élargi sa vision du bien et du mal pour y inclure la protection de l'environnement.

Détenteur d'une maîtrise en sciences religieuses de l'Université de Sherbrooke, il joignait rapidement les rangs de l'école polyvalente Les Boisés, apportant avec lui des idées novatrices pour rafraîchir l'enseignement professionnel. Il participait en 1975 à la fondation de l'Atelier de culture, une formule pédagogique privilégiant la formation par l'engagement dans le milieu. Joignant le geste à la parole, il créait deux ans plus tard Récupération Bois-Francs inc., une des premières entreprises d'enlèvement sélectif des déchets — pardon, des ressources — au Québec. Ce n'était que le début d'une suite ininterrompue d'initiatives didactiques visant la promotion de l'environnement. Le Salon des jeunes citoyens, la Caravane de la récupération, le Fonds d'éducation à la récupération, au recyclage et au réemploi, le Centre de formation en entreprise et récupération, autant d'engagements qui ont confirmé au fil des ans sa quête d'une morale nouvelle intégrant les valeurs environnementales.

Normand Maurice est toujours actif à Victoriaville, parlant quotidiennement de récupération, d'éducation et d'espoir à un auditoire dont les frontières s'étendent largement au-delà des Bois-Francs.

Pierre Gaudet:
Cultiver doucement son jardin

L e soleil de mai tape fort, mais Pierre Gaudet est déjà au champ pour bien préparer sa terre. S'agit de ne pas perdre de temps! L'agriculture ne fait pas de cadeau aux retardataires, même pas à ceux qui proposent des méthodes plus douces. Pierre Gaudet est un producteur agricole qui a justement compris l'importance d'être doux avec son environnement. Écoute ton champ, dirait l'autre!

Ah, les certitudes... La Terre a beau changer rapidement, il reste au moins le monde rural pour nous rappeler nos origines et rétablir le contact perdu avec les vraies valeurs, nous racontaient les vieux livres de géographie nostalgiques de l'époque où l'on s'agenouillait dans les champs lorsque carillonnait l'Angélus au clocher du village. Oui, la Terre change, mais les agriculteurs aussi. La ferme familiale est devenue une grosse exploitation, les cultivateurs sont devenus des producteurs agricoles formés en administration et en commerce, qui discutent des variations du taux préférentiel avec leur banquier. Le brin d'herbe est resté, mais la relation avec la Nature a évolué. Pas toujours dans le meilleur sens: Marcel Léger, le premier ministre de l'Environnement que le Québec ait connu, avait à l'époque déclenché une véritable tempête en déclarant que les agriculteurs québécois polluaient davantage le milieu que toutes les papetières réunies.

Nos sympathiques cultivateurs, des pollueurs? Triste réalité, hélas! Les méthodes agricoles productivistes ont entraîné une dégradation marquée des sols et des répercussions néfastes sur les cours d'eau. La situation québécoise est quand même moins critique que dans les Prairies canadiennes, où la surutilisation d'engrais chimiques alliée à une monoculture intensive a appauvri la terre, qui s'envole littéralement au vent. Ici, la dégringolade est moins visible. L'industrie agroalimentaire québécoise a traversé la récession sans trop de misère. Pourquoi donc s'interroger, remettre en question des pratiques éprouvées? Et si on trouve des milliers de poissons morts flottant le ventre en l'air dans la rivière Etchemin, par exemple, ce doit être le fait d'un malheureux accident, non?

Pierre Gaudet, qui vient de revenir du champ, écoute en se grattant la tête. Je sais que lui-même critique ces pratiques insouciantes, sinon je risquerais de passer un mauvais quart d'heure. Personnage imposant dans tous les sens du terme, il est d'une nouvelle race d'agriculteurs qui ont transformé leur relation avec la terre. Pierre Gaudet n'est pourtant pas un marginal: vice-président de l'Union des producteurs agricoles, c'est un homme influent qui passe une bonne partie de son temps à défendre des dossiers politiques. Mais il n'est jamais aussi heureux que sur sa ferme de Aston Jonction, au cœur du Québec. Mélange de curé Labelle et de poète naïf, Pierre Gaudet regarde au loin. Il chérit la terre. Et sa parole luit comme blé au soleil.

«La terre, c'est une matière vivante, pleine de bactéries, pleine de matière en mouvement. Elle a besoin d'être aimée, d'être caressée, d'être flattée. On commence à peine à s'en rendre compte. Trop longtemps, nous avons considéré la terre comme un porteur, un outil sans trop de valeur, alors que toute la valeur de l'agriculture repose dans la terre elle-même. Notre métier d'agriculteur, c'est de nous assurer que nous vivons en relation étroite avec cette terre-là. Elle nous donne des signaux, elle nous parle, il s'agit d'être capables de la comprendre, de l'écouter. Il s'agit aussi de décoder ces signaux, qui nous guident vers une bonne culture, une culture saine, productive sans être productiviste. On a tardé à le voir, mais la terre est vraiment une matière vivante.»

Pierre Gaudet parle en connaissance de cause puisqu'il a lui-même changé radicalement d'attitude au début des années quatre-vingt. Il est aujourd'hui membre actif et convaincu de la Fédération des agriculteurs biologiques du Québec. De vrais producteurs, de plus en plus nombreux, qui n'utilisent ni engrais chimiques ni pesticides, et qui récoltent pourtant de beaux fruits, de beaux légumes et de belles céréales. Une agriculture douce mais rigoureuse, et des gens qui ont les pieds bien plantés dans le sol.

«Autrefois, dans mon ancienne culture, je commençais à semer quand je pouvais me rendre au bout du champ avec ma camionnette et en revenir sans m'enliser.» C'était son signal. Ça ne l'est plus. «Aujourd'hui, je prends une poignée de terre dans mes mains et je regarde si elle est friable. Je limite le nombre de passages dans le champ pour éviter la compaction. Mon choix de cultures tient aussi compte d'une technique qu'on appelle le *compagnonnage*: les résidus d'une plante sont un actif pour la récolte à venir dans l'esprit de la rotation des cultures. C'est fini, la monoculture. Chaque année, on change, pour chaque lot de terre.»

Voyons… C'est ce que faisaient les anciens, il me semble. Ils faisaient paître les bêtes dans un champ, y semaient l'année suivante, pour ensuite le laisser en repos. Pas vraiment la trouvaille du siècle! Aurions-nous parcouru tout ce chemin pour revenir au point de départ, pour retrouver la sagesse du temps passé, quand elle ne s'apprenait pas uniquement dans les livres?

«Il faut revenir à l'après-guerre pour comprendre l'évolution de l'agriculture au Québec. Les producteurs agricoles répondent à un signal qui s'appelle le marché. La mondialisation des marchés a poussé les agriculteurs à produire en quantité industrielle et à bon marché. Après la guerre, il restait des surplus d'azote et l'agriculture est devenue la poubelle de ces résidus. Sur le plan de la productivité, les résultats ont été intéressants. La qualité aussi y a gagné. Mais on est allés très loin, trop loin, sans nuance, et les gains sont devenus plus amers. Sans oublier que des consommateurs demandent aujourd'hui des produits exempts de résidus chimiques.»

Les producteurs biologiques ne sont pas des écolos rêveurs. Ils essaient simplement de concilier le meilleur des deux mondes en établissant à leur façon, patiemment, des relations nouvelles entre l'agriculture et l'environnement. «Nous avons formé, ici, un club de quinze producteurs assisté d'un conseiller technique. C'est évident que les plantes ont des besoins nutritifs. On peut aller chercher à la coopérative ce qu'il faut pour faciliter leur croissance ou bien favoriser la complémentarité naturelle par l'observation et le bon sens. Oui, les vieux le savaient bien. On ne peut plus presser la terre, taper dessus et lui demander de nous fournir de beaux fruits, de beaux légumes. Il faut l'aider.»

Pierre Gaudet va ranger son tracteur parce qu'il ne faut pas croire qu'on cultive un champ avec des bêches et un rateau, même lorsque l'on souscrit aux principes de l'agriculture biologique. «Il faut bien s'entendre: avec sept cents acres, je ne labourerai pas avec des bœufs! J'utilise des techniques modernes, mais en considérant la terre comme faisant partie de la technique et non pas comme un mal nécessaire.»

C'est l'heure de la pause, à l'ombre sur la galerie. Quand ils laissent libre cours à leur inspiration, dirait le cliché, les cultivateurs sont de merveilleux conteurs. Je ne sais pas pour les autres, mais Pierre Gaudet n'est pas un cliché. Et il raconte rudement bien.

«Vous allez comprendre, il suffit de voir le changement dans les termes au fil des époques. Mon arrière-grand-père était un colon. Mon grand-père, c'était un habitant, mon père, un cultivateur. Moi, quand j'ai commencé, on m'appelait un producteur agricole. Entre mon arrière-grand-père et moi, qui suis devenu un exploiteur de ressources, il faut trouver un équilibre, revenir, à mon avis, à une méthode de culture plus douce. On est en train de réapprendre à composer avec notre matière vivante, sentiment qu'on avait perdu. Ça change pas mal les règles du jeu. Si vous interprétez ça comme un retour, c'en est un. Ça ne me dérange pas. Les faits me donnent raison. Je n'ai acheté aucun produit chimique depuis dix ans, je n'ai pas ajouté de fertilisant qui vienne de l'extérieur de l'entreprise, et j'ai des taux de fertilité de sol qui vont toujours en s'améliorant. La terre me dit qu'elle est heureuse et je suis heureux moi aussi.»

Pierre Gaudet a peut-être interprété cette remarque sur le retour en arrière comme une moquerie et c'est vigoureusement qu'il explique son choix. Il faut dire que les agriculteurs ont le dos large, ces temps-ci. Les négociations du Gatt, des accords continentaux de libre-échange, les pressions des environnementalistes urbains... Il faut donc de la détermination, presque du courage, pour soutenir devant les impératifs de la compétition que les méthodes anciennes avaient du bon. Pierre Gaudet ne s'en réclame pas par romantisme bucolique: pour lui, c'est la seule voie à long terme.

«Quand j'ai fait mon cours d'agriculture, personne ne m'a montré comment tenir compte de la Lune, par exemple. Personne ne m'a enseigné la façon de tenir compte de l'ensemble des éléments. Le système était fait comme ça. J'espère qu'il va s'améliorer avec le temps.»

Mais ne disait-on pas que la Lune et autre folklore, c'était plus de la superstition qu'autre chose? Pierre Gaudet me regarde, jongle un peu et juge qu'un peu d'histoire naturelle ne me fera pas de tort.

«Bon, bien, je vais te raconter une anecdote qui s'est passée ici. Moi, mon père était contre ça, les affaire de la Lune. Pour lui, mon grand-père était un peu fou d'y croire. Il disait: "On ne sème pas dans la Lune, on sème dans la terre!" Il est mort à soixante-quatre ans. C'était un gars extrêmement nerveux mais efficace. Ma mère, elle, avait son jardin devant la maison. C'était son affaire. On ne mettait pas dans le jardin ce qu'on mettait dans la terre. Elle nous faisait mettre de côté du fumier de cheval que l'on brassait avant de le déposer dans son jardin. Puis elle semait ses patates tel jour, le vendredi dans le décours de la Lune, puis autre chose un autre jour. Un matin, j'étais en train de semer du sarrasin. Entre-temps, je passe au bureau de poste, j'y rencontre ma mère. Elle me demande ce que je fais, je lui parle de mon sarrasin, elle me dit: "C'est pas le temps de semer ça. Ça sera le temps de semer mardi prochain." On était le jeudi. "De toute façon, qu'elle ajoute, si tu veux être intelligent pour deux sous, tu vas attendre jusqu'à mardi, parce qu'il va mouiller à verse à quatre heures cet après-midi."

«Ça fait que je m'en vais dans le champ puis je sème. À quatre heures, il vient un orage épouvantable et on est forcés d'arrêter. Il a fallu attendre jusqu'au mardi pour recommencer, parce que la terre était trop détrempée. Je revois ma mère qui me dit: "Tu devrais mettre un piquet là où tu as arrêté. On ira voir ça plus tard cet été." Dans le mois de juillet, elle arrive un dimanche en me disant: "On va voir ton sarrasin?" Et on part dans le champ. Elle n'était pas là lors des semences, mais elle me dit quand même: "Celui-là, tu l'as semé en premier, celui-là tu l'as semé le dernier" — "Oui, c'est facile à voir, parce que le premier est plus beau que le dernier." Elle me répond: "Tu dis que c'est le plus beau, mais ce n'est pas celui qui est bon. Le bon, c'est l'autre qui est moins beau. Continue l'expérience jusqu'au bout et quand tu vas battre ça, sépare les deux récoltes." Et elle avait raison. La différence était du simple au double! La différence, c'était la Lune. Le sarrasin, dans ces terres-ci, se sème dans le décours de la Lune de juin. Pas avant, pas après. Je le sais maintenant.»

L'histoire est terminée, la démonstration concluante. L'homme, qui est allé se perfectionner pour être à la fine pointe de la technique, est manifestement fier de reconnaître les leçons du savoir populaire. Il hume le vent, reconnaît les odeurs de la terre qui est prête à le recevoir, en cette fin de mai, et savoure. Un épicurien du terroir qui a appris à laisser respirer le temps.

«Quand j'ai fait mon cours, on nous disait que perdre une journée dans le temps des semences du blé, de l'orge ou de l'avoine, c'était perdre du rendement. Pour nous, c'était indiscutable. On travaillait donc au printemps, les deux pieds dans la boue. L'idée n'était pas folle, mais tout dépend des conditions. Si le terrain, même drainé, est trop humide, on court le risque de le compacter en allant jouer dedans et de perdre du rendement plutôt que d'en gagner. Lorsqu'on travaille avec la Nature, les grandes règles doivent s'adapter aux différentes situations. Et quand ma mère me dit qu'il me faudrait semer telle plante à telle période, j'en tiens compte maintenant. Et lorsque j'aurai le temps, je vais suivre des cours sur la compréhension de la Lune avec les amis du club de production. On s'aperçoit, par exemple, que les mauvaises herbes ne repoussent pas lorsqu'on les enlève à telle période. Si on le fait à un autre moment, elles repoussent. Il y a quelque chose là.»

Pierre Gaudet marque une pause avant de revenir avec l'album de famille et une autre belle histoire des pays d'avant. «Lorsque nous revenions des sucres, mon père était toujours pressé de commencer les semences. Mon grand-père, qui avait la terre voisine et qui se faisait vieux, lui disait, le chapeau sur le front: "Maurice, c'est pas le temps de *sumer*, tu devrais faire de la clôture. Ça va être le temps de *sumer* quand les feuilles du pommier vont avoir atteint leur grosseur." Il était peut-être, lui, un peu lent. Mon père était peut-être vite. Moi, j'espère être juste au milieu.»

Curieux discours dans la bouche d'un dirigeant de l'UPA, d'un entrepreneur rompu aux techniques les plus modernes qui visent d'abord l'accroissement de la productivité. C'est le même slogan, d'ailleurs, qui rallie l'industrie forestière ou Hydro-Québec... Productivité comme une course en avant. Le difficile exercice de Rio de Janeiro, lui, voulait favoriser un développement plus soucieux des lendemains. À quoi sert au cultivateur de produire plus de grain s'il en vient à perdre sa terre? Et voici que Pierre Gaudet tient un langage qui le rapproche du milieu environnementaliste — encore que ces gens soient probablement moins bien ferrés au sujet de la Lune!

«Écoutez, je ne veux pas passer pour un pur absolu. La raison qui m'a poussé à faire ce transfert-là n'est pas compliquée. En 1981, j'avais trois mille acres de terre. J'avais une quinzaine d'employés. Mais on opérait avec des marges de crédit à 24 p. 100. Les prix du maïs baissaient. Je me suis dit que quelque chose n'allait pas. Mon banquier non plus n'était pas content! Alors je me suis assis dans mon bureau et j'ai pensé à mon père. On avait cent acres de terre, on était cinq enfants, il n'a jamais travaillé à l'extérieur. Avec trois mille acres de terre, c'était tout juste si on pouvait faire vivre notre famille et dans l'inquiétude en plus. Il y a de quoi qui fait pas, que je me suis dit.»

Bien campé dans sa chaise berçante sur la galerie de sa nouvelle maison — l'autre a brûlé quelques années plus tôt — Pierre Gaudet relate un souvenir qui pourrait être douloureux. Mais c'est plutôt l'histoire d'un soulagement qui lui permet de prendre une bière avec des invités de passage sans garder les yeux rivés sur sa montre, en exorcisant à grands coups de faux les errances du temps passé.

«C'était pas difficile de trouver ce qui marchait de travers. Chaque fois qu'il se passait quelque chose dans le champ qui ne correspondait pas aux normes, une bibitte ou une autre, on téléphonait à quelqu'un qui venait nous porter un produit quelconque en disant: "Mets-y ça, ça va se replacer." Mais cette bibitte-là, qui a dit qu'elle était nuisible? Autrefois, tout le monde avait peur des pucerons dans le blé parce qu'on craignait les infestations. C'est drôle, depuis qu'on a modifié nos méthodes de culture, il n'y en a plus de pucerons dans le blé. Et s'il y en a, il n'y en a pas assez pour que ça vaille la peine de les faire mourir. Ça, c'est le premier élément qui m'a convaincu de changer.»

Pierre Gaudet se lève et pointe le doigt vers l'extrémité de son champ, à l'orée d'un boisé. «L'autre, c'est le ruisseau qui est là-bas. Quand j'étais petit, on y ramassait des menés. Même si c'était interdit, on s'en servait pour pêcher, dans la rivière. Aujourd'hui, le ruisseau commence à revivre. Mais pendant des années, on ne pouvait plus y trouver de menés, pas même une queue-de-poêlon tellement il était contaminé. Quand on en est rendus à acheter de l'eau en bouteille, quand l'eau devient la ressource la plus importante pour l'agriculture et la vie tout court, on n'a plus le choix, il faut réagir.»

La parole du bon sens, de la simplicité. Mais on sent que la conversion ne s'est pas faite toute seule. Qu'il y a eu des résistances. Que le milieu agricole lui aussi ne change pas spontanément ses habitudes. Pierre Gaudet a dû vaincre le scepticisme.

«La première année que j'ai semé du canola parce que je voulais avoir des résidus de phosphore pour enrichir ma terre, l'inspecteur municipal est venu me voir pour me demander de détruire le champ! Mes voisins avaient peur, ils pensaient que c'était une mauvaise herbe. Aujourd'hui, plus personne ne me questionne. Il y a eu évolution. Cette année, j'ai semé cent cinquante acres de radis. Pour enfouir. Quand ils seront en fleurs, et qu'on va les détruire en les mêlant à la terre, des gens vont sûrement se demander ce qu'on fait là, encore. Mais dans deux ans, beaucoup de gens vont faire pareil. Il suffit que quelqu'un commence.»

Pierre Gaudet joint le geste à la parole, il descend de la galerie pour montrer un gros tas d'herbe, à côté de la grange. Son tas de compost: un mélange de paille, de purin de porc et d'autres concoctions. «Et ça ne sent même pas, dit-il avec fierté. Pourtant, on dit que du purin, c'est du poison. Mais ça peut aussi être un engrais très utile. Évidemment, il faut s'en servir intelligemment.»

Pierre Gaudet le sait, les agriculteurs sont souvent pointés du doigt lorsque surgit le problème de la pollution de l'eau. Son exemple est intéressant mais le malaise demeure. Est-ce que le milieu agricole devrait aborder ouvertement et collectivement ces questions encore embarrassantes?

«Le milieu agricole ne fait pas que se questionner, il agit. Par exemple, on a observé une réduction d'utilisation des pesticides et des produits chimiques de 30 p. 100 au cours des trois dernières années. Les producteurs ont investi cent millions de dollars depuis dix ans dans des infrastructures de conservation des fumiers. Mais je ne suis pas certain que les citernes où on entrepose le tout sont la meilleure solution. Oui, on protège l'environnement. Mais il faut aussi arriver à obtenir une matière valorisante pour la terre et ses cultures. Avant, dans les ministères, on ne tenait pas compte de la valeur du fumier comme appui à la fertilisation du sol. Du fumier, qu'on disait, ça ne vaut pas de la merde! Depuis deux, trois ans, ça commence à changer, mais ce n'est pas incrusté dans la mentalité de ceux qui donnent des conseils aux producteurs.»

Pierre Gaudet n'accepte pas facilement qu'on blâme la classe agricole. Si des abus ont été commis, ce n'est pas par mauvaise volonté. D'autres partagent cette responsabilité, à commencer par toute une industrie soi-disant «de soutien» qui prospère aux dépens du milieu. Et il ne mâche pas ses mots. Le brin d'herbe se promène furieusement entre ses dents.

«Les agriculteurs sont des clients pas ordinaires. Quand j'avais ma grosse entreprise, au temps des semences, c'est vingt mille piastres par jour qu'on dépensait en produits de toutes sortes. Maintenant, j'achète beaucoup moins puisque je régénère des semences à partir de mes productions. Je suis moins consommateur que j'étais.» Et le ton ferme fait place à la raillerie gouailleuse. «Mais j'ai bien moins de visite que j'en avais, par exemple. Je suis moins gentil que j'ai déjà été. Avant, quand j'achetais pour cent mille piastres, les vendeurs me donnaient une calotte, et à Noël, ils venaient me porter une bouteille de gin. Ils la buvaient avant de partir, par contre, mais en tout cas, tout le monde était heureux!... C'est moi qui l'avais payée, de toute façon. Ils peuvent revenir, je l'ai le gin, je peux le fournir!»

Et vlan! Ceux qui ont à se reconnaître se reconnaîtront. La surconsommation n'est plus à la mode, dans un logement en ville ou dans une ferme de mille acres. De la bonne économie élémentaire, diront ceux qui savent. Oui, mais ils ont rarement à négocier avec les banquiers la même journée qu'ils charroient du fumier. La vraie vie est plus compliquée. Elle prend les tournants plus lentement. Mais lorsque la machine est lancée, elle avance avec confiance. Le milieu agricole prend le tournant. Les environnementalistes applaudiront sûrement. Les buts sont les mêmes, quoique le langage soit parfois différent. L'alliance est-elle possible entre le rat de ville et le rat des champs?

«Ce sont forcément deux alliés. Pour une société viable, saine, ils doivent être alliés. Une agriculture qui ne protège pas son environnement se condamne, et un environnement ne peut pas se conserver sans un bon couvert végétal, une bonne structure forestière et agricole. Ce sont des filtres, des éléments naturels qui purifient l'air, des éponges à eau. La symbiose entre l'agriculture et l'environnement, c'est comme la symbiose entre l'agriculteur et sa terre. Je regarde les agriculteurs, c'est fascinant comment les choses ont changé depuis sept, huit, dix ans.»

Et Pierre Gaudet d'y aller d'une autre histoire évocatrice sur «l'avant». «Il y a des terres qu'on a tellement drainées, tellement égouttées, tellement *améliorées*, que si on ne se dépêche pas de les semer, au printemps, elles partent au vent! On a enlevé les haies de nos grands-pères, mais on en replante aujourd'hui des nouvelles! La symbiose entre l'environnement, la forêt, l'agriculture, l'eau et les humains est mieux servie. Parce que tout tourne autour des êtres humains et de leurs familles. Quand on aura bien compris ça, la qualité de la vie dans le monde va en profiter. Des gens seront plus compréhensifs, moins centrés sur leur propre nombril. Le problème, c'est que les gens marchent en se regardant le nombril et ils se cognent la tête sur le mur. Mais c'est toujours la faute du mur! On a une grosse *job* à faire tout le monde ensemble.»

Pierre Gaudet soulève sa casquette, regarde son champ éclatant sous le soleil de midi. Un peu plus et on croirait voir apparaître Van Gogh, au détour du chemin, le voir s'installer pour saisir les couleurs et la magie puissante du tableau. À sa façon, Pierre Gaudet est lui aussi un artiste content d'avoir trouvé la bonne palette de couleurs. «Si on a les yeux vis-à-vis des trous, c'est que celui qui nous a créés, c'était pas un fou. Il nous a mis la tête sur les épaules, il nous a mis ça droit en ligne avec le corps. S'il avait voulu qu'on rampe, il nous l'aurait mis en arrière du cou comme un veau. Il nous a dotés d'une certaine intelligence, alors utilisons-la. Et prenons bien soin de regarder et de penser à ce qu'on fait. Tout le temps. Il peut arriver qu'on fasse des bêtises. Il faut se tromper pour savoir comment se corriger. Mais il faut savoir comment se corriger. Et c'est ça qu'on est en train d'apprendre.»

Il est temps de retourner aux champs. Le travail n'attend pas. Est-ce que ce sera une bonne récolte? «Les vieux avaient coutume de dire, répond Pierre Gaudet, qu'il y avait eu une bonne année en 1938, et que la prochaine allait être l'année en cours. Oui, ce sera une bonne année.» Santé, prospérité et bonheur dans votre entreprise, Pierre Gaudet. C'est ce que vous souhaitent la Lune, les fleurs et tout ce qui grouille dans votre champ.

Pierre Gaudet est né le 6 février 1951, à Aston Jonction, près de Nicolet. Producteur agricole, il exploite une ferme céréalière biologique de quatre cents hectares, tout en assumant depuis 1987 la vice-présidence de l'Union des producteurs agricoles du Québec, l'UPA. Il a reçu sa formation agricole à l'École d'agriculture de Nicolet ainsi qu'à l'occasion de stages spécialisés à l'Université Laval.

La vingtaine à peine entamée, Pierre Gaudet jumelle déjà le travail agricole et l'engagement politique. On le retrouve d'abord président régional puis secrétaire provincial de l'Association des jeunes ruraux du Québec. Il occupe ensuite les postes de directeur du Service d'éducation et d'information, puis de président de la Fédération de l'UPA de Nicolet, avant d'accéder à ses responsabilités actuelles.

Depuis 1988, il siège à titre d'administrateur à la Fondation québécoise en environnement de même qu'à la Fondation de la faune du Québec. Il est aussi maire de son village natal, Aston Jonction. La production agricole de Pierre Gaudet compte des céréales traditionnelles comme le blé et le sarrasin, d'autres plus novatrices comme le canola, et inclut également des plantes médicinales. Il est de plus activement engagé dans la promotion de l'agriculture biologique, au moment où les cultivateurs québécois cherchent à réinventer leur relation avec la terre.

Goûter la Terre, en ville

Louise Roy:
Vivre la ville

« Au fond, l'important, c'est de savoir quel genre de vie nous voulons vivre en ville.» Cette phrase, Louise Roy a dû la prononcer des dizaines de fois quand elle était présidente de la Société de transport de la Communauté urbaine de Montréal. Elle a changé depuis de fauteuil, passant le micro à d'autres, mais ses convictions n'ont pas changé. Louise Roy ne voue pas les autos à l'enfer. Mais il y en aurait un peu moins qu'elle ne s'en plaindrait pas, surtout si les autobus, les métros, et pourquoi pas les trains, devenaient plus populaires.

Quoi? Le témoignage d'une ex-administratrice municipale, une cadre de haut niveau associée à une institution financière, inclu dans un livre consacré aux interventions environnementales? Eh oui! En fait, peu importe le messager, c'est la correspondance qui compte.

L'intérêt s'accroît lorsque le messager, ou la messagère, s'est fait connaître par ses appels répétés aux valeurs écologiques pour promouvoir l'emploi du transport en commun, à une époque où l'automobile continue toujours d'imposer sa loi. Ce n'est d'ailleurs plus une loi: c'est une dictature qui pèse lourdement sur l'aménagement du territoire et la configuration de l'espace, une dictature largement encouragée par le laxisme des gouvernements supérieurs.

Point n'est question, ici, de culpabiliser inutilement le public. Mais l'enjeu n'est pas banal. Notre occupation de la Terre a dramatiquement changé depuis le début du siècle. En l'an 2000, pour la première fois dans l'histoire de l'humanité, plus de la moitié de la population du globe vivra dans les villes. Une vingtaine de mégalopoles, surtout dans les pays plus pauvres, compteront plus de dix millions d'habitants. Des paysans chassés de leurs terres par la guerre ou la sécheresse, venus poursuivre en ville les dernières chimères... Au nord, la situation sera quelque peu différente: ce sont les agglomérations urbaines qui prendront le dessus, avec des modèles expansionnistes à l'américaine. Les métropoles elles-mêmes stagneront, mais elles déborderont vers les banlieues toujours plus avides d'espace et d'infrastructures. L'hémorragie touchera le cœur battant du système: les centre-villes, essentiels et pourtant désertés par les banlieusards une fois leur journée de travail terminée.

Vision cauchemardesque imaginée dans les officines municipales? Ce serait trop simple, et trop facile à discréditer. Non. Plusieurs voix s'élèvent à travers le monde pour dénoncer le laisser-faire. Celle de Janice Perlman, par exemple, qui dirige, à partir de New York, le Mega-Cities, un organisme non gouvernemental préoccupé de développement urbain durable. Plus près de nous, celle de Serge Filion, président de la Corporation professionnelle des urbanistes du Québec, qui voit dans l'étalement urbain une des plaies de la fin de ce siècle. Et celle de Louise Roy, qui continue à préconiser une action concertée pour éviter l'effritement des équipement urbains — à commencer par les sociétés de transport en commun.

Son propos est partisan? Sans doute. Il y a encore quelques mois, elle dirigeait les destinées d'une société financée en bonne partie par les pouvoirs publics. Son image est toujours étroitement associée à la question du transport urbain. Et la cause qu'elle a défendue demeure aussi brûlante d'actualité. Dans le contexte budgétaire actuel, un peu plus d'argent consacré aux autoroutes risque fort de signifier un peu moins d'argent pour les autobus. Et le transport en commun perd du terrain à Montréal, à Québec et ailleurs en province, où la chute est encore plus marquée.

On peut aussi attribuer une partie de la désaffectation du public aux nombreux conflits de travail qui ont entaché la fiabilité des organismes de transport en commun. Mais peu importe la cause première. Que le patient agonise à cause de la pneumonie ou des suites d'un accident est secondaire. L'essentiel est qu'il demeure en vie. Non pas uniquement pour lui-même, mais pour cette conception irremplaçable de la ville qu'il finit par symboliser.

«Les grandes villes américaines, Detroit, Los Angeles, Houston et les autres, sont devenues fondamentalement des réseaux routiers, avec des centres très éclatés où le piéton est déconsidéré. Les liens sociaux y deviennent plus lâches. Si on laisse aller les choses, la tendance actuelle de l'automobile à prendre de plus en plus de place va empirer, et Montréal n'y résistera pas», regrette Louise Roy.

En fait, où est le danger? N'avons-nous pas vécu des périodes d'intenses changements, un exode rural lui-même décrié à l'époque de l'industrialisation, sans que l'Univers s'écroule? Le tissu urbain ne pourrait-il pas évoluer vers une nouvelle forme fonctionnelle, même si plus éclatée?

Cette thèse ultralibérale néglige deux facteurs importants. D'abord, les coûts élevés inhérents à une architecture urbaine où la voiture est reine. Coûts d'entretien du réseau routier, mais aussi coûts sociaux puisque le nombre d'accidents est directement fonction de la quantité d'automobiles en circulation. C'est ce qui faisait dire à Guy Chartrand, à l'époque où il dirigeait les destinées de la section montréalaise du groupe Transport 2000, que la préséance incontrôlée de l'automobile mène tout droit à la banqueroute collective.

Mais il y a d'autres coûts, plus insidieux, qu'on commence maintenant à comptabiliser. Les émissions polluantes d'anhydride sulfureux, d'oxyde d'azote et d'oxyde de carbone contribuent inégalement aux précipitations acides, au réchauffement de la planète, et plus localement, à la formation d'ozone au sol. Sans compter le bruit, la gestion des rebuts comme les pneus usés et autres cadeaux empoisonnés... En 1950, on comptait environ cinquante millions de voitures dans le monde, contre quatre cents millions en 1990. Toutes ces voitures laissent des traces, et pas seulement sur le pavé!

Les transports en commun sont-ils plus acceptables? Au strict point de vue de l'environnement atmosphérique, en tout cas, ils représentent un net progrès. Un autobus transportant une quarantaine de personnes émet dix fois moins de polluants que la vingtaine de voitures qui seraient autrement sur la route. Et Louise Roy est bien consciente de ces chiffres même si elle sait l'attachement des Nord-Américains pour leur «char». «Bien entendu, notre société privilégie les choix individuels et l'automobile représente l'apothéose de l'individualité, du confort avec climatisation et radio FM en stéréophonie. Il en résulte malheureusement une organisation de l'espace allant à l'encontre de la ville idéale, qui serait calme, conviviale, verte, respectueuse des piétons. Nous nous retrouvons aujourd'hui, à Montréal, à la croisée des chemins. Il y a vingt-cinq ans, nous avons fait le bon choix en construisant un métro. Sans métro, nous aurions possiblement assisté à une désertification du centre-ville étant donné la forte pression des banlieues et des centres commerciaux. Il faudrait poursuivre sur cet élan.»

Il suffit d'aller se promener dans les villes canadiennes de l'Ouest, Calgary ou Edmonton, par exemple, pour constater ce qu'est un centre-ville désert après les heures de bureau, illustration frappante de ce que les urbanistes appellent «l'effet trou de beigne», vide au milieu, dense en périphérie. En soirée, on n'y voit pas un chat, sinon des itinérants et quelques touristes égarés. Une idée insupportable pour quiconque aime bien flâner sur les grands boulevards... bordés de cafés, non de garde-fous! «Nous sommes cependant à la croisée des chemins», poursuit Louise Roy. «Si on n'intervient pas pour baliser la place de l'automobile dans la ville, il y a des risques que la situation nous échappe d'ici dix ou quinze ans.»

Le confort et l'indifférence... Comment élever le niveau de discussion pour que l'idéal de la liberté immédiate ne prime pas? C'est une chose de faire appel au sens civique des gens, c'en est une autre de les faire geler l'hiver sur le coin des rues — du moins dans les quartiers où la ville souterraine n'offre pas le métro. «Il n'y a pas beaucoup de services publics qui font face à la concurrence. C'est le cas des systèmes de transport en commun urbains. La voiture est un compétiteur de taille. Il faut répondre aux besoins des différentes clientèles. Certaines personnes tiennent avant tout à la rapidité du déplacement, d'autres exigent d'abord le confort. Ce sont là des objectifs qu'on peut néanmoins atteindre. Pensez aux trains de banlieue: les gens peuvent lire le journal en toute quiétude et se rendre à destination sans perdre de temps. La souplesse, la flexibilité, la liberté ne seront jamais aussi grandes qu'avec l'automobile, mais, tout bien considéré, le transport en commun offre différentes options... à condition que les citoyens y voient effectivement un avantage dans la gestion de leur temps. Il ne faut pas que ce soit l'idée du sacrifice qui prime!»

La clientèle captive, celle qui n'a pas le goût ou simplement les moyens de conduire une automobile, n'a pas besoin d'être convaincue. Mais le nombre n'est pas suffisant pour assurer la bonne santé d'un système de transport en commun. C'est l'éternel principe de la saucisse: le service s'améliore si plus de gens l'utilisent, et plus de gens l'utiliseront s'il s'améliore. Mais... l'inverse est tout aussi vrai. Aussi doit-il se gagner de nouveaux adeptes, séduire les récalcitrants qui soupirent encore à la pensée de prendre le métro ou l'autobus parce que l'auto est au garage. Quelle souffrance! Et vivement le taxi!

Le combat de Montréal n'est pas unique. La situation à l'échelle canadienne n'est pas encourageante. La vision d'ensemble, l'intégration des modes de transport fait défaut. Le trajet Montréal-Toronto en avion prend presque autant de temps qu'en voiture à cause de l'engorgement des aéroports, situés loin des centre-villes. «Évidemment, l'Europe est loin devant, il s'y construit partout des systèmes de train à haute vitesse, pour onze mille kilomètres de voies ferrées additionnelles actuellement. La France à elle seule ajoutera trois mille kilomètres de liaisons TGV! Au Canada et aux États-Unis, le transport interurbain traîne de la patte, mais la situation se redresse à l'intérieur des villes. Toronto, Vancouver, New York ou Los Angeles améliorent leur réseau de transport urbain. On se réveille!»

Louise Roy parle doucement mais fermement. Elle a joué le jeu, acceptant même le statut de vedette. On le lui a reproché, à l'époque. Au Québec, elle en est venue à symboliser le transport en commun et les luttes pour assurer son développement. Qui se rappelle aujourd'hui de son prédécesseur à la tête de la STCUM? Lawrence Hannigan a vite été oublié. Qui parle maintenant de son successeur? La cause manque de porte-étendard. Les bonnes intentions ne suffisent pas. Il faut être assez habile pour étendre le propos au-delà des seuls comptes publics, interpeller le public pour atteindre sa sensibilité. De toute évidence, c'est cette voie qui a permis à Louise Roy d'être solidement identifiée à la question du transport en commun tous azimuts.

«C'est fascinant de voir à quel point nous étions bien desservis, il y a quelques années, par les réseaux de chemin de fer. Aujourd'hui, il ne reste que des vestiges du service ferroviaire dans le nord de Montréal ou les Cantons-de-l'Est. Si vous allez faire un tour du côté de Burlington, au Vermont, vous trouverez un petit musée, à Shelburne, qui raconte que les Montréalais se rendaient, en train, entendre l'opéra à New York et cela faisait partie de la vie culturelle. Le chemin de fer était bien présent dans notre vie. Puis tout s'est effondré avec l'expansion des réseaux routiers. Il ne s'agit pas d'être nostalgiques. Oui, la faible densité de la population pose problème, vu les grandes distances à couvrir. Par contre, une conscience de plus en plus élevée fait heureusement contrepoids: en termes de choix de société, les choix individuels sans perspective d'ensemble, sans perspective sociale, environnementale ou économique sont dangereux.»

La sociologue est en terrain de prédilection. L'analyse des rapports entre citoyens est une déformation profession-nelle. Leur incidence sur l'écosystème urbain, en revanche, demande une toute nouvelle attention. «Les choix vont se faire dans les villes, qui sont au cœur du problème, et à plus long terme, nous allons remettre en question un certain nombre de choses. Le débat va s'imposer pour des raisons économiques, de santé publique, de coûts sociaux. Les transports urbains font partie de la solution, ils représentent un investissement pour l'avenir qui vaut bien celui des nouveaux ponts ou des nouvelles autoroutes. Mais les décideurs, dans les municipalités ou ailleurs, doivent s'en convaincre. Les politiques de stationnement, par exemple, doivent être cohérentes pour décourager l'irruption des voitures au centre-ville. L'offensive sera concertée ou elle ne réussira pas.»

Elle commence, timidement, au moment où le gouverne-ment du Québec veut racheter, pour la région montréalaise, les vieux trains de GO Transit, de Toronto, une ville qui a misé sur le rail et qui s'apprête à moderniser ses équipe-ments. Bonheur d'occasion pour Montréal? Ces wagons à deux étages apporteront peut-être ici un peu de la magie qui les a rendus si populaires à Toronto. Imaginons des milliers de voyageurs satisfaits, détendus, prenant un train qui arrive à l'heure et se moquant des embouteillages… Est-ce forcé-ment un rêve? Pourra-t-on, un jour, convaincre les citoyens?

Louise Roy demeure songeuse. Elle a analysé la question sous tous ses angles et est montée sans relâche au front avant de quitter. Certains, plus méchants, ont parlé de désertion. Mais elle avait donné ce qu'elle pouvait. Ce qui ne l'empêche pas de revenir avec passion sur le sujet dès qu'on lui tend une perche. «Ce n'est pas facile de sensibiliser les gens au fait que leur pratique quotidienne produit un effet aggloméré. Comment expliquer aux automobilistes que leurs petits coups d'accélérateur, ajoutés à tous les coups d'accélérateur dans le monde, font naître de gros problèmes? Au Canada seulement, les automobiles produisent chaque année neuf cent mille tonnes de dioxyde de carbone. Modifier les com-portements prendra du temps. Les experts environnementalistes soutiennent que la lutte contre l'effet de serre exige, à la limite, que chaque personne limite sa consommation d'essence à cinquante litres par année! C'est ce que bien des conducteurs utilisent en une semaine seulement. C'est l'aller-retour Québec-Montréal! Vous voyez l'importance du retournement de situation? Qui va changer sa pratique, demain matin? Faudra-t-il que l'essence devienne hors de prix?»

Certaines nouvelles lourdes de sens passent quasi inaperçues, mais marquent néanmoins l'âpreté de la côte à gravir. En février 1993, par exemple, un juge donnait raison aux fonctionnaires provinciaux qui contestaient, convention collective à la main, la hausse des frais de stationnement que leur imposait leur employeur de Québec — en l'occurrence le gouvernement du Québec. Il n'en coûte donc que trente dollars par mois pour stationner sa voiture au Complexe G. Ce gain syndical comporte malheureusement son revers environnemental indirect. Venir en voiture au centre-ville demeure une aubaine. Pourquoi donc sacrifier une partie de son confort en utilisant le transport en commun?

D'autres ont brandi le bâton quand la carotte n'a pas suffi. À Tokyo, par exemple, on impose un péage de quelques dizaines de dollars pour franchir les ponts qui donnent accès à la ville. Des villes américaines comme San Francisco font de même. Les résultats sont probants, même si controversés. Pas de sensiblerie quand l'avenir de la planète est en jeu, diront les plus impitoyables. Le choix demeure difficile.

«À mon avis, il faut deux choses, reprend Louise Roy. Les gens ne changent jamais leur comportement tant qu'ils ne se sentent pas au pied du mur, coincés, obligés de remettre des habitudes en question. En même temps, on ne doit pas s'attendre à ce que cette attitude évolue si on ne propose pas de véritables solutions de remplacement. Et c'est là que se pose notre défi, à nous. Le service de transport en commun doit devenir fiable. Les deux dimensions sont indissociables.»

Correct sur le plan de l'environnement, le transport en commun? Oui, sans doute, sauf que... un autobus qui nous envoie ses gaz d'échappement en pleine figure n'est pas nécessairement le summum de la pureté environnementale!

La réponse ne tarde pas. «Je vous rappelle d'abord qu'un autobus d'une douzaine de mètres vaut quelques dizaines d'automobiles. La ville de Montréal a aussi fait l'expérience d'autobus au gaz naturel qui se gagnent la faveur des transporteurs publics tant au Canada qu'aux États-Unis. Le jour n'est pas loin où l'hydrogène représentera aussi une option valable. L'autobus fait déjà sa large part et les progrès de la technologie vont bien le servir.»

Va pour les convictions de l'ex-administratrice et tant mieux si elles donnent un coup d'épaule à la roue écologique. Les chiffres sont éloquents. Et on se plaît à rêver de dirigeants qui trouveraient eux aussi des avantages à favoriser des solutions plus douces. Las! l'écologiste public fait plutôt figure de croisé ou d'excentrique. Ses positions sont souvent perçues comme idéologiques. Le vent est aujourd'hui en train de tourner, comme le montre par exemple la discussion sur la gestion des ordures ménagères. Bien sûr que nous sommes environnementaux, surtout lorsque nous ne savons plus quoi faire avec ces montagnes de sacs verts!

Louise Roy, elle, n'a pas attendu pour se convertir. Et son propos s'élargit. «Une de mes motivations premières, c'est l'intérêt que je porte à la ville comme telle. Les villes me fascinent. Je vis au centre-ville, je me promène beaucoup à pied...» Un sourire, une pause, et elle reprend. «La conscience environnementale, pour les gens de notre génération, c'est une réalité relativement neuve. On ne nous en parlait pas à l'école, nous tenions les grands espaces pour acquis, la croissance économique pour acquis, le symbole de l'automobile pour acquis... Les jeunes peuvent avoir les mêmes penchants pour la voiture, ils vivent aussi en Amérique du Nord où l'auto est reine. Mais de nouvelles valeurs apparaissent, l'école prêche la santé, la protection de l'environnement, le recyclage et tout s'intègre très tôt dans une pratique quotidienne.»

La prochaine génération... Sera-t-elle vraiment plus lucide? Les campagnes pour l'environnement sont, il est vrai, très populaires auprès des jeunes. Peut-être parce qu'ils ont là matière à bomber le torse devant les aînés, sans risque de remontrances... «Nous agissons encore, nous, par morceaux.

La conscience émerge tranquillement, parfois plus sur le plan du discours qu'autrement, mais ceux qui nous suivent seront plus déterminés, j'espère.»

S'il n'y avait pas de villes, si les fleurs poussaient dans un macadam inachevé, tout serait plus facile... non? Le rêve du retour idyllique au vert ne convainc pas Louise Roy. «La ville me plaît et me convient. Mais il faut qu'on puisse y élever des enfants, se promener en toute sécurité, entretenir des relations sympathiques, se distraire dans des lieux publics... C'est fondamental. Les villes demeurent le cœur des sociétés. Qu'est-ce que les gens aiment quand ils vont se promener en Europe? C'est la vie des villes, leur densité, leur diversité, les quartiers que l'on découvre en marchant. Une ville comme Montréal a un cœur, une âme, une culture, un véritable centre-ville actif où il fait bon flâner. Le transport en commun peut et doit être un allié. Il reste beaucoup à faire pour l'améliorer et restaurer l'image de Montréal, mais il faut d'abord y croire. Les banlieusards qui viennent y travailler pour fuir à cinq heures ne voient pas la ville. Prenez le temps de la sentir, le parfum n'est pas toujours celui des fleurs, mais il respire la vie.»

Louise Roy est née à Québec, le 3 décembre 1947. Elle s'intéresse à la ville depuis ses études de sociologie à l'Université de Montréal et à l'Université du Wisconsin où elle a obtenu un doctorat en sociologie urbaine en 1974. Revenue au Québec, elle a rempli différentes fonctions au ministère des Transports, avant de faire sa marque comme présidente-directrice générale de la Société des transports de la Communuaté urbaine de Montréal (STCUM), dont elle a tenu le gouvernail de 1985 à 1992. Louise Roy a par la suite décidé de relever de nouveaux défis en administration, et elle est devenue vice-présidente principale d'une des plus importantes institutions financières du Québec, la corporation du groupe La Laurentienne.

Lorsque Louise Roy est arrivée à la tête de la STCUM, elle s'est donné pour mission de revitaliser le fonctionnement et l'image de cette entreprise clé pour un meilleur environnement urbain. Ses efforts lui ont valu de nombreuses distinctions, notamment de La Presse, *de la Société Saint-Jean-Baptiste et du ministère des Communautés culturelles et de l'Immigration du Québec. Elle a également participé pour le compte du gouvernement canadien à plusieurs missions à l'étranger visant le partage de savoir-faire en matière de transport en commun.*

Louise Roy occupe moins l'avant-scène depuis son passage à l'entreprise privée, mais elle demeure une conférencière et une analyste recherchée pour commenter l'évolution urbaine.

Luc Bureau:
Si le Petit Prince…

J'aime la géographie. Celle des concours par exemple, où l'on se distingue en défilant dans l'ordre le nom des cinq plus grands fleuves, ou celle des magazines en papier glacé qui grisent d'exotisme. Sincèrement, j'aime toutes les sortes de géographies parce qu'elles donnent une meilleure prise sur la réalité si mouvante. Y compris celle, plus sévère, plus officielle, qui cherche à caractériser notre monde temporel. Et avec les géographies viennent les géographes.

«Nous ne notons pas les fleurs parce qu'elles sont éphémères… Les géographies, dit le géographe, sont les plus précieux de tous les livres. Elles ne se démodent jamais. Il est très rare qu'une montagne change de place. Il est très rare qu'un océan se vide de son eau. Nous écrivons des choses éternelles.» Ainsi parlait le géographe sérieux de la sixième planète, en indiquant au Petit Prince désemparé que sa chère rose était menacée de disparition prochaine. Je ne sais pas ce que les géographes de carrière ressentent devant cette description aride de leur métier, d'un «vieux monsieur qui écrivait d'énormes livres», mais l'image n'en est pas précisément exaltante. Rien pour les fleurs, tout pour les montagnes. Les géographes seraient-ils donc si terre à terre qu'ils ne sauraient pas rêver?

J'aurais bien voulu, moi, que le Petit Prince de la fable rencontre le géographe Luc Bureau. Il l'aurait sûrement invité à prendre un pot, ou un jus, sans discrimination envers la botanique. Bien sûr, le savant moderne s'attache à nommer les objets physiques en les intégrant dans un environnement global qui comprend les sociétés humaines. Pourtant, l'humain n'est-il pas lui-même éphémère? Même ses civilisations passent. Belle colle pour monsieur de Saint-Ex! Et belle interrogation, d'entrée de jeu, pour Luc Bureau.

«L'homme est en état de résonance avec le monde… Tout son être est une membrane vivante et virtuellement sensible à la totalité des phénomènes, à l'esprit, aux lieux, au temps et à Dieu.» Voici qui élargit singulièrement l'esprit géographique, et voici le credo de Luc Bureau tel qu'il le présente dans son beau livre *La Terre et moi*. La Terre si belle lorsqu'elle vibre en harmonie avec ses habitants… Et le propos multidimensionnel de Luc Bureau s'attarde sur les liens qui unissent ou qui désunissent les humains et leur fleur à eux, la Terre. Un Petit Prince adulte n'aurait pas désavoué.

«Je dirais que nous habitons la Terre un peu comme des exilés, ou plutôt comme des pirates sur un navire dont nous nous sommes rendus maîtres. Nous pouvons piller les cales, nous pouvons nous faire bronzer au soleil, mais nous ne vivons pas en interdépendance avec la Terre. En fait, nous sommes un peu indifférents à ce que j'appelle les *résonances de la Terre*. Un des grands drames de notre présence sur la Terre, c'est que nous avons perdu la notion d'identification à un lieu donné. Peut-être que se réalise aujourd'hui le châtiment imposé à Caïn d'être sans feu ni lieu. Nous vivons dans un espace géométrique sans aucune attache. L'éthique de la mobilité dans notre monde est d'ailleurs devenue très importante. On peut habiter ici aujourd'hui, demain, on sera ailleurs... On dit que dans le contexte nord-américain, l'homme moyen déménage huit fois et demie durant sa vie, et ces statistiques datent de plusieurs années. Peut-être en sommes-nous à dix fois! Alors comment voulez-vous être en relation avec des lieux dans de telles circonstances?»

La conséquence environnementale d'une telle assertion saute aux yeux: si l'humain ne développe pas d'attachement, voire de tendresse envers son milieu, le confort et l'indifférence prennent le dessus. La leçon de géographie se résume alors à une simple lecture de carte routière. Peu importe le sort du ruisseau ou de la ville d'adoption. Il y en aura toujours d'autres, demain. Le nomade ne regarde pas derrière lui. Il jette les papiers par-dessus son épaule, à moins qu'il ne sente son appartenance à l'Univers. Mais c'est là une autre question.

«Je crois qu'il en résulte inévitablement une forme d'irresponsabilité. Que nous le voulions ou non, nous devenons indifférents à la Terre, irresponsables de ce qui se déroule dans ce lieu, ou encore mieux, dans cet espace. Cette absence de sentiment représente, pour moi, un des principaux drames de l'humanité. Elle nie que nous sommes d'une certaine façon formés par cette Terre. Et cette attitude n'est pas étrangère à la crise que connaît la planète, à la pollution, à l'exploitation outrancière des ressources. Le résultat de notre flottement au-dessus de l'espace en est la cause. Et je pense qu'il nous faut en arriver à une nouvelle relation avec notre environnement. On pourrait bien parler, si l'expression n'avait déjà été utilisée, d'une *nouvelle alliance* entre l'homme et la Terre.»

Une géographie humaniste, presque métaphysique, pas du tout matérialiste. Pourtant, les fleuves, les montagnes sont des objets aux yeux de celui qui fait œuvre de les comptabiliser. De populaires jeux de société en tirent même des questions pièges du genre: Combien de pays le fleuve Niger traverse-t-il durant son cours? Quelle est la capitale du Pakistan? Le volcan qui marque la Guadeloupe? Les réponses fusent plus ou moins habilement et nous parcourons le dictionnaire pour corriger nos lacunes. Nous apprenons les réponses, la planète tourne rondement. Mais elle perd un peu de sa substance lorsque réduite à une carte et des cases. Nommer correctement un volcan pour remporter la victoire peut donner des frissons. S'approcher de son cratère aussi, sûrement. Je préfère le frisson du deuxième type, comme le Petit Prince. Luc Bureau aussi, sans doute.

«Bien sûr, notre tradition judéo-chrétienne nous place dans une position de domination. Nous sommes là pour être les maîtres de la Terre. L'homme a le pouvoir de nommer, le pouvoir d'exploiter la Terre comme bon lui semble, à la limite. C'est très difficile de penser autrement. Jusqu'à la révolution scientifique du XVIIe siècle, ces pouvoirs n'avaient pas trop de conséquences. La domination humaine était relative. Le développement des sciences et des techniques a tout changé. L'homme a maintenant le pouvoir de sa pensée. Et on constate quels débordements en résultent. Il me vient à l'esprit un mot d'Arthur Koestler, dans *Janus*, qui dit: "La date la plus importante de toute l'histoire de l'humanité, c'est le 6 août 1945." Avec cette première bombe atomique lancée sur le Japon, l'homme est devenu capable de se détruire lui-même, de détruire son espèce. Et Koestler ajoute qu'on ne peut malheureusement pas désinventer une invention. On ne peut pas retourner cet instrument de mort au néant.»

D'autres, plus volontaristes, remarqueraient la tendance au désarmement et invoqueraient la baisse relative des tensions internationales. Mais l'invention demeure, car la malédiction n'a pas été exorcisée. Elle pourrait même, au grand dam du géographe du Petit Prince, rendre éphémères les montagnes. «Toute notre relation avec le monde est transformée. La menace de mort est devenue collective, et la bombe atomique n'est pas seule en cause. Nous n'avions pas autrefois les moyens de polluer notre Terre. Les effets étaient ponctuels; ils sont aujourd'hui globaux. Il ne s'agit pas de paniquer, mais une nouvelle alliance s'impose. C'est aussi la pensée que Michel Serres expose dans son *Contrat naturel*.»

Paradoxal. La possibilité d'exploiter les ressources nous est venue avec les progrès de la connaissance. Et la connaissance a toujours été vénérée comme une valeur essentielle, indissociable du bien-être de l'humanité. Jean-qui-rit, Jean-qui-pleure? Duplessis disait: «L'instruction, c'est comme la boisson, il y en a qui portent pas ça.» Et si nous étions trop nombreux à mal porter la connaissance?

«Oui, c'est curieux. Je ne veux pas jouer au concours de citations, mais c'est Rabelais, je crois, qui écrivait: "Science sans conscience n'est que ruine de l'âme..." La capacité intellectuelle des humains a énormément progressé, mais la conscience, l'éthique, elle, n'a pas suivi, non plus que la qualité de leurs relations entre eux. Nous en sommes demeurés au même niveau de conscience tout en ayant accompli d'immenses progrès sur le chemin de la science. Nous nous sommes alors placés dans un véritable dilemme. Comment s'en sortir? À chacun ses hypothèses. J'avoue qu'on peut paniquer, qu'on peut croire qu'il n'y a rien à faire. Mais chaque personne devrait essayer de changer ses propres attitudes. Elle trouvera un enrichissement à de nouvelles relations avec la Nature, avec la forêt, avec les oiseaux, avec tous les éléments du monde.»

Avec la ville aussi, quoique la tâche soit parfois plus compliquée. La ville est souvent la mal aimée de notre environnement global. Les forces nombreuses et contradictoires qui s'y manifestent rendent laborieuses les transformations. Ces «villes-miroirs», comme les appelle Luc Bureau, trahissent par leur aménagement une certaine conception de l'Univers. Villes en damier à l'américaine, géométriques, fonctionnelles, prévisibles, où l'intellect prime l'émotion. Villes enchevêtrées, organiques, spontanées, insensées, rêveuses, impossibles, qui se moquent des diktats du modernisme et de la vitesse. Nul besoin d'être devin pour trouver la préférence de Luc Bureau. Et suit une véritable profession de foi pour les villes qui se laissent aimer.

«Les villes révèlent une certaine notion du monde. J'essaie d'en dégager une vision quasi poétique. Pourquoi se sent-on bien dans certaines villes, qu'est-ce qui en rend le climat agréable, pourquoi aimerait-on y vivre? Et pourquoi d'autres villes nous poussent-elles à fuir le plus rapidement possible? Existerait-il une relation entre le cadre bâti et notre manière de rêver? J'ai donc défini des critères, personnels, puisqu'ils reposent sur mes propres impressions. J'essaie de me situer moi-même par rapport à un univers, avant de faire des sermons aux autres! Et je me demande: quelles sont les villes où je me sens bien? Je me sens bien dans une ville où on déambule lentement sans compter le temps, celles qui invitent à la marche, plutôt qu'à la circulation effrénée des automobiles. Il vous est probablement arrivé de dire: "J'ai marché toute la journée dans cette ville et je ne suis pas fatigué. Et j'ai vu beaucoup de choses." Essayez ça sur une autoroute! D'autre part, certaines villes portent à rêver. Elles n'ont pas de géométrisation très forte ni de plan. Elles baignent dans une sorte de mystère.»

Montréal? Toronto? Buffalo? Ou plutôt Paris, Vienne, Édimbourg... Luc Bureau cite même le railleur anonyme pour qui «Edmonton est aussi grande que Chicago, seulement, on n'a pas fini de tout bâtir!» Et de comparer le morne alignement des rues, triomphe d'un certain esprit cartésien féru d'ordre, aux rondeurs des villes anciennes qui n'ont pas succombé aux angles droits. Et voici qu'on tente, dans les villes modèles, de retrouver ce vieux patron oublié, issu du fond des âges.

«Bien sûr, on n'a pas de problème à s'orienter dans les villes en damier, mais elles ne cachent rien. Elles se donnent toutes nues! Rien ne nous fascine dans la découverte de ces villes qui nous laissent assez indifférents. Il ne faut pas croire pour autant qu'il s'agit d'un legs du modernisme. Aristote nous rappelle que c'est Hippodamos de Milet qui a imaginé le découpage géométrique en reconstruisant la ville de Milet, vers les années 500 *av.* Jésus-Christ, la faisant semblable à un damier. Mais ce qui était une exception à l'époque est aujourd'hui devenu la règle. À l'opposé, vous avez des villes sans plan préétabli qui portent à la rêverie. Ces villes à géométrie variable m'apparaissent plus accueillantes.»

Il pourrait parler longtemps du lien mythique qui l'unit aux villes indisciplinées, ce géographe sensible aux éphémères établissements humains. Comme son collègue de la fable, Luc Bureau s'approprie les choses en les désignant, mais il s'empresse d'y intégrer une part de subjectivité. La découverte de notre environnement procède de valeurs personnelles. Et c'est ainsi que s'établissent des liens plus intimes, plus durables.

«J'essaie de pratiquer une géographie *onirique*, une géographie du rêve, mais du rêve éveillé. La condamnation du rêve, c'est aussi la condamnation de l'imagination. La raison scientifique a voulu rabrouer l'imagination. Nous avons ainsi dissocié depuis des siècles la raison et l'imagination. La raison était tournée vers la connaissance absolue, vers la logique de la découverte, tandis que l'imagination était perçue comme la folle du logis, depuis Descartes jusqu'à Sartre, qui la condamnait comme une sorte de fantôme. Et voici qu'on réhabilite maintenant l'imagination, cette faculté qu'a l'être humain d'apprécier les choses à leur plus juste valeur. Elle est moins atomisante, en tout cas, que la raison scientifique.»

L'imagination au secours de la perception globale? Est-ce que cela pourrait en partie expliquer l'ouverture d'esprit des dernières années, alors que l'on regarde le monde avec des yeux moins secs, voire moins féroces? Des yeux qui voient plus loin que le court terme pour envisager les conséquences de nos actions? Des yeux qui s'ouvrent même à des réalités moins tangibles et qui s'aventurent au-delà des strictes frontières du démontrable?

«Je vous dirais qu'il y a un grand avenir pour l'imagination! Sans balayer la raison, qui aura toujours sa place, il faut rétablir ce mariage entre l'imagination, le rêve, et la raison. Le monde s'enrichit d'autant quand l'homme utilise toutes ses ressources. Et c'est là une source d'espoir. On sait de plus en plus que la science que nous avons pratiquée, analytique, ne rend pas compte de la réalité des choses, de leur richesse. L'imagination permet d'atteindre une position plus globalisante. C'est difficile, il n'est pas dans notre tradition de penser globalement avant d'accomplir des gestes ponctuels, au besoin, mais c'est dans cette perspective que j'essaie de me situer.»

Tiens, tiens, un air connu et approuvé par le rapport Bruntland. Voir loin, agir au jour le jour. La géographie rejoint l'environnement, du moins dans sa façon d'appréhender l'Univers et les liens qui le composent. Les jeux de société nous adresseront toujours, sous la rubrique «géographie», des questions sur les capitales et les grands fleuves de la planète, mais le géographe prend maintenant soin des fleurs. Il dessinerait même un mouton si on le lui demandait. Je ne sais pas si Luc Bureau a des talents pour le dessin, mais sa plume est vive pour rendre les images. Et son regard lui permet de saisir l'évolution des rapports entre les humains et le monde dans lequel ils vivent.

«Mon regard se dédouble comme celui de Janus. Oui, je constate des progrès, des espoirs. Tout n'est pas négatif, loin de là. Il reste cependant qu'un drame se joue sur notre planète et qu'il nous faut trouver des solutions. Nous pourrions être éclipsés. La Terre pourrait continuer d'exister sans nous, notre présence n'est pas obligatoire. D'autres espèces sont disparues et c'est à peine si on s'en rend compte. Peut-être trouvera-t-on un jour des fossiles, des ossements d'une espèce disparue qui s'appelait l'homme! Mais je me demande qui les trouverait... Après tout, nous ne sommes pas mieux adaptés à la vie sur Terre que bien des espèces évanouies. En fait, quand on y pense bien, nous avions bien peu de potentiel pour survivre sur Terre.»

Ce jugement progressif n'est pas prononcé d'une voix d'outre-tombe, bien au contraire. Luc Bureau en sourit de fatalisme et aussi de défi. Nous nous sommes pourtant rendus loin, très loin, naviguant à travers les millénaires pour finalement prendre le dessus sur les forces de la Nature. Une domination toute relative, comme nous le rappellent volcans et tremblements de terre, mais l'humain est dorénavant le roi et sa loi domine. Il me vient cette image du dessin animé *Allegro non troppo*, du réalisateur Bruno Bozzetto, où un singe malin réussit à se faufiler à travers les dinosaures, la glace et la chaleur, à coups de ruse et de fourberie. Un saut de quelques millions d'années, voici un homme d'affaires circulant dans une mégalopole, prêt à toutes les combines pour réussir... soudain son habit se découd, et le singe en ressort grimaçant!

«Nous avons un avantage sur les autres espèces, qui peut également être un handicap: la raison. Mais l'homme est-il vraiment un animal raisonnable? On peut espérer que oui. En tout cas, il faut espérer que oui. C'est notre seul espoir. Il faut vivre comme si les choses pouvaient s'arranger. Une philosophie du *si*, en quelque sorte. Comme si l'être humain était éternel, comme s'il était vraiment doué de raison, sans quoi c'est la condamnation immédiate. Certains rajouteraient qu'il faut vivre comme si Dieu existait, comme si nous étions tous frères, comme s'il n'y avait plus de guerres, plus de pollution... Si timide soit-il, l'espoir est là; qu'il se passe quelque chose, qu'un nouveau souffle nous anime ou anime nos enfants, sinon c'est le suicide collectif. Mais je ne suis pas pessimiste au point de croire que cette fatalité triomphera. De grands changements se sont opérés dans l'histoire de l'humanité. Prenez les religions, par exemple: l'avènement d'une pensée monothéiste. C'était une révolution fantastique! Alors pourquoi ne pourrait-on pas changer notre façon actuelle de voir le monde?»

Le ton n'est pas résigné, il est au contraire teinté d'enthousiasme. Tout en parlant et en remontant ses lunettes qui suivent difficilement la cadence, Luc Bureau regarde avec attendrissement le jardin fleuri qu'on aperçoit par la fenêtre, côté cour. Un jardin que le géographe de la sixième planète aurait sans doute dédaigné. «J'y pense souvent à ce géographe. Il avait une drôle de physionomie. C'était un géographe très sérieux, ce compilateur des découvertes des autres. Je le suis un peu moins, et j'y tiens! C'est une vision qui m'afflige, cette façon dont on a perçu la géographie et le monde, dans le passé, puisque la géographie est l'écriture de la Terre. Le Petit Prince qui rêvait d'y mettre sa rose était le vrai géographe. Au fond, chacun peut explorer et essayer de trouver sa place dans ce monde. C'était peut-être ça, le défi du Petit Prince.»

Luc Bureau est né le 24 avril 1935, à Saint-Évariste de Beauce. La géographie qui l'intéresse touche à la place du mythe dans les relations de l'être humain à l'espace, un espace large à la mesure de la Terre. C'est peut-être ce qui explique que son parcours l'ait conduit vers d'autres espaces, d'Europe et d'Amérique, tout au long de sa carrière.

Titulaire d'un doctorat en géographie de l'Université du Minnesota, Luc Bureau s'est joint à l'Université Laval comme professeur en 1971. Il devait par la suite effectuer plusieurs missions universitaires en Europe et aux États-Unis, et s'occuper de l'organisation d'un important colloque tenu à Gênes, en Italie, à l'occasion du 500ᵉ anniversaire de l'arrivée des Européens en Amérique. Entre-temps, il publiait, au Québec et en France, articles et livres, dont Entre l'Éden et l'Utopie: les fondements imaginaires de l'espace québécois, *en 1984, et en 1991,* La Terre et moi. *Il collaborait plus récemment à un document collectif,* La rencontre des imaginaires entre l'Europe et les Amériques, *publié en France en 1993.*

Sa quête d'une lecture plus intimiste de l'espace lui inspire actuellement la préparation d'un autre ouvrage, Géographie de la nuit. *Il participe également aux activités de groupes comme le Centre de recherches sur l'image, le symbole et le mythe, de Dijon, ou l'Association professionnelle des géographes du Québec.*

Pierre Bourque:
Un homme pour reverdir la ville

En environnement, il y a les pommiers, c'est-à-dire les gens qui fleurissent le temps d'une cause, qui s'épanouissent en un beau fruit avant de se replier une fois l'effervescence passée. Il y aussi les grands pins blancs, majestueux et sereins, qui restent debout aux quatre saisons sans autre scintillement que celui de leur force tranquille. En fait d'arbres, Pierre Bourque n'a pas de préférés. Il les aime tous, mais s'il fallait lui attribuer un totem végétal, nul doute que le pin blanc correspondrait bien à sa personnalité marquante sous le ciel montréalais.

Décrire Pierre Bourque, c'est faire le portrait d'un homme à l'avant-garde du renouveau environnemental urbain. Ses fonctions à la ville de Montréal sont multiples. Il est avant tout connu comme directeur du Jardin botanique, mais son mandat englobe également les dossiers des parcs et de l'éducation scientifique. On l'identifie aussi à la naissance du Biodôme, son enfant naturel qu'il a dû confier à l'adoption sous la pression de la bureaucratie montréalaise. Un pommier aurait succombé à l'assaut. Le pin blanc, lui, perd quelques aiguilles. Le tronc grince. Mais il reste debout.

La charge est exigeante, les journées sont longues. Pour rencontrer Pierre Bourque, il suffit d'assister à l'une des nombreuses activités qui entourent la vie du Jardin, du mont Royal, du parc des Îles et des autres domaines sur lesquels il veille. Il est cependant plus difficile de l'immobiliser quelques heures pour un entretien plus personnel. Quand il ne sillonne pas les allées de son Jardin ou les rues de Montréal, Pierre Bourque se promène dans le monde à la recherche d'idées et de plantes qu'il vient ensuite transplanter au Québec. Ambassadeur de bonne entente, il pratique un art promis à un bel avenir, la diplomatie verte.

Rien d'étonnant à cela de la part d'un diplômé en horticulture qui est allé étancher sa soif de connaissances à la grande tradition horticole européenne. C'est en Belgique que Pierre Bourque a développé sa philosophie jardinière, à l'École supérieure d'horticulture de Vilvorde où il a étudié de 1961 à 1965. À son retour, le Québec était en pleine Révolution tranquille, un bouleversement qui allait également modifier notre façon d'aborder l'Univers. Avec Expo 67, la société québécoise ne devait jamais plus être la même. Pierre Bourque a vécu l'effervescence de Terre des Hommes où, tout jeune horticulteur, il s'occupait d'aménagement paysager. Neuf ans plus tard, il devenait horticulteur en chef de la ville de Montréal, puis prit en main les destinées du Jardin botanique en 1980.

Pour apprécier toute la magie des serres fascinantes du Jardin botanique, il faut s'y promener en fin de journée. Le jeu des ombres transforme les grandes plantes tropicales en gardiennes d'un univers secret, tandis que les orchidées tendent leurs étamines comme pour mieux observer le visiteur du soir. C'est également l'heure où Pierre Bourque ralentit le rythme de ses activités et qu'il se laisse aller à quelques réflexions sur les convictions qui l'animent. Je l'ai rencontré un glacial soir de février, me réchauffant à l'abondance de plantes qui garnissent, comme il se doit, le bureau du directeur du Jardin botanique de Montréal. Le propos de l'homme est tout aussi chaleureux que la pièce qui nous accueille. Derrière le complet-cravate se cache un activiste voué au développement durable, version urbaine, qui a décidé de réconcilier ville et Nature.

L'ambition est grande et les obstacles paraissent importants. Le gris des villes semble écraser le vert. Au fil du temps, la plupart des grandes villes, qu'elles s'appellent New York, Londres ou Montréal, ont oublié qu'elles sont nées d'un accident géographique, tellement le développement urbain a balayé le passé.

«Montréal a connu ce genre de développement brutal qui a fait perdre à ses habitants leur sensibilité à la Nature. Rappelez-vous les débats sur le béton, les protestations de nos chansonniers dans les années cinquante ou soixante qui décrivaient Montréal d'une façon assez dure. Le contact avec la Nature avait été perdu, lui qui est pourtant essentiel au bien-être de tous les gens, d'ici ou d'ailleurs. Au début des années soixante, cette sensibilité est réapparue, avec l'ajout de parcs, d'arbres et de fleurs. Et je pense que c'est essentiel à la survie de Montréal. Nous avons besoin d'une grande ville internationale, mais d'une grande ville saine, qui permet à ses citoyens de s'épanouir et de se sentir un peu à la campagne en ville.»

Tout amoureux de la Nature qu'il soit, Pierre Bourque ne cache pas son attachement pour la grande ville. On a longtemps opposé les deux milieux, comme s'ils étaient forcément hostiles l'un à l'autre.

«La mise en valeur des espaces verts est difficile à imaginer dans des mégalopoles comme Mexico ou Shangai, celles qui croulent sous le poids des nouveaux arrivants. À Montréal, nous vivons le problème inverse. Les gens fuient vers la banlieue. Nous risquons de nous retrouver avec une coquille vide, alors que les banlieues ne peuvent exister sans la grande ville. Je crois que la solution est de revenir au pacte originel avec la Nature, de respecter le fleuve, la montagne, l'air, les arbres, et trois millions de Montréalais redécouvriront qu'il fait bon vivre en ville.»

Pierre Bourque n'est pas le premier à prôner cette réconciliation. La vogue des concours style «Villes fleuries» ou «Balcons en fleurs», la popularité des jardins communautaires illustrent bien la résurgence naturaliste. Peut-être ne s'agissait-il que d'un long engourdissement semblable à celui de l'hiver? Pour un homme sensible au cycle végétal, l'explication serait tentante. Mais le directeur du Jardin botanique repart déjà sur une autre piste, élargissant ce concept de cohabitation inhérent à la ville.

«Dans un milieu aussi multiculturel, cosmopolite que Montréal, il y a très peu d'éléments de convergence. Je pense que la Nature nous offre justement un formidable élément de consensus social. Cette vision a influencé toute mon action au Jardin botanique depuis vingt ans, toute ma recherche de cette symbiose essentielle entre les humains et la Nature.»

Pierre Bourque captive par son ton calme, avec, parfois, une pointe de volontarisme. Poser la main sur un tronc d'arbre, regarder s'épanouir une fleur, est-ce suffisant pour faire revivre des valeurs que l'on croyait perdues? Peut-être pas. Mais inspirant, oui, sûrement. «Si vous demandez aux gens comment humaniser une ville, comme nous l'avons fait il y a quelques années lors d'une émission à la radio, ils vous répondront spontanément: "En plantant des arbres." On humanise une ville, on rend les échanges entre les gens plus sereins par cette complicité avec la Nature réunificatrice.»

La foi verte de Pierre Bourque se nourrit de l'expérience. «Nous avons noté un profond changement d'atmosphère dans les quartiers anciens de Montréal, les zones moins fleuries, où nous avons entrepris de replanter des arbres et de créer des jardins communautaires. Il faut continuer dans cette voie, la pousser plus loin, permettre aux citoyens de prendre en charge leur environnement, leurs espaces verts, leurs parcs. Le passage est difficile, tant pour les citoyens que pour les autorités politiques. C'est pourtant l'attitude qu'il faut adopter. Pourquoi se creuser la tête pour trouver comment engager de nouveaux jardiniers quand la ville est remplie de jardiniers qui s'ignorent?»

C'est à la sensibilité collective que Pierre Bourque s'adresse lorsqu'il parle de ces arbres «enfermés dans le béton de leur trottoir», selon son expression. «On adopte bien des bélugas, pourquoi n'adopterait-on pas l'arbre qui pousse tant bien que mal devant nos yeux? Ces arbres subissent le stress de la rue: la poussière, le calcium, la sécheresse; ils sont ceux qui souffrent le plus. À Montréal, il y en a soixante mille, soixante-quinze mille même qui sont tout seuls sur le trottoir, dans un environnement qui leur est très hostile. Ces arbres-là ont besoin de notre réconfort.»

La vision est anthropomorphique, diront les sceptiques. Un arbre pousse ou ne pousse pas selon des conditions objectives et qu'on s'arrête à lui parler ne change rien. Peut-être, mais l'éveil de la conscience environnementale s'appuie sur des repères immédiats. «Préserver la Nature demande une sensibilité nouvelle, pas seulement un temps dans l'année pendant le mois ou la semaine de l'environnement, mais tous les jours.»

Lorsque Pierre Bourque parle, il fait surgir des images qui vont à leur tour éveiller la mémoire par une réaction mentale en chaîne. Il me vient des souvenirs de Schefferville, où j'ai séjourné quelques fois comme journaliste quand le rêve du Grand Nord était toujours vivant. Les résidants de cette ville du bout du monde étaient pour la plupart très attachés à leur milieu malgré les inévitables privations. Dans cet environnement d'épinettes et de bouleaux chétifs, ils me racontaient qu'ils s'ennuyaient parfois de la couleur et du parfum des boisés de feuillus du Sud… le sud de Scheffer-ville, comme le chante si bien Michel Rivard, c'est-à-dire Matane ou Québec ou le Nouveau-Brunswick, là où les érables et les ormes embellissent de grands champs au vert ondulant.

Pierre Bourque a lui-même vécu l'expérience à la Baie-James, où il a travaillé comme consultant au plus fort du chantier. «Venant du Sud, les gens avaient besoin de retrou-ver parfois leur habitat d'origine. Nous avions installé au village de Radisson une petite serre où nous donnions des cours d'horticulture. Dans ce milieu rude où l'hiver ne laisse que quelques mois de répit, les gens avaient besoin de s'occu-per d'arbres à l'intérieur comme à l'extérieur. La communi-cation avec la Nature procure une prise salutaire sur la vie.»

Du nord du Nord, Pierre Bourque revient au Sud et termine son vibrant plaidoyer. «Regardez nos quartiers aisés, ce qui fait leur valeur, leur beauté, ce sont les arbres... Un quartier bourgeois marqué de belles maisons apparaît quelconque sans arbres. En revanche, une rue modeste prend fière allure lorsqu'elle est bien ombragée. La qualité de la vie urbaine se mesure à certains indices. Les arbres sont éloquents.»

Marie-Victorin ne devait pas parler autrement, il y a soixante ans, lorsqu'il a entrepris cette œuvre colossale qu'est l'établissement d'un jardin botanique. Aujourd'hui, le Jardin botanique de Montréal est le troisième en importance au monde, après ceux de Londres et de Berlin. Au-delà de son envergure, il possède cette rare qualité d'être sincère. Les plantes ne mentent pas en s'offrant aux visiteurs. Elles le font gratuitement, comme pour leur faire partager la joie de la vie. Un peu plus de deux millions de personnes sont passées par le Jardin botanique en 1992, et les chiffres augmentent d'année en année. Le plaisir croît avec l'usage.

Pierre Bourque n'a pas connu Marie-Victorin, mais il se réclame volontiers de son influence. «Marie-Victorin a été un des plus grands visionnaires de notre société. Il a prévu la vague écologiste, la nécessité de ménager des refuges verts en pleine ville. Ce qu'il y a de plus remarquable dans cette histoire, c'est que Marie-Victorin, le scientifique, qui avait étudié à Harvard, qui était docteur en botanique, a commencé par établir des jardins d'enfants, des jardins pour les écoliers, parce qu'il avait compris qu'il fallait ancrer cette nouvelle culture chez les jeunes...»

L'histoire québécoise retient souvent du frère Marie-Victorin l'image un peu folklorique d'un botaniste absorbé dans son univers, confectionnant des herbiers à partir de plantes parfois modestes pour finalement écrire cette œuvre monumentale qu'est la *Flore laurentienne*. C'est oublier l'action sociale du scientifique qui n'a pas craint de secouer ses compatriotes. «Marie-Victorin voulait ramener la Nature dans le cœur des Canadiens français, Nature qui était menacée à l'époque. On en faisait peu de cas, on la bouleversait, on la défrichait, elle était abîmée par plusieurs générations d'indifférence. Si elle est de nouveau honorée aujourd'hui, c'est notamment grâce à Marie-Victorin.» Au sujet de son grand prédécesseur, Pierre Bourque s'enflamme, mais calmement, à sa manière.

«Il faut voir à quel point il a dû lutter pour situer son Jardin dans l'est de la ville, alors que les bourgeois anglais de Westmount et les bourgeois francophones d'Outremont tentaient de rapatrier le projet dans leur voisinage. Ils prétendaient que le peuple de l'est de la ville n'entendait rien à ces valeurs et qu'il ne saurait ni apprécier ni soigner un tel hommage à la Nature. Marie-Victorin a dû se débattre, dénouer des intrigues, convaincre les politiciens, pour finalement gagner son point.» Pierre Bourque fait une pause et reprend dans une autre direction. «Marie-Victorin nous a également ouvert les yeux sur le monde. Pour réaliser son jardin, il est allé chercher les compétences là où elles existaient. L'architecte était américain, les horticulteurs sont venus de Belgique et de France. Il a voyagé un peu partout pour chercher les plantes qui ont élargi nos horizons. C'était un humaniste et nous voulons poursuivre dans le même esprit.»

Transposé en cette fin de XXe siècle, l'héritage humaniste éclectique de Marie-Victorin se manifeste de diverses façons dans son Jardin, à commencer par le rapport étroit qu'on cherche à y maintenir entre Nature et culture. Pour Pierre Bourque, c'est un des caractères distinctifs de l'institution. Il invite le visiteur à le suivre dans les serres pour mieux illustrer sa pensée. «Nous ne nous contentons pas d'exposer des collections d'arbres et de plantes d'ici et d'ailleurs, nous les plaçons aussi dans un contexte d'ethnobotanique, pour ramener les humains près des plantes, pour montrer comment elles ont façonné les paysages et les cultures.»

Un exemple? La serre tropicale, baptisée Hacienda, joue sur cette imbrication en reproduisant un décor mexicain. Pierre Bourque est particulièrement heureux de souligner le bonheur manifeste des promeneurs d'origine sud-américaine lorsqu'ils parcourent la serre, retrouvant des éléments de leur patrimoine ancestral, les présentant à leurs enfants et à leurs voisins québécois comme s'ils leur offraient un coin de leur pays.

«Il est aussi important aujourd'hui d'intégrer les notions environnementales dans un espace privilégié comme le nôtre, pour que l'expérience engendre une dynamique créatrice, renchérit Pierre Bourque. C'est la raison d'être de l'Insectarium, que nous avons intégré au Jardin parce que la Nature ne s'explique pas sans les insectes ou sans les oiseaux que l'on peut observer dans les sentiers d'ornithologie ou près des mangeoires. L'apogée de cette philosophie, c'est évidemment le Biodôme, ce jardin-musée qui fait la jonction entre toutes les composantes de la Nature, mer, terre, air, climats, êtres vivants de toutes sortes, avec la reproduction de leurs habitats, dans un ensemble fabuleux, unique au monde.»

Pierre Bourque est un homme de projets. On le devine déçu par la rebuffade qu'il a vécue lorsque la politicaillerie a pris le dessus après l'ouverture du Biodôme, mais il en faudrait plus pour l'arrêter. La Nature l'inspire et il ne se contente pas de la contempler béatement. Ce goût pour l'action a notamment permis au Jardin botanique de s'ouvrir sur l'Asie, qui en est pratiquement devenue le continent fétiche. Le jardin japonais, avec ses plantes, son plan d'eau, ses nénuphars, ses carpes, son pavillon, sa cérémonie du thé, permet aux visiteurs sensibles de prendre contact avec un autre univers, baigné de l'esprit du zen. Le jardin chinois, dernière réalisation majeure, a été conçu et mis en place par une équipe d'architectes et d'artisans venus de Shangai, de cette région de l'empire du milieu où sont nés les jardins botaniques chinois.

«Pour comprendre une civilisation, il faut l'appréhender dans ses manifestations les plus intimes comme ses rapports avec la Nature. Notre jardin chinois illustre l'harmonie entre les différents éléments, pierres comme végétaux. Il s'inspire du ying et du yang en ouvrant une fenêtre sur le taoïsme», souligne Pierre Bourque, qui voit là une belle occasion d'ajouter un volet éducatif à cette esthétique vitrine orientale. «La beauté émeut, mais il faut aller plus loin, modifier nos comportements et retrouver au contact des autres civilisations une complicité avec l'Univers vivant.»

La remarquable collection de bonsaïs et de penjings du Jardin, considérée comme une des plus complètes au monde, fascine toujours le public. L'ensemble qui lui est venu de Hong Kong témoigne du talent de négociateur de Pierre Bourque. Un millionnaire âgé, M. Oh, voyait venir le jour où il ne pourrait plus s'occuper de sa belle collection de bonsaïs de Chine. Peu d'espoirs du côté de ses garçons, plus convaincus de l'utilité des millions que des bonsaïs. «Pourtant, raconte Pierre Bourque, il passait bien quatre heures par jour dans sa serre à veiller sur ses chers arbres miniatures. À bien y penser, c'est peut-être là, dans ces instants de recueillement, qu'il trouvait sa voie.»

Par amis asiatiques interposés, Pierre Bourque apprend le dilemme de M. Oh. Il prend contact avec le millionnaire, se présente en personne, parle de ses projets et gagne sa confiance. L'idée prend forme de perpétuer en Occident cet art unique. En juin 1987, l'entente est conclue: M. Oh cède gracieusement la plus grande partie de sa collection au Jardin botanique de Montréal. Cinquante bonsaïs d'une valeur inestimable viendront raconter l'âme de la Chine éternelle aux Québécois et aux visiteurs. Ils trônent maintenant dans cette serre éloquemment baptisée le Jardin céleste, devenue un des hauts lieux du Jardin botanique. Le lieu incite à la rêverie, voire à la méditation. Héroïque, opiniâtre, détaché du présent, le bonsaï plane dans une autre dimension. Et il invite sans égoïsme au voyage.

«Nous avons aussi nos propres instants magiques, la floraison du printemps, le retour des bernaches», commente Pierre Bourque, comme pour faire contrepoids aux dangers de l'exotisme primaire. «Si les gens en arrivent à apprécier pleinement chacun des moments privilégiés où ils se sentent en communion avec la vie, nous aurons accompli notre tâche.»

L'homme qui s'exprime avec cette assurance puissante n'est pas un orateur de carrière bien que les mots lui viennent aisément pour traduire ses convictions écologiques. «C'est le Québec de mon adolescence qui m'a éveillé, lors de tous les étés passés dans la forêt, à la pêche ou en canot. Ce sont toutes les heures passées en admiration devant la Nature qui m'ont marqué, même moi, un gars de la ville, un gars de Rosemont. Et il faut croire que la magie était réelle, puisque lorsque j'étudiais l'horticulture, en Belgique, des professeurs interrompaient leur cours pour que je raconte à la classe la forêt québécoise.»

L'image des forêts européennes, enclavées, littéralement domestiquées, paraît évidemment bien fade à côté de ces vastes espaces qui fascinent toujours les habitants des vieux pays. Ils ont en revanche poussé l'art de l'horticulture jusqu'à l'élever au rang de science appliquée. Pierre Bourque apprécie ce raffinement, tout en demeurant fidèle à la rugosité de notre patrimoine forestier. «Un des grands enjeux de notre temps, c'est précisément la conservation de la Nature sauvage. Nous avons encore cette chance, au Québec, qu'une grande partie de notre territoire demeure relativement intacte. Notre devoir est encore plus grand. Il faut préserver ces habitats avant qu'ils ne disparaissent.»

La culture européenne, c'est aussi l'âme de la ville, que les Nord-Américains goûtent en touristes sans arriver à l'implanter dans leur environnement urbain. Les petits jardins fleuris au coin d'un square marquent tout un art de vivre façonné au fil des siècles. «C'est un peu cette culture à l'échelle humaine que nous tentons d'adapter ici, dans ce pays longtemps dominé par les autoroutes et la démesure dans les aménagements. Il est à la fois renversant et rafraîchissant de constater à quel point l'horticulture s'est développée depuis une vingtaine d'années au Québec, à quel point la passion du jardinage et des plantes s'est emparée des citadins.» La trilogie est complète. Nature sauvage, Nature apprivoisée et Nature intérieure, qu'on tente de recréer dans nos maisons, parlent au cœur. Les quelques plants de tomates que les citadins font pousser sur leur balcon paraissent dérisoires, mais ils traduisent bien ce désir profond de contact primitif.

Pierre Bourque est fasciné par l'Orient, mais son cœur bat d'abord pour Montréal, et en particulier pour l'est de la ville, ce quartier longtemps laissé pour compte. Le pari de Marie-Victorin a tenu le coup, son successeur reprend aujourd'hui le flambeau. Au programme: le pôle Maisonneuve, une vision ambitieuse d'une jonction névralgique entre le Parc olympique et le Jardin botanique. Une vision également étonnante. *A priori*, tout sépare ces deux mondes. D'un côté, la verdure née d'un rêve humaniste, de l'autre, le béton hérité de la démesure. Entre les deux, la rue Sherbrooke, un fossé routier quasi infranchissable avec ses huit voies. Ne reculant devant rien, c'est le Jardin lui-même qui vient faire son nid à l'ombre du Stade olympique en transformant le Vélodrome en Biodôme.

Pierre Bourque a dû utiliser toutes ses ressources et faire jouer tous ses appuis pour gagner les autorités à sa cause. Le projet a déclenché une controverse dès le début. Les sceptiques haussaient les épaules, les fédérations cyclistes voyaient disparaître un joyau. Pierre Bourque a patiemment fait valoir l'intérêt social et l'attrait touristique d'un aménagement aussi spectaculaire, et le vert l'a emporté.

Le Biodôme propose une tournée écologique d'un pôle à l'autre en présentant quatre écosystèmes: les pôles, la forêt tropicale, la forêt boréale et le fleuve Saint-Laurent. Un musée, certes, mais aussi un jardin et un zoo, puisque les animaux, les oiseaux, les poissons et les insectes y vivent en bonne entente avec les arbres, les plantes et les fleurs. Un succès phénoménal: six mois après son ouverture, il accueillait déjà son millionième visiteur.

«Nous avons besoin de construire notre société sur des institutions solides, viables, et non pas seulement sur des festivités éphémères. Il faut lui laisser des racines pour qu'elle s'épanouisse, soutient avec force Pierre Bourque. Le pôle Maisonneuve va devenir une cité du loisir et de l'environnement. Nous sommes en train d'atteindre, au Jardin, une masse critique qui peut satisfaire et inspirer les plus difficiles. Montréal ouvre de nouveau les bras à ce qui l'entoure.»

À travers toute cette effervescence, a-t-il encore le temps, ou le goût, de prendre une bêche pour dégager une rose encombrée? «Avec le temps, j'ai transformé mon propre jardin en *arboretum,* je prends le sécateur de temps à autre pour tailler une branche, mais le travail me laisse peu de répit pour retrouver ce lien intime avec le rythme de la Nature. Pourtant, notre intériorité profite d'une musique, d'une lecture, d'une peinture, et elle s'enrichit tout autant de la floraison d'un arbre ou d'un plant de tomates. Les gens recherchent l'harmonie autour d'eux. Les paradis artificiels, matérialistes ou autres, perdront du terrain au fur et à mesure que ces valeurs naturelles s'imposeront dans notre société. Lorsque j'ai vu en Chine des gens se promener à bicyclette avec un bonsaï, attaché derrière, j'ai été ému, bouleversé, comme je l'ai été en les voyant le ranger soigneusement à l'intérieur, le soir venu... Ce sont des gestes simples qui révèlent une complicité profonde avec la Nature, même dans des villes surpeuplées. Le respect vient de la connaissance et de l'apprentissage.»

Pierre Bourque est né le 29 mai 1942, à Montréal. Il porte le titre d'horticulteur en chef de la ville de Montréal, en plus d'assumer la fonction de directeur du Jardin botanique. Un peu plus et il serait encore à la tête du Biodôme, cette extraordinaire installation née de son imagination, mais des manœuvres administratives de la Ville l'ont relégué au second plan. Qu'importe! ce digne successeur de Marie-Victorin n'en est pas à un défi près, et les trésors qu'il ajoute au Jardin botanique confirment sa présence éminente sous le ciel scientifique montréalais.

C'est en Belgique que Pierre Bourque est allé parfaire sa formation, à l'École supérieure d'horticulture de Vilvorde, au début des années soixante. Il en est sorti avec un diplôme d'ingénieur en horticulture et est revenu derechef au pays préparer l'aménagement paysager d'Expo 67. Au milieu des années soixante-dix, il devient horticulteur en chef de la ville, et se retrouve au cœur d'initiatives comme la création de jardins communautaires et le programme «Place au soleil» qui vient restaurer et fleurir une soixantaine de ruelles montréalaises. Son dynamisme et son savoir-faire le conduisent, en 1980, à la direction du Jardin botanique. C'est à lui que les Québécois doivent le développement récent du Jardin, avec l'acquisition de collections de bonsaïs, la mise en place des jardins japonais et chinois, la création de l'Insectarium, sans oublier ce beau moment que furent les Floralies internationales de Montréal en 1980.

Membre honoraire de la Société royale des roses d'Angleterre, Commandeur du mérite agricole du Québec, Chevalier de Saint-Hubert, la liste complète des honneurs qu'il a reçus, des articles qu'il a publiés et des engagements qu'il maintient au Québec comme à l'étranger serait trop longue à dresser ici.

Goûter la Terre,
avec les animaux

Claude Villeneuve:
Pour la suite du Royaume

N ous sommes le 27 décembre 1991, en début de soirée. Il fait froid, il fait noir, l'hiver règne dans les pays du Nord. En plein la période de maux de tête pour les gestionnaires d'Hydro-Québec.

Le grand compteur de la consommation d'énergie est en hausse, et la fameuse marge de manœuvre fond comme neige au printemps lointain. Dans les foyers, on cuisine, on s'éclaire, on se chauffe, et la demande monte, monte, monte... Surprise: contre toute attente, les données indiquent qu'elle progresse moins vite parce qu'une région se fait plus économe. Le Saguenay – Lac Saint-Jean. On respire. Mais que se passe-t-il?

Il se passe que le bon sens vient de prendre le dessus avec l'aide de Claude Villeneuve, biologiste de son état, animateur de télévision pour la circonstance. Une émission spéciale a pris l'antenne, à Chicoutimi, pour expliquer qu'avec de petits gestes tout simples on peut réduire la consommation d'énergie sans que le confort en souffre. La station de télévision CJPM est reliée au Centre d'exploitation régional d'Hydro-Québec. Les téléspectateurs peuvent suivre en temps réel le résultat de leurs actions. Au bout d'une demi-heure, la demande a chuté de vingt mille kilowatts. Démonstration concluante et applaudissements. Claude Villeneuve les a bien mérités, lui qui vient de s'improviser animateur pour prêcher *in situ* la cause du développement durable.

Je l'admets volontiers, Claude Villeneuve ne figurait pas au départ au nombre des écologistes actifs qu'il me tardait de rencontrer tout au long de cette série d'entretiens radio-phoniques. Non pas qu'il vienne d'une région dite éloignée: après plusieurs années passées à côtoyer d'extraordinaires caractères humains entre mer et montagne, dans l'est du Québec, je pense être immunisé contre le préjugé insidieux envers ceux et celles qui vivent en dehors des grands centres et qu'on sous-estime trop souvent. La diffusion de l'information étant ce qu'elle est au Québec, Claude Villeneuve fait rarement la manchette. Peu de gens, à l'extérieur de son coin de pays, le reconnaîtraient dans la rue.

Pourtant! il suffit de l'avoir vu une fois pour fixer l'image du personnage dans un coin de sa mémoire. Sa carrure de joueur de football impressionne déjà, son crâne complètement dégarni et ses grosses lunettes laissent une impression pour le moins durable. Un intellectuel, lui? Bien sûr, mais un intellectuel de la trempe de ceux qui nous viennent du Lac-Saint-Jean, indépendant, vigoureux et entreprenant. Loin de moi l'idée de reprendre les clichés habituels à la *Menaud maître-draveur* et «de ces grands espaces qui ont su forger des âmes généreuses et inspirées»... Mais force est d'admettre que l'adage *Penser globalement, agir localement* s'incarne puissamment dans la pratique de ce grand environnementaliste aux idées larges.

Inconnu? Il l'est de moins en moins. Agissant à titre de consultant pour des documentaires et de conférencier lors de colloques internationaux, il est intervenu en pleine assemblée générale de la Fédération des caisses populaires Desjardins pour demander que le mouvement se dote d'un code d'éthique environnemental et on le voit circuler dans les couloirs de Radio-Canada à Montréal pour discuter avec l'éminent Frédéric Back de l'éventuelle mise en scène de son livre *Les animaux malades de l'homme?* S'agit-il de la même personne, ou est-il, comme Émile Ajar, une création imaginaire?

Pas de doute, il est bien réel et laisse derrière lui ample matière à prouver son passage sur Terre. Claude Villeneuve a fondé et dirigé le Centre écologique du Lac-Saint-Jean, à Saint-Félicien. Ancien professeur de biologie au cégep, il a depuis créé sa propre entreprise de consultation environnementale, Ékolac, et assume la présidence de la Région-laboratoire du développement durable au Saguenay–Lac-Saint-Jean. L'initiative a même donné naissance à l'Université d'été sur le développement durable, qui réunit au pays des bleuets le Québec, la France et l'Afrique depuis 1991. Claude Villeneuve est aussi président de la caisse populaire de son village, Saint-Prime. Et lorsqu'il trouve, étonnamment, quelques moments libres, il écrit pour rappeler aux êtres humains leurs obligations envers la Nature. Aussi dépareillées qu'elles semblent, ces activités illustrent toutes, chacune à sa façon, l'engagement humaniste pour l'environnement tel qu'il le conçoit.

D'autres chantent les fleurs, les papillons, les oiseaux... Bien souvent, le récit environnemental prend la forme d'un conte de fées où priment le merveilleux et les bons sentiments, comme au temps du jardin d'Éden où les lions vivaient en bonne intelligence avec les antilopes. Pas de prédation, pas de développement, seulement la félicité. Ah, si l'on pouvait remettre la pomme dans son arbre et Adam à sa place... Saint Walt Disney, priez pour nous! C'est la prière des tenants de l'écologie bleu ciel, l'écologie de l'innocence, celle qui stigmatise les chasseurs de phoques. Il en résulte inévitablement une définition formaliste et étriquée de l'environnementaliste. Suivant cette logique, un environnementaliste aime les animaux et déteste la chasse. Ceux et celles qui jouent sur les deux plans sont ou schizophrènes ou déchirés dans leurs contradictions. Vrai?

Pas forcément. Prenez Claude Villeneuve, par exemple. Il n'est ni schizophrène ni déchiré. Voici un biologiste amateur de chasse et de pêche, un auteur qui n'hésite pas à plonger dans la mêlée, un penseur qui intervient dans le monde de la finance. Qui plus est, un homme simple dont les principes se traduisent en actions concrètes.

L'ascendant que la Nature exerce sur lui ne date pas d'hier. Ses parents avaient un chalet dans cette région du Saguenay qu'il aime tant, et il cherchait comme les garçons de son âge à attraper des grenouilles... «Plus tard, on m'a montré que les grenouilles se dissèquent, dit-il de sa voix basse et posée. Aujourd'hui, j'ai énormément de difficultés à sacrifier un animal pour des raisons scientifiques. Mais j'ai au moins appris ce qui se passe à l'intérieur d'un être vivant, et cela m'a enseigné un grand respect pour cette chose extraordinaire qu'est la vie.» Lui, un chasseur et un pêcheur? «Oui. Je suis tout dévoué à l'écosystème et aux relations qui s'y tissent, y compris celles du prédateur avec sa proie.»

Claude Villeneuve est donc devenu biologiste. «En biologie, on commence à comprendre dès qu'on se met à la place de ce que l'on étudie et qu'on se rend compte que l'organisation des choses a du sens», précise-t-il. «Pas un sens théorique, mais un sens qui correspond à toute une évolution, ce que Monod a démontré dans *Le hasard et la nécessité*, par exemple.» Biochimiste français, prix Nobel de médecine en 1965, Monod était de cette école qui admettait et questionnait à la fois la Nature et l'évolution.

Darwin approuverait, mais cette évolution n'est pas nécessairement gage d'harmonie. Claude Villeneuve en est bien conscient, et c'est une des raisons qui l'ont poussé à publier, en 1983, un livre à saveur de pamphlet, *Les animaux malades de l'homme?* «Le point d'interrogation à la fin du titre est important parce que ce n'est pas une vérité absolue. Certaines espèces ont prospéré grâce à l'intervention humaine. Mais si on veut dresser un constat global de la santé de la faune au Québec, force est d'admettre que les animaux sont effectivement malades de l'homme. Et notre attitude envers eux n'a pas changé depuis dix ans.»

Le bilan global n'est pas réjouissant. Le catalogue des espèces disparues ou en voie d'extinction est considérable, constatation qui provoque inévitablement un inconfort qui confine à la tristesse. Il suffit de voir le regard navré des enfants à qui on explique, au Biodôme de Montréal, que ces oiseaux comiques qu'ils admirent dans l'écosystème polaire ne sont pas des pingouins, mais bien des manchots, les pingouins royaux ayant été exterminés sans pitié par les marins qui faisaient escale dans les îles subarctiques au début du siècle. *Exit*, les pingouins, comme les tourtes, le bar rayé, comme bientôt les rhinocéros noirs ou les pandas, à moins d'un miracle.

«Ce qui est au moins aussi inquiétant, poursuit Claude Villeneuve, c'est la santé défaillante de ceux qui restent. Le béluga en est l'exemple classique. Son destin est aussi le nôtre, ne l'oublions pas. Nous vivons dans le même environnement. Anciennement, les mineurs de charbon emmenaient des canaris dans leurs galeries parce que ces oiseaux étaient plus sensibles aux vapeurs toxiques de méthane qui s'échappaient des formations de charbon. Lorsque les canaris tournaient de l'œil, il était grandement temps pour les travailleurs d'évacuer la mine. C'était, me direz-vous, une lecture plus directe des liens entre l'environnement et la santé, mais au fond, notre rapport n'a pas changé. Les animaux demeurent un de nos baromètres les plus précieux. Et nous sommes les prochains sur la liste des espèces fragilisées par l'affaiblissement de notre environnement.»

Ces propos, d'autres les ont tenus avant lui. Mais le ton, ici, n'est pas défaitiste. Au contraire, il s'accompagne d'une vigueur en accord avec le personnage que l'on n'imagine pas déposant les armes. *Imaginer et agir*, telle pourrait être sa devise, l'un n'allant pas sans l'autre.

«Au fond, il y a un grand problème de perception environnementale. L'environnement, souvent, c'est ce qui nous entoure, à l'extérieur. Vu? Mais c'est là une vision fragmentaire. Nous faisons partie intégrante de la biosphère. La qualité de notre vie dépend de notre rapport intime avec cet environnement. Il faut donc, à l'avenir, le définir comme ce dont nous, êtres humains, avons besoin pour survivre. Les interrelations ne sont pas une illusion. L'illusion, c'est de croire que les problèmes, ailleurs, ne nous touchent pas.»

Le langage est clair, il plaide pour la compréhension et l'harmonie. Claude Villeneuve vient néanmoins d'une région où les illusions ont une bonne base pour prospérer. Ah! les montagnes, les rivières, les forêts, l'air... Mais aussi les cheminées industrielles, les barrages, les coupes à blanc, les négligences... Les gros sabots n'ont pas épargné le Royaume. Au moins, il reste l'espace et un contact plus immédiat avec la Nature.

«Effectivement, la fréquentation de la Nature ouvre les yeux, mais il faut faire attention. Mal effectué, le travail en forêt n'est pas inoffensif. Les trappeurs, de quelque nationalité qu'ils soient, laissent souvent derrière eux des sites très dégradés parce qu'ils n'ont pas le regard de l'écologiste. Ils n'ont pas ce que Pierre Dansereau appelle les *lunettes de l'écologiste*. Le comportement s'apprend, peu importe l'endroit où l'on se trouve, sur le béton des villes ou en pleine campagne, et il s'enseigne. Mais la meilleure façon d'y parvenir est de fouler le terrrain.»

Claude Villeneuve n'est quand même pas un autodidacte et il précisera rapidement sa pensée. «L'université de la vie», c'est beau, mais de toute évidence, le diplôme qu'elle accorde ne suffit pas à ses yeux pour asseoir une bonne pratique environnementale. «Je pense que la connaissance scientifique, dans l'optique de la connaissance de l'environnement, est fondamentale. On peut éprouver un grand respect pour notre environnement, mais il ne faut surtout pas en faire une religion, sinon le risque est grand que les gens finissent par réagir comme ils réagissent aux excès des religions, en s'en détournant. On doit viser l'alphabétisation écologique de la population», lance l'éducateur qui veille en Claude Villeneuve.

Une alphabétisation écologique? Ne sommes-nous pas, en principe, liés organiquement à cette rude Nature, que nous sommes supposés lire comme un grand livre ouvert selon les signes qu'elle nous fournit, la hauteur des ruches des abeilles, le nombre des pelures d'oignons, la force du nordet et tout le reste? Nous serions des «illettrés»?

«Tout à fait. Généralement, nos gouvernants ne connaissent pas ou ne suivent pas les règles qui déterminent le fonctionnement d'un écosystème. Les décisions suivent en conséquence. Les lois du droit et de l'économie l'emportent sur les lois de la Nature. Les premières sont éphémères, les deuxièmes régissent la vie. On les subordonne pourtant aux autres. Et lorsqu'un ministre prend charge du dossier de l'environnement sans formation préalable, il entre dans un secteur miné.»

On ne trouve pas d'illettrés au Centre écologique du Lac-Saint-Jean, logé au cégep de Saint-Félicien. «C'est l'un des plus beaux projets qui aient jamais été lancés en Amérique du Nord, un centre de recherches appliquées en environnement dédié à sa région, pour permettre la réhabilitation de certaines populations fauniques, notamment des oiseaux», dit-il avec la fierté compréhensible du fondateur. «Tous ensemble, nous développons tranquillement nos propres ressources et notre propre savoir-faire, à l'échelle d'un milieu qui doit retrouver un contact privilégié avec sa Nature.»

Fier de son coin de pays, Claude Villeneuve l'est sûrement. Il y consacre ses premières énergies, ses meilleurs élans, tout en prêchant la bonne parole aussi loin qu'il le peut. Voilà pourquoi il a accepté plus tôt l'offre du ministère québécois de l'Éducation d'écrire un cours par correspondance qui s'appelle *Environnement québécois, pour comprendre et agir*. Un cours offert à ceux qui n'ont pas la chance de fréquenter des centres écologiques ou qui n'ont peut-être pas la chance d'habiter le Saguenay – Lac-Saint-Jean...

C'est là le genre d'initiative conséquente à l'engagement social d'un scientifique convaincu de la nécessité du savoir. Bien entendu, le savoir et le faire vont de pair dans la pensée d'un écologiste militant. Et c'est pourquoi son champ d'action ne se limite pas à la science. Puisque l'argent est le nerf de la guerre, il s'occupe aussi d'argent. Claude Villeneuve est président du conseil d'administration de la caisse populaire de Saint-Prime.

Qu'on ne s'y trompe pas: le titre n'est pas seulement honorifique. Claude Villeneuve n'est pas homme à faire les choses à moitié. Bien sûr, il participe activement aux réunions du conseil, il étudie les politiques, vote la ristourne. Voilà pour le citoyen consciencieux. L'écologiste, lui, a vu là une arme redoutable pour infléchir les pratiques financières. En bonne institution coopérative, le mouvement Desjardins suit, en principe, les recommandations de sa base. En 1987, cette base allait d'ailleurs lui forcer la main avec une proposition-test pour vérifier si le credo communautaire d'Alphonse Desjardins était toujours bien vivant.

Lors de l'assemblée générale de la Fédération des caisses populaires, qui réunit beaucoup de gens sérieux qui discutent de gros chiffres, Claude Villeneuve se lève, va au micro, se nomme et livre son message. «C'est beau d'utiliser l'argent pour améliorer la qualité de vie des citoyens, mais tout dépend de quelle façon on le fait. La qualité de vie, c'est aussi un environnement sain. Nous devons évaluer les impacts environnementaux de nos interventions et inclure ces considérations dans nos politiques officielles. Je demande donc que le mouvement Desjardins adopte un code environ-nemental, un code vert.»

En d'autres temps, d'autres circonstances, un tel appel aurait été sacrilège. L'argent n'a pas d'odeur, donc il ne se mêle pas de ces choses. Il se contente de se reproduire... Mais voici les années quatre-vingt, le développement durable et aussi, il faut bien le dire, les Kemtec et autres embarras financiers qui cachent des millions de dollars en frais de nettoyage pour les banquiers qui prennent possession de ces actifs empoisonnés quand ils exercent leurs garanties... De nouvelles règles du jeu sensées, philosophiquement et écono-miquement parlant, s'imposent. Chez Desjardins, la dis-cussion a fait son chemin. Peu de temps après, on annonçait l'adoption d'un code environnemental, le premier du genre au Canada. Claude Villeneuve a été entendu.

«D'abord, il faut y voir toute une dimension de la pensée globale, dit-il après coup. En 1978, on parlait des "oiseaulogues", des rêveurs irréalistes. L'environnement et l'économie ne pouvaient aller ensemble. C'était là un postulat négatif qui me dérangeait. Comme d'autres, j'avais l'intuition que ces deux sciences, l'économie et l'écologie, sont réconciliables puisqu'elles sont basées sur des principes à peu près semblables, à commencer par la nécessité d'une gestion éclairée. Elles doivent se rejoindre. Je me suis donc demandé à quel endroit moi, écologiste, je pouvais en apprendre davantage sur le monde de l'économie. La caisse populaire de Saint-Prime m'est apparue comme la meilleure école. J'ai été élu administrateur, puis ensuite président de cette caisse type, qui n'est pas si petite — le village compte 2400 habitants, la caisse compte 2400 membres, avec des actifs de 20 millions de dollars!»

Et Claude Villeneuve d'y aller d'une profession de foi qui confinerait à la «plogue» publicitaire si elle ne correspondait pas à une conviction profonde. «Je me sentais très à l'aise dans ce milieu même s'il est bien loin des laboratoires. Desjardins est un organisme sans but lucratif dont l'existence même est liée à l'amélioration des conditions de vie du peuple. Sans être écologistes, des dirigeants comme l'ancien président Raymond Blais ont entrouvert la porte en plaidant pour une action plus large. Il faut se le rappeler, Desjardins est né en réaction à une situation sociale intolérable. Alphonse Desjardins était révolté parce que les familles s'appauvrissaient, victimes de prêts usuraires. En leur montrant à prendre en main leur économie, il leur a également montré à devenir maîtresses d'elles-mêmes pour assurer leur avenir. Cet avenir, on le sait aujourd'hui, est fortement dépendant du développement durable. Je n'ai fait que réunir la philosophie première de Desjardins et ses succès passés, avec ce nouveau défi.»

La conférence de Stockholm, en 1972, avait déjà signalé que le monde financier incite souvent à tourner les coins ronds en matière d'environnement par ses pratiques et ses transactions. Un constat quasi prématuré, puisque la réponse a tardé. Aujourd'hui, c'est à qui présenterait le visage le plus vert. La couleur des billets de banque aidant, sans doute...

«La beauté, reprend Claude Villeneuve avec l'assurance de celui qui connaît maintenant la musique, c'est la compétition dans notre système. À partir du moment où Desjardins affiche ses principes et se démarque de ses concurrents, les autres sont obligés de suivre sous peine d'y perdre des plumes.» Les agences de marketing ont bien flairé l'affaire et les beaux discours ont suivi. Malheur aux retardataires! «Une population sensibilisée peut faire la différence, et sa conscience devient une arme puissante. J'ai le choix comme individu d'acheter un produit polluant à bon marché ou un autre plus cher mais moins dangereux. C'est là un pouvoir redoutable qui dépend de cette alphabétisation écologique, essentielle.»

Claude Villeneuve est un financier d'occasion et un biologiste de cœur qui préfère quand même les migrations des oiseaux aux flux financiers. Les grandes décisions se prennent souvent en assemblées générales et en conseils d'administration, elles germent auparavant dans les enseignements et dans les livres. En 1982, un jeune professeur de biologie écrivait *Les animaux malades de l'homme?* Récidiverait-il aujourd'hui en parlant de la Nature malade de l'homme, ou pire, des êtres humains malades de l'homme?

C'est à peine s'il hésite: «J'ai confiance en l'espèce humaine. Si on se réfère à l'histoire, nous avons eu, il est vrai, un comportement de *têtes en l'air*. On nous a avertis dans les années soixante, par exemple, que la population terrestre était en croissance exponentielle et que ça allait craquer quelque part. Nous n'avons pas écouté. Aujourd'hui, il est à peu près certain que nous serons huit milliards d'êtres humains sur Terre en l'an 2000. La seule ressource naturelle inépuisable et non polluante dont nous disposions pour affronter ce défi, c'est l'intelligence humaine, la nôtre et celle des enfants à venir. Ils nous aideront à trouver des solutions qui misent sur la vie. Je veux pouvoir continuer à prélever dans la forêt boréale la biomasse nécessaire pour faire de la terrine de lièvre. Je veux pouvoir continuer à partager ce monde avec mes amis, avec mes enfants, et avoir le sentiment que nous sommes venus au monde pour quelque chose.»

Claude Villeneuve est né le 25 novembre 1954, à Chicoutimi-Nord. Biologiste également formé en didactique des sciences, il dirige aujourd'hui sa propre firme privée de consultation environnementale, Ékolac. Enseignant, scientifique et militant, c'est le nouveau défi que ce défenseur du développement durable s'est donné à partir de son royaume du Lac-Saint-Jean.

Sa carrière commence avec éclat, à dix-huit ans, alors qu'il travaille comme assistant de recherche pour les docteurs Hans Selye et Sandor Szabo à l'Institut de médecine et de chirurgie expérimentale de Montréal. Il sera plus tard biologiste au ministère des Ressources naturelles de l'Ontario, avant de revenir dans son coin de pays pour se consacrer à l'enseignement. Il devient professeur au cégep de Saint-Félicien et à l'Université du Québec à Chicoutimi, l'UQAC. Il innove avec un cours en environnement parrainé par l'UNESCO. Ce lien international se concrétise en 1991 avec la création de la Région-laboratoire du développement durable, au Saguenay — Lac-Saint-Jean, qui attire des étudiants venus d'aussi loin que l'Afrique.

Claude Villeneuve est l'auteur de huit livres, dont Les animaux malades de l'homme? *qui a servi d'inspiration à Frédéric Back pour son dernier film,* Le fleuve aux grandes eaux. *Son engagement ne se limite pas à l'écologie. Président de sa caisse populaire, Claude Villeneuve est aussi président du comité de déontologie de la Fédération des Caisses populaires de sa région. Il agit également comme commissaire* ad hoc *pour le Bureau d'audiences publiques sur l'environnement du Québec, le BAPE.*

Pierre Béland:
Pour le sourire des baleines

Nous sommes en mars 1992. Pierre Béland entre calmement dans le studio radio, enlève sa veste et me raconte une histoire si extraordinaire que je dois lui demander de recommencer pour être certain d'avoir bien compris. S'il décide un jour d'écrire ses mémoires, il pourra appeler cet épisode «La fois où je suis allé soigner un béluga russe en vadrouille sur les côtes turques de la mer Noire»... Authentique! Ce récit aurait dû, à l'époque, faire la une des journaux. Et qu'il me soit permis de vous en glisser un mot, en guise d'introduction, pour vous donner la mesure de ce globe-trotter d'environnementaliste ami des baleines blanches, grises et bleues.

Un beau jour, alors qu'ils rentrent au port, des pêcheurs turcs aperçoivent un étrange animal marin tout blanc, familier au point qu'il vient spontanément à leur rencontre. La bonne bouille du béluga fait le reste. Il devient rapidement la coqueluche des alentours, et la nouvelle se répand. Des journalistes viennent d'un peu partout faire connaissance avec cette espèce d'extraterrestre sympathique qui folâtre volontiers avec les visiteurs. Des reporters italiens le baptiseront même *Palla di neve*, c'est-à-dire «Boule de neige». Mis au courant, le gouvernement turc est un peu embêté, d'autant plus qu'il reçoit beaucoup de demandes concernant son tout nouveau citoyen. Des écologistes entrent dans la danse. Que devrait-on faire de Boule de neige?

«Il y a eu de grandes discussions. Finalement, le gouvernement turc a suivi l'avis de gens de Greenpeace, qui connaissaient notre travail avec les bélugas d'ici, et on nous a mandés en renfort. Nous nous sommes donc rendus en Turquie. Après avoir traversé en véhicule la moitié du pays — et c'est grand la Turquie —, nous avons atteint le village en question, Gerzé, pour ensuite partir en mer. Imaginez le dépaysement! Se retrouver dans une barque entouré de Turcs à grosse moustache qui parlent une langue incompréhensible à nos oreilles de Québécois. Et pendant qu'on essaie d'examiner le béluga dans une eau aux reflets turquoise, on entend soudain la prière du muezzin retentir d'un minaret lointain... Il y avait là quelque chose de surréaliste. Bien différent de Tadoussac, en tout cas!»

D'où pouvait-il venir? De toute évidence, il s'agissait d'un béluga né dans les eaux sibériennes. On l'avait cependant depuis déménagé en Crimée, où il s'était échappé d'un «parc» à la faveur d'une tempête. Lorsqu'on sait que les Américains mènent depuis longtemps des expériences militaires avec les cétacés, que les Russes se laissent rarement distancer et que la Crimée abrite d'importantes bases navales, l'histoire du béluga devient plus claire. Un déserteur, en somme... Qu'importe: il se trouvait bien en Turquie, dans un environnement favorable, riche en nourriture, et la recommandation des deux Québécois a été de le laisser là. Apprivoisé, il aurait de toute évidence eu de la difficulté à se débrouiller dans un environnement sauvage. Mais les Russes ne l'entendaient pas ainsi. Ils ont fait des pressions pour reprendre leur béluga, et le gouvernement turc a fini par céder. À condition que le béluga veuille les retrouver. Et il semble qu'un beau jour, hors des eaux territoriales turques, un bateau à bord duquel avait pris place son dresseur a récupéré Aydin... qui venait aussi de retrouver son nom russe.

Contre toute attente, l'histoire ne s'arrête pas là. Quelques mois plus tard, je rencontre à nouveau Pierre Béland, qui me dit: «Le béluga s'est encore une fois sauvé, et il est revenu à Gerzé! Sylvain Deguise est reparti, il est arrivé en pleine nuit, et il a montré l'endroit où l'animal avait élu domicile la première fois, pas très loin d'un quai... Et c'est exactement là qu'il se trouvait!» Aux dernières nouvelles, son statut était encore en suspens. Mais comme Boule de neige rembourse largement sa pension par sa popularité auprès des touristes, on peut parier qu'il n'aura pas à redéménager de sitôt.

«Il y avait une autre raison pour garder le béluga dans son pays d'adoption, ajoute le biologiste. C'était une bonne occasion de rapprocher les humains et les baleines, parce que les pêcheurs de partout dans le monde ont toujours considéré les dauphins et autres mammifères marins comme des nuisances. Ils mangent des poissons. Ce sont des compétiteurs. Et les compétiteurs ne sont pas populaires. On s'en débarrasse. Or ce béluga bon enfant était en train de devenir une véritable mascotte. Il proposait à lui seul un nouveau pacte d'amitié. C'est là un des grands défis de notre temps, apprendre à vivre en bonne intelligence non seulement entre nous tous, mais aussi avec les autres êtres vivants de la planète.»

Impopulaires, les dauphins, marsouins et autres baleines qui font aujourd'hui courir les foules? Prétendre le contraire serait faire preuve de courte mémoire. Les grands mammifères marins ont été chassés dans toutes les mers du globe, en partie pour leur valeur, mais aussi parce qu'on voulait éliminer des concurrents. Un vieux pêcheur de l'île aux Coudres m'a raconté un jour que son groupe avait capturé pas moins de cinquante bélugas en une journée. Quarante-neuf mâles et une femelle! Et ce n'était pas encore l'époque de la renaissance de la pêche que Pierre Perrault a immortalisée, destinée cette fois-ci à capturer des animaux vivants. «Encore aujourd'hui, les pêcheurs gaspésiens ne sont pas très portés sur les baleines. Les marsouins et les rorquals se prennent dans leurs filets et ils défont des agrès. Nous avons entrepris, nous, un programme d'examen des carcasses que l'on trouve sur les rives. Parfois, les pêcheurs nous renseignent. D'autres fois non. Tous n'apprécient pas nos actions en vue de préserver des animaux qu'ils aimeraient plutôt voir disparaître.»

Le jugement est brutal, et je m'en étonne presque. Ce ne sera pourtant pas le dernier. «Bien sûr, ajoute Pierre Béland devant la question qu'il sait prochaine, les baleines ont acquis chez nous une grande valeur touristique, et cette pression fait heureusement contrepoids. Autrement, nous ne ferions peut-être pas mieux que les autres.» Pas de place, ici, pour de vaines illusions. Je me rappelle encore les premiers avertissements lancés par Pierre Béland, alors jeune scientifique peu connu, lors du congrès de l'ACFAS, à Chicoutimi en 1984. Les données étaient troublantes, la population de bélugas était en chute libre, et on soupçonnait fortement la pollution d'en être la cause. Il devait encore s'écouler quelques années avant qu'on admette l'ampleur de la menace. La population de baleines blanches québécoises atteignait cinq mille individus au début du siècle. Elles sont dix fois moins nombreuses aujourd'hui. Il faut maintenant se contenter de les admirer à distance, même à bord de bateaux d'observation, parce qu'il est interdit de les déranger. Un autre troupeau se promène dans les eaux du Grand Nord, mais on ne peut aller en chercher pour renforcer la branche laurentienne: les deux groupes ont évolué différemment. La parenté ne se reconnaîtrait plus.

D'autres ont aussi élevé la voix. Des gens comme Leone Pippard, qui a longtemps défendu la cause des mammifères marins à partir de la Côte-Nord. Des voix conscientes, généreuses, qui nous révélaient des richesses méconnues. Que de temps perdu! Nous mettons aujourd'hui les bouchées doubles par l'entremise des scientifiques de l'Institut national d'écotoxicologie du Saint-Laurent, à Rimouski, et du Groupe de recherche et d'étude sur le milieu marin (GREMM), à Tadoussac. Les enseignements sont riches, les leçons parfois amères. Dans le remarquable centre d'interprétation mis sur pied par le GREMM, à Tadoussac, on convie les visiteurs à quelques devinettes interactives. Un exemple: «Quel est le pire ennemi du béluga?» Pour le savoir, il faut ouvrir un placard. Et on se retrouve devant un miroir.

«Tout gravite autour de la place que l'homme se donne dans l'Univers. Le problème est culturel. La vision traditionnelle héritée de la civilisation européenne le désigne propriétaire et contrôleur. C'est lui qui décide de ce qui est utile et de ce qui nuit. Quand mon grand-père parlait des arbres, il disait que certains étaient bons et d'autres bons à rien. Qu'est-ce que ça veut dire, bons à rien? Pas utiles pour faire de la planche? Comme presque tout le monde, il avait déterminé lui-même la valeur de la Nature en fonction de ses propres besoins. C'est la même chose pour les baleines. Quand elles brisent un filet, elles deviennent bonnes à rien. Et c'est ainsi que commence souvent la haine. Par un problème d'argent.»

Je songe aux castors, devant lesquels les visiteurs se pâment au Biodôme — un milieu séduisant, mais artificiel. Dans les Cantons-de-l'Est, où ces infatigables ingénieurs refont à leur guise le paysage en travaillant les cours d'eau, c'est une autre affaire. Les plaintes sont de plus en plus nombreuses devant leurs «intrusions». Et se pose le problème de la coexistence. «Je viens de planter de beaux arbres, ce n'est pas pour les voir rongés par les castors. D'autant plus qu'ils sont en train de bouleverser mon lac. Si je pouvais m'en débarrasser!»

Ce n'est pas encore de la haine, mais c'est déjà une déclaration de guerre. Pierre Béland saisit toute l'ampleur de la dissonance. Son commentaire est de nouveau sec. «C'est l'homme qui prend trop de place, finalement. Le syndrome *pas dans ma cour* ne s'applique pas uniquement aux dépotoirs: il touche aussi les animaux sauvages. Ils sont bien fins, mais loin de chez vous. Tu ne veux pas de marmottes qui mangent tes carottes ni d'insectes dans ta maison. L'environnement, c'est dehors. Tout le monde est pour l'environnement quand il n'importune pas. C'est malheureusement ça, la réalité.»

Albert Nantel parle, lui, du fantasme de l'environnement. On y rêve sans passer de l'imaginaire aux actes. Et voici que les enjeux se compliquent, que le social se mêle à la politique et l'économie pour rendre les choix encore plus déchirants. Comment se situer face à la chasse aux phoques, par exemple? S'y opposer, est-ce faire le jeu de Brigitte Bardot? Plaider pour le maintien d'une activité séculaire qui protège du même coup les stocks de poissons, est-ce réduire trop rapidement les phoques au rang de nuisances? «L'équation est difficile dans ce cas-ci, reprend Pierre Béland, parce que les données sont partielles. Oui, les phoques mangent du capelan comme les morues, mais sont-ils bien responsables du déclin des stocks? Et voici que revient le vieux réflexe d'espérer les réponses absolues de la science. Or la science, c'est l'art du doute. Elle ne peut à elle seule résoudre nos dilemmes.»

La douche est un peu froide. La suivante sera glaciale. «Pour moi, le problème principal, c'est qu'il y a trop d'êtres humains sur Terre.»

J'en demeure saisi. Ce n'est pas mince comme affirmation. Pierre Béland n'a rien d'un matamore, et la charge est d'autant plus forte. Pendant que je cherche une réaction convenable, il poursuit. «C'est comme s'il n'y avait plus de place pour les autres êtres vivants. Pensez à la destruction de la forêt amazonienne. Des millions de pauvres gens s'y installent dans l'espoir de sortir de leur misère. Mais le sol est impropre à la culture, et ils vont continuer à être pauvres. Je ne leur lance pas la pierre, ils aspirent eux aussi au bonheur. Au bout du compte, on n'aura fait que déménager la pauvreté en payant le gros prix, la mise à sac d'un des plus riches écosystèmes de la planète.»

Sur la scène de ce marché déviant, les êtres vivants se partagent les ressources de la planète selon l'offre et la demande. Mais les consommateurs à quatre pattes ou à deux ailes n'ont pas de pouvoir d'achat. Ils sont progressivement exclus dudit marché. Qui s'engraisse dans cet exercice de mercantilisme? Certainement pas la Terre, qui se voit obligée de céder ses joyaux au plus offrant. Les arbres seront brûlés ou ils serviront à l'industrie forestière. Les oiseaux ne sont pas de taille.

«Le rapport de nécessité entre le pêcheur et le phoque nous apparaît tout naturellement à l'avantage du premier, poursuit Pierre Béland. Mais changeons la perspective. Imaginons qu'un extraterrestre arrive et considère les joueurs. Sa civilisation devance de quelques millénaires celle des humains. À ses yeux, pêcheur et phoque, c'est la même chose. Les uns sont aussi primitifs que les autres, et personne ne peut plus invoquer son droit à la préséance.»

Le biologiste vient de coincer son pied dans la porte et il s'empresse tout naturellement de l'ouvrir bien grande. «Je ne suis pas tellement en faveur de la chasse. Je parlais à un chasseur, l'autre jour, et je lui ai demandé de quel droit il partait dans le bois avec sa carabine pour descendre un orignal ou un chevreuil en lui faisant éclater le crâne. Il m'a répondu: "Mais c'est un animal! Les humains, c'est intelligent, pas les animaux!" J'ai alors ressorti mon idée de l'extraterrestre qui se paierait lui aussi régulièrement une partie de chasse sur Terre. Nous aurions beau protester, faire valoir notre dite "intelligence", à son échelle, il ne ferait même pas la différence. Et nous serions ravalés au rang de gibier comme dans ce film de science-fiction, *Predator*, où des êtres d'ailleurs viennent se divertir en traquant les humains. La loi du plus fort est toute relative. Nous possédons un certain avantage. Il ne faudrait pas en abuser.»

Pause dans l'action. Par association, il me revient ces images d'un autre film de science-fiction, *La planète des singes*, où les rôles sont inversés. Et je me souviens d'un inconfort persistant devant le traitement que les gorilles réservent aux humains. La loi de l'évolution avait penché en leur faveur. Notre domination sur Terre est-elle, de la même façon, le produit d'un caprice de la Nature?

Cette question, Pierre Béland a bien dû se la poser, lui qui a plongé dès le début de sa carrière dans le monde fascinant de la paléontologie. C'est cette recherche, alliée à un sens de l'aventure, qui l'a mené aux antipodes: étudier les habitants de la Nouvelle-Calédonie et de l'Australie. Et j'apprends qu'avant de se consacrer aux baleines il s'était intéressé aux dinosaures! «Oui, répond-il, et en blague je dis que chaque fois que je m'intéresse à une espèce, elle a tendance à vouloir disparaître!»

Au propre comme au figuré, elles sont larges, les causes qui occupent Pierre Béland. Et nous partons maintenant à la chasse aux souvenirs. Son parcours n'est décidément pas banal, typique d'un savant passionné par la grande aventure de la vie sur Terre.

«Étudiant, je ne savais pas trop où me diriger. Géologue, comme mon père, ou ingénieur, ou biologiste... Et voici que je découvre les merveilles de la théorie de l'évolution, qui montre que le monde change, selon des lois, des règles. Du coup, j'ai plongé dans la biologie. Comme les mathématiques m'intéressaient aussi, j'ai conjugué les deux pour développer des modèles, avec matrices et le reste, applicables à la biologie. J'en ai fait mon doctorat. Mais ce n'était pas suffisant. J'apprends un jour qu'un savant, en Nouvelle-Calédonie, travaille avec des modèles mathématiques appliqués aux récifs de corail. Avec une bourse de post-doc en poche, je m'y suis rendu, arrêtant en chemin pour me faire un tour du monde, comme dans mes livres d'aventures de jeunesse.»

Il devait y découvrir une flore digne de l'ère secondaire, des fougères arborescentes immenses, presque des visions de dinosaures... Sur sa lancée, il traversait ensuite en Australie compléter son post-doctorat. «Les premières plantes, les premiers oiseaux que j'y ai vus semblaient sortir d'un livre de la préhistoire. C'était fascinant. L'Univers était grand.»

Pierre Béland devient songeur et ajoute, un peu embarrassé: «Je me rappelle un travail sur les dinosaures qui m'avait demandé beaucoup de temps, à l'école Saint-Michel de Sillery, en septième année. J'en avais fait un gros cahier, avec notes et illustrations, que j'avais remis à la maîtresse. Elle s'appelait Josette Le Bourhis. Ça remonte à la fin des années cinquante. Peut-être, miraculeusement, l'a-t-elle conservé. Peut-être en entendra-t-elle parler. J'aimerais beaucoup le ravoir.»

Le message est transmis. Et j'en demeure ébahi. Non pas que ce scientifique éminent, cette autorité reconnue mondialement, se laisse aller à une confidence... Mais voilà que par hasard nous avons fréquenté la même école! Pour le reste, c'est réconfortant. La sensibilité n'est pas inversement proportionnelle à la somme des connaissances et de l'expérience. L'aventure demeure.

Il faut croire que l'épisode des dinosaures était déterminante, puisque le biologiste allait plutôt faire dans l'écopaléontologie, de retour au Canada, en joignant le Musée national des sciences naturelles, à Ottawa. Il y a eu ensuite Pêches et Océans Canada, à Québec et à Rimouski, des recherches sur les écosystèmes marins et l'écologie des pêches, un poste de haut fonctionnaire scientifique, la carrière rêvée. Puis un jour, une rencontre accidentelle, mais providentielle pour les bélugas.

«Lors d'une journée portes ouvertes, à l'Université du Québec à Rimouski, un visiteur vient me voir, un vétérinaire, et me pose des questions sur les bélugas. Je n'ai pas grand-chose à lui raconter. Lui s'occupe des vaches et des moutons, moi, mon rayon, c'est les écosystèmes marins. Mon vétérinaire, qui s'appelle Daniel Martineau, est entêté et il ne désarme pas. Il revient une deuxième fois, puis une troisième. L'impatience commence à me gagner. J'apprends sur les entrefaites qu'un spécialiste canadien de renom vient prononcer une conférence sur les cétacés, à Rimouski. Voilà une bonne façon de contenter le vétérinaire, que je me dis, et je le convie à l'événement. Et le destin se manifeste. On me passe une note pendant la conférence, me disant qu'un béluga s'est échoué à Pointe-aux-Pères, près de Rimouski. Daniel Martineau ne tient pas en place et nous allons voir.»

Pierre Béland parle de façon plus saccadée, et on se doute bien qu'il relate un événement décisif. «Sur la grève s'étend une créature toute blanche longue de trois ou quatre mètres. Morte, renversée sur le côté. Le silence, à peine le bruit des mouettes et des vagues. Daniel Martineau a apporté sa trousse et il décide d'ouvrir la carcasse pour tenter de comprendre ce qui a pu se passer. Je sens à l'instant que j'ai la piqûre et que je ne pourrai jamais plus chasser cette image de ma pensée.»

Le reste appartient à l'histoire. Des autopsies subséquentes sur d'autres bélugas échoués nous ont révélé l'ampleur de la tragédie. Le Saint-Laurent empoisonnait par la pollution les baleines blanches. Les passagers du bateau reliant Baie-Sainte-Catherine à Tadoussac comprenaient pourquoi, avec le temps, il était devenu plus difficile d'apercevoir les bélugas autrefois familiers de la traversée. On ne joue pas quand on meurt. Les bélugas étaient à ce point contaminés qu'on ne pouvait simplement les enterrer, le taux de toxiques dans leurs tissus étant suffisant pour qu'on les classe dans la catégorie des déchets dangereux!

Par la suite, Daniel Martineau abandonne son travail à Agriculture Canada pour aller se spécialiser en pathologie animale. Pierre Béland, lui, devient obsédé par cette nouvelle cause. «En roulant vers Québec, je me demandais où ils étaient, ce qui leur arrivait.» Mais il a affaire aux bonzes de son ministère qui lui mettent des bâtons dans les roues. «Ce n'est pas si grave, me disaient-ils, la pollution frappe toutes les baleines.» Une seule réponse: «Alors toutes les baleines sont malades!» Fatigué de s'obstiner, il quitte à son tour le gouvernement et fonde l'Institut national d'écotoxicologie du Saint-Laurent.

D'autres sont venus en renfort. Le GREMM, l'équipe de Mingan, les médias ont investi le domaine. Les bélugas ont pris valeur de symbole de notre négligence, et aussi de notre éveil. Des quatre coins du Québec et même de l'extérieur affluent les demandes d'«adoption», et les fonds recueillis servent à financer la recherche. Le soutien n'est pas négligeable quand il est destiné à un centre indépendant comme l'Institut. Et il reste encore tant à faire!

«Oui, les choses sont en train de changer, convient Pierre Béland. L'évolution joue pour nous, j'imagine. Mais j'ai peur. J'ai peur que nous nous fassions dépasser par l'arrière, par ces milliards d'êtres humains pauvres, obligés de vivre au jour le jour. Le développement viable demeure pour eux de belles paroles. Et les paroles ne peuvent nourrir les enfants qui ont faim. Il y a de moins en moins d'espace dans le village global. En même temps sévit une certaine espèce qui a toujours existé et dont le but est de faire de l'argent le plus vite possible. Je me pose de sérieuses questions sur la moralité de ceux qui poussent à tout prix l'accord de libre-échange continental malgré la situation catastrophique de l'environnement au Sud. Entre les démunis qui cherchent à survivre et les profiteurs qui pigent partout où l'affaire est bonne, oui, j'ai peur que nous ne finissions par manquer d'air.»

De l'air? Les images défilent, du fleuve, du Saguenay, du cap Éternité, des îles de Mingan, et la brise semble se rire des nuages. Manquer d'air, nous? Mais les nuages ont bien fini, pourtant, par assombrir le ciel au-dessus des bélugas qui participaient avec les goélettes à la suite du monde. Ceux qui organisent leurs vacances d'après des cartes postales se préparent souvent de décevants voyages.

«Il m'a fallu du temps pour le réaliser, dit Pierre Béland en un dernier élan, mais la Terre, elle, s'en fout. Elle n'a aucune conscience de ce qui arrive et elle pourrait tout aussi bien durer couverte de sable ou de gravier. C'est nous qui lui donnons une valeur, qui chérissons un paysage, un mode de vie. Il nous faut donc choisir, mais pour nous. Décider. Il serait sûrement possible de vivre sous verre en mangeant de la nourriture synthétique. Mais pas pour moi. La conscience environnementale est plus vive qu'autrefois, Dieu merci. Je me demande cependant pourquoi il nous faut toujours attendre de tomber pour penser au parachute.»

Pierre Béland est né le 4 octobre 1947, à Québec. Biologiste, il partage son temps entre son bureau de Montréal et celui de Rimouski, quand il n'est pas appelé à travailler à Québec. Il a travaillé sur cinq continents, mais c'est comme défenseur de la cause des bélugas que le directeur de l'Institut national d'écotoxicologie du Saint-Laurent (INESL) a fait sa marque sur la scène environnementale québécoise.

Diplômé en biologie marine de l'Université Laval, Pierre Béland a rapidement décidé d'ouvrir tout grand ses horizons. Son doctorat en écologie marine à l'Université Dalhousie, de Nouvelle-Écosse, en 1971, comportait une bonne part d'applications mathé-

matiques. Un intérêt grandissant pour la science de l'évolution et la paléontologie devait par la suite le conduire en Nouvelle-Calédonie et en Australie où, en 1975, il complétera un post-doctorat à l'Université du Queensland. À titre de paléoécologiste, il entreprend sa carrière de scientifique au Canada, au Musée national des sciences naturelles d'Ottawa. Il devait plus tard joindre les rangs de Pêches et Océans Canada, à Québec et Rimouski, avant de fonder l'INESL, qu'il dirige toujours. Il est également professeur invité à l'INRS-Océanologie, à Rimouski.

Chercheur et vulgarisateur, Pierre Béland a d'ailleurs mis cette dernière qualité à contribution dans une trentaines d'articles publiés dans des périodiques internationaux. Il a aussi publié dans Québec-Science, *animé le magazine environnemental* Feu Vert, *à Radio-Québec, et reçu en 1991 le prix Georges-Préfontaine de l'Association des biologistes du Québec.*

Table

Goûter la Terre, en militant

Goûter la Terre, en ville

Goûter la Terre, avec les animaux

CET OUVRAGE
COMPOSÉ EN PALATINO 11 POINTS SUR 13
A ÉTÉ ACHEVÉ D'IMPRIMER
LE ONZE NOVEMBRE
MIL NEUF CENT QUATRE-VINGT-TREIZE
PAR LES TRAVAILLEURS ET TRAVAILLEUSES DES PRESSES
DE L'IMPRIMERIE GAGNÉ
À LOUISEVILLE
POUR LE COMPTE DE
VLB ÉDITEUR.